#386 Concursos

¿Cómo se hacen los concursos en Madrid? ¿Se trata de concursos públicos y privados? ¿Son concursos remunerados, con exigencias de solvencia, etc.? ¿Son equilibrados, justos y fomentan la igualdad de oportunidades? ¿Cuál es la normativa en la que se desarrollan? ¿Se puede crear un marco legal que los regule? ¿En qué maneras se puede repensar sus formatos? ¿Forman los concursos la base del ejercicio de la profesión? ¿Garantiza un concurso la calidad de la arquitectura? ¿Son los concursos el medio propicio para poder explorar nuevas cuestiones que inquietan a los arquitectos y a la sociedad? ¿Reflejan los concursos celebrados en Madrid, tanto desde sus bases como desde las propuestas presentadas, los retos a los que se enfrenta el futuro Madrid?

Dean's letter

Dear friends,

I would like to use this space to introduce a new era in the life of *Arquitectura* and remind you that the COAM is your home and its doors are always open to you. We are well aware of your professional concerns, and we share them as they are issues that affect us all. We have come face to face with them in our professional practice outside of COAM and they have been reflected in the comments and messages of our members, detailing what it is that most causes you angst: low fees, a lack of decent and quality competitions, the vulnerability of the architect in construction projects, the prestige of the profession and architecture in general, professional intrusion, licence periods, among others.

We are also conscious of the scope for improvement in terms of authorisations, the most important of the COAM's tools and functions. A year and a half ago we set up a new authorisation application procedure which helped reduce both administrative waiting times and the list of requirements. The next step is to modernise the authorisation application. This is a complex and costly process which we are hoping to begin in 2024.

Meanwhile, we have brought back the once-defunct 'Oficina de Concursos', encouraging public bodies to regain their support for ideas-based competitions, the best way to guarantee quality architecture.

In addition, one of the fundamental duties of the COAM is to defend our architectural heritage, particularly modern works, which have been greatly hit in recent years. We must fight to protect them and ensure the authority and training of the professionals who are responsible for their conservation.

Culture plays a vital role for us, and we aim to share it with everyone so that it can be enjoyed by all, allowing civil society to greater value architecture as an object of general interest, and architects as social benefactors. We are creating closer ties with our universities in order to engage in discussions that we believe are a must. In this regard, diffusion and training are of utmost importance, and as a consequence, so too are the MatCOAM Building Works Department and the 'Instituto de Formación Continua' IFC. We strive to bring our members into contact with different techniques, materials and innovations, offering them a place for training, work and exhibition.

Last autumn we held the first MATCOAM Construction Week, which was met with great enthusiasm by our exhibitors and saw excellent participation from our members. The second edition will be celebrated in February 2024. Architects play an indispensable role in the world of real estate, one that must continue to grow. That's why we're set to host the 1st COAM INMOMAT Real Estate Conference at our headquarters, scheduled for November 2023. Expect participation from all types of actors in the real estate sector while shining a spotlight on architecture and architects. There will be a discussion on the future of homes, taking into consideration aspects including construction, space, home sharing and the different types they will take.

Last, but certainly not least, we are continuing with our arduous work to broaden the spectrum of work and open doors to new opportunities for our members. We have created the pioneering 'Oficina de Rehabilitación', since replicated in other institutions, which works together with town councils, the Community of Madrid and property managers to leverage tax incentives and other stimuli, such as grants, to renovate most of our buildings with the help of our own members. We need to take advantage of this period of inactivity to open new professional horizons for our members with exciting initiatives that allow us to offer facilities and benefits to the general public and institutions alike.

We will continue to fight to share the virtues of architecture, while promoting and honouring the profession of architect. This is something that requires our maximum effort and commitment, keeping our eyes firmly on the future while assuring the values that have upheld our institution and the journal that has accompanied it for over a century:

> «El momento actual parece propicio para sustituir la labor personal y aislada, por el esfuerzo colectivo y la solidaridad profesional; conocernos a nosotros mismos y procurar que no nos ignoren fuera, y tratar de formar una conciencia arquitectónica en nuestro público que colabore con nosotros, aplaudiéndonos o censurándonos, pero nunca ignorándonos». «Palabras iniciales», *Arquitectura* n. 1 (mayo de 1918)

Presentación del decano del COAM

Sigfrido Herráez Rodríguez
Decano del Colegio Oficial de Arquitectos de Madrid

Queridos amigos,

Aprovecho estas líneas de introducción a la nueva etapa de la Revista *Arquitectura* para recordaos que el Colegio es vuestra casa, está abierto a todos vosotros. Somos conscientes y compartimos vuestras preocupaciones profesionales, que son las que nos ocupan a todos. Las conocemos por la experiencia de nuestra dedicación profesional fuera del COAM, como por vuestros comentarios y escritos que hemos recibido, recogiendo vuestras inquietudes: los bajos honorarios, la falta de concursos dignos y de calidad, la vulnerabilidad del arquitecto en las obras, el prestigio de la profesión y de la arquitectura, el intrusismo profesional, los plazos de las licencias, etc.

Somos conscientes, también, del margen de mejora que tiene el visado, la herramienta y función colegial más importante. Implementamos hace un año y medio un nuevo procedimiento de visado que ha aligerado los plazos de gestión y la cantidad de requeridos solicitados. El siguiente paso es modernizar la aplicación de visado. Es un proceso complejo y costoso en el que ya estamos trabajando para que pueda ponerse en marcha en 2024.

A su vez, hemos recuperado la desaparecida Oficina de Concursos, animando a las administraciones a recobrar la confianza en los concursos de ideas, que es el sistema que garantiza una mejor arquitectura de calidad.

Por otro lado, una labor fundamental del Colegio debe ser la defensa de nuestro patrimonio arquitectónico, especialmente el moderno, que sufre de manera particular en los últimos tiempos. Debemos luchar por su protección así como por las competencias y la formación de los técnicos que intervienen en él.

Es esencial para nosotros la cultura, difundirla bien para que la disfrutemos, pero también para que la sociedad civil aprecie más la arquitectura como bien de interés general y a los arquitectos como benefactores sociales. Nos estamos acercando a nuestras universidades para establecer un dialogo que consideramos muy necesario. A este respecto, importantes son la divulgación y la formación, el Departamento de Edificación MatCOAM y el Instituto de Formación Continua IFC. Trabajamos para aproximar la técnica, los materiales y las innovaciones al colegiado, proporcionándole un lugar de formación, de trabajo y de exposición.

El otoño pasado se celebró la primera Semana de la Construcción MAT COAM, con gran éxito de expositores y de asistencia de colegiados. Tendremos la segunda edición en febrero de 2024. El papel de los arquitectos en el mundo inmobiliario es imprescindible, y debe serlo cada vez más. Por ello vamos a tener el I Congreso Inmobiliario COAM INMOMAT en nuestra sede en noviembre de 2023. Contará con la participación de todos los agentes del sector inmobiliario y pondrá el foco en la arquitectura y los arquitectos. Habrá un debate sobre el futuro de la vivienda, desde lo constructivo, espacial, colectivo y tipológico.

Por último y no menos fundamental, trabajamos permanentemente para abrir el espectro de trabajo y oportunidades para los colegiados. Hemos creado la pionera Oficina de Rehabilitación, replicada luego por otras instituciones, en convenio con Ayuntamientos, Comunidad de Madrid y administradores de fincas para aprovechar los incentivos fiscales y estímulos en forma de subvenciones que van a hacer posible la rehabilitación de gran parte de nuestros edificios con la intervención de nuestros colegiados. Debemos aprovechar esta inercia para abrir oportunidades profesionales al colegiado con vehículos que ofrezcan facilidades y beneficios al ciudadano y a las instituciones.

Lucharemos juntos por divulgar la arquitectura, promover y prestigiar el oficio de los arquitectos. En ello ponemos nuestro esfuerzo y compromiso, mirando al futuro y manteniendo los valores que han sostenido a nuestra institución y la revista que la ha acompañado durante más de un siglo:

> «El momento actual parece propicio para sustituir la labor personal y aislada, por el esfuerzo colectivo y la solidaridad profesional; conocernos a nosotros mismos y procurar que no nos ignoren fuera, y tratar de formar una conciencia arquitectónica en nuestro público que colabore con nosotros, aplaudiéndonos o censurándonos, pero nunca ignorándonos». «Palabras iniciales», *Arquitectura* n. 1 (mayo de 1918).

Arquitectura COAM magazine. A new era.

We would like to present the first issue of the 2023–2025 cycle of *Arquitectura*, the architecture and urban planning magazine published by the Madrid's Colegio Oficial de Arquitectos. We are embarking on this era with a new team, the winner of a competition run by the COAM's Governing Board. The terms and conditions of the call were created by a team of university professors and researchers, editors and professionals as a result of a process of reflection, and we are deeply grateful for their generous collaboration. It has been a year since we published our last issue with the previous team, to whom we would also like to give our thanks for their dedication during their time with us.

So, we are now beginning a new chapter which will see us publish six issues over the next three years. We want you to be able to relate with this new phase and the topics that we will be tackling, put forward by the new editors, which we think cover the main concerns voiced by our members. We will take a look at the future, at Madrid in 25 years' time, while discussing matters that are currently affecting the profession, albeit with a long-term view. With this, we hope to be pioneers in our approaches and our responses to a Madrid that is projected to grow 20% by 2050.

We have reviewed the history of the magazine, ever since its genesis, and we have no doubt that it continues to be highly relevant and we are certain of its significance going forward. Very few architecture magazines, whether Spanish or international, boast the history and prestige of *Arquitectura* by COAM, which has kept us informed of current affairs in the architecture sector for over one hundred years.

What do we think has been the hallmark of our journal? It is clear that, without ever setting aside its marked intellectual nature, providing a view of architecture and urban planning as a trade and as heritage has been at its core, offering an insight into the different works, projects and competitions that have been undertaken. Having sifted through past issues of the magazine, we can see that this tenet has enabled it to offer an accurate perception of the architectural panorama at any given moment.

We have been open to suggestions from countless colleagues regarding the approach that the magazine should take: many comments defend an editorial concept that respects the historically professional focus, where professional practice takes precedent over rhetoric, while also being receptive of the intellectual standpoint that is inherent to our work.

We have asked the editors and its editorial team to collaborate on this proposal, while each adding their own unique style. On the one hand, we wanted them to create content that tackles issues directly linked to the professional practice of architecture in a way that forms part of a greater intellectual debate and discussion. And on the other, we wish to tailor to a new crowd while also maintaining the interest of those who have been avid readers of the magazine throughout its different stages.

We are sure that this new chapter will be a successful one. This Board has put lots of determination, and the editors and the editorial team, effort, into ensuring that this is the case. So, beloved colleagues, to whom this is addressed and *Arquitectura* belongs, you shall be the judges of whether this effort has been worth it and we have managed to fulfil these objectives.

Revista *Arquitectura* COAM
Una nueva etapa

Junta de Gobierno del COAM

Presentamos el primer número de la etapa 2023-25 de *Arquitectura*, la revista de Arquitectura y Urbanismo del Colegio Oficial de Arquitectos de Madrid. Iniciamos esta etapa con nuevo equipo, ganador de un concurso lanzado por este equipo de gobierno. Las bases de la convocatoria nacieron de un proceso de reflexión que ha contado con la participación de investigadores y profesores universitarios, editores y profesionales, a los que agradecemos su generosa colaboración. Hace un año de la publicación del último número con el anterior equipo, al que queremos agradecer también la dedicación durante su etapa.

Abrimos ahora una nueva etapa que contará con seis números en los próximos tres años. Queremos que os sintáis identificados con esta nueva etapa y los temas que se van a tratar, planteados por el nuevo equipo director y que hemos creído que son asuntos que preocupan a los colegiados. Miramos al futuro, al Madrid de dentro de 25 años, hablando de temas de actualidad para la profesión, pero con visión a largo plazo, para ser pioneros en los enfoques y las respuestas a los retos de un Madrid que va a crecer un 20% en población de aquí a 2050.

Hemos revisado la trayectoria de la revista desde sus orígenes y tenemos pocas dudas de su relevancia vital y lo que debe seguir significando. No muchas revistas de arquitectura nacionales e internacionales tienen la historia y el prestigio de la revista *Arquitectura* del COAM, que ha sido voz e imagen de la actualidad arquitectónica durante más de cien años.

¿Cuál creemos que ha sido la seña de identidad de nuestra revista? Vemos que, sin abandonar cierta posición intelectual, ha primado la visión de la arquitectura y el urbanismo como oficio y como patrimonio, recogiendo obras, proyectos y concursos. Esto nos permite, cuando revisamos anteriores números de la revista, tener una imagen bastante certera de cuál era el panorama arquitectónico en ese momento.

Hemos sido receptivos a las opiniones de muchos compañeros acerca del enfoque que creen que debería tener la revista; recibiendo muchos comentarios que defienden un concepto editorial que responde a una línea histórica vinculada con un enfoque profesional, donde el ejercicio de la profesión se impone por encima de lo retórico, pero sin renunciar a una reflexión intelectual que es inherente a nuestra labor.

Por su parte, hemos pedido a los directores y al equipo redactor que, sin renunciar a sus ideas editoriales, sean partícipes de este planteamiento. Por un lado, que nos proporcionen contenidos a través de los que expongan cuestiones directamente relacionadas con el ejercicio de la profesión, pero sin renunciar a enmarcarlo en discursos y debates intelectuales. Por otro, que la revista atraiga a nuevos adeptos manteniendo, a su vez, el interés de los que han sido lectores leales durante largos años en sus diferentes etapas.

Esperamos y confiamos en que esta nueva etapa sea exitosa. En ello ha puesto esta Junta de Gobierno su empeño y, el equipo de la revista, su esfuerzo. Vosotros, queridos colegas a los que está dirigida y a los que os pertenece *Arquitectura*, juzgareis si ha merecido la pena el esfuerzo y si hemos logrado los objetivos.

Arquitectura

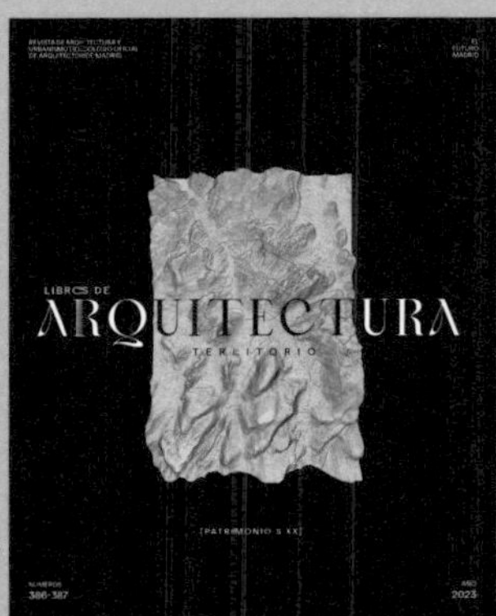

Libros de *Arquitectura*

Textos de *Arquitectura*

Architecture competitions, going through a bad patch?

In June of 1987, the *Arquitectura* journal, led by de la Mata, Nieto and Sobejano, dedicated a monograph to architecture competitions (issue 266). In the must-read issue, Juan Daniel Fullaondo, in his text entitled "Hablando de concursos de arquitectura" [On architectural competitions][1], stated that competitions usually go through periods, and at that time they were enjoying a rather fruitful one. A good patch.

A quarter of a century later, it is imprudent to claim that we are simply going through a bad patch. In fact, it seems as though we are standing on the edge of an abyss, with no clear path to recovery. The current state of competitions is extremely worrying, and that is why we were compelled to publish this new monographic issue.

One of COAM's principal aims must be to fight for more stable public competitions that are financially viable for both society and architects. This issue, while it does contain some success stories of public and private competitions — offering a timely reminder of the path we should follow — is a critique of the gradual decline of the public procurement system for projects and works.

Public architecture competitions have been spoken about at length in the past. The Governing Body of COAM has been critical of the recent adjudication decisions (Campus de la Justicia or the VIVE Plan), not because they are acting against the best interests of public-private collaboration in promoting and managing public works, but because architectural quality and innovation are completely overlooked in the adjudication criteria.

We believe that the public authorities are wrong and they do not even know it. Other than a few exceptions, they interpret and apply the Spanish Public Sector Procurement Law [Ley de Concursos del Sector Público] and Architecture Law [Ley de Calidad de la Arquitectura] in a restrictive manner which prevents society from benefiting from the best possible architecture. We understand that it is difficult to apply laws for the common good in this era of court processes and sped-up political terms. However, architecture requires a bit of calmness and levelheadedness.
This article and issue serve as a reminder to those at the public authorities, their professionals and those in positions of power, that they already have the tools to improve competitions and thus offer better competitions within their grasp, and that they must use them for their own pride and for that of society as a whole.
The Spanish Architecture Law [Ley de Calidad de la Arquitectura] comprises pedagogical and legal texts which justify the need for better-quality architecture and provide the legal instruments needed to achieve this in public management.

A well-run democracy and a solid public system must guarantee two things: equal opportunities and the best possible services for society. Right now, and with very few exception, the public procurement system does not ensure equal opportunities given that most calls for contests limit competition by demanding the technical solvency of bidders. What's more, this system means that society is not going to receive the best service. And the reason why is so simple that even a child could understand it. It is impossible to draft competent projects or lead construction projects with the dedication required if public contracts offer low fees and fall far short of decent, financially viable work, resulting in the architect losing money.

In their article, published in this issue, Carlos de Riaño and Fernando Manià, the directors of COAM's Oficina de Concursos [Competitions Office], hit the nail on the head, offering a detailed breakdown of the problem and providing direct and simple instructions for making it back to the right path, one with necessary, useful and decent ideas-based procurement. Together we can realise the change we need. Madrid and its residents will thank you for it.

1. Fullaondo, Juan Daniel, "Hablando de concursos de arquitectura", in *Arquitectura* issue 266 (May–June 1987), pp. 16-19. The text penned by Javier Cenicacelaya in that same issue is also worth a read. See: Cenicaceleya, Javier, "Los concursos de arquitectura. La transcendencia de una idea [The trascendency of an Idea: Architecture Competitions]", *ibidem*, pp. 58-74. A fully digitised copy of the journal can be consulted on the COAM website's library: https://www.coam.org/es/fundacion/biblioteca/revista-arquitectura-100-anios

Los concursos de arquitectura ¿Una mala racha?

Pablo Olalquiaga
Vicedecano del Colegio Oficial de Arquitectos de Madrid

En junio de 1987, la revista *Arquitectura*, dirigida por de la Mata, Nieto y Sobejano, dedicó un monográfico a los concursos de arquitectura (número 266). En aquel recomendable número, Juan Daniel Fullaondo, en un texto titulado «Hablando de concursos de arquitectura»[1], decía que en la actividad de concursos se solían producir rachas, y que en ese momento se estaba en un punto alto. Una buena racha.

Un cuarto de siglo más tarde, no podemos simplemente decir que estamos ante una mala racha. Más bien, parece que estamos ante una deriva que no tiene visos de recuperarse. La situación de los concursos de arquitectura es muy preocupante y por eso es necesario la publicación de este nuevo número monográfico.

Uno de los principales objetivos del COAM debe ser luchar por tener un sistema sólido de concursos públicos, solvente para la sociedad y para los arquitectos. Este número, a la vez que divulga casos de éxito de concursos públicos y privados —que nos recuerdan el camino a seguir—, es crítico con el deterioro paulatino que está sufriendo el sistema público de contratación para los proyectos y las obras.

Mucho se ha hablado en los últimos tiempos de los concursos públicos de arquitectura. La Junta de Gobierno del COAM ha sido crítica con las adjudicaciones recientes del Campus de la Justicia y del Plan VIVE, no por estar en contra de la colaboración público-privada en la promoción y gestión de la obra pública, sino por la ausencia de valoración de la calidad e innovación arquitectónica en los criterios de adjudicación.

Creemos que las administraciones se equivocan sin ser conscientes. Salvo contadas excepciones, interpretan y aplican la Ley de Concursos del Sector Público y la Ley de Arquitectura de una manera restrictiva que impide a la sociedad optar a tener la mejor arquitectura posible. Entendemos que aplicar las leyes para el bien común es difícil en unos tiempos donde casi todo se judicializa y los plazos políticos se aceleran. Pero la arquitectura necesita un poco de calma y sensatez. Sirva este escrito y este número de la revista para recordar a los responsables y técnicos de la Administración que tienen a su alcance herramientas para hacer mejores concursos y ofrecer así una mejor arquitectura, para su orgullo y el de la sociedad. La Ley de Arquitectura aporta un contenido pedagógico y legal que justifica la necesidad de una mejor arquitectura de calidad y les da instrumentos legales para promoverla desde la gestión pública.

Una buena democracia y un sólido sistema público deben garantizar dos cosas: igualdad de oportunidades y que la sociedad reciba los mejores servicios posibles. En estos momentos, y salvo contadas excepciones, el sistema de concursos públicos de arquitectura no garantiza la igualdad de oportunidades debido a que la mayoría de las convocatorias exige requisitos de solvencia técnica, limitando así la concurrencia. Tampoco asegura este sistema que la sociedad vaya a recibir el mejor servicio. La razón es sencilla de entender por cualquier ciudadano. No se pueden redactar proyectos competentes ni llevar direcciones de obra con la suficiente dedicación si se admiten bajas de honorarios inferiores al umbral que garantiza un trabajo digno y solvente sin perder dinero.

Carlos de Riaño y Fernando Manià, los directores de la Oficina de Concursos del COAM, presentan, en su acertado artículo publicado en este número, una precisa radiografía de la problemática y ofrecen unas recetas directas y sencillas para volver a una senda de concursos de ideas necesarios, útiles y dignos. Hagámoslo entre todos. Madrid y sus ciudadanos nos lo agradecerán.

1. Fullaondo, Juan Daniel, "Hablando de concursos de arquitectura" en *Arquitectura* n. 266 (mayo-junio de 1987), págs. 16-19. Es también recomendable el texto de Javier Cenicacelaya publicado en el mismo número. Véase: Cenicaceleya, Javier, "Los concursos de arquitectura. La transcendencia de una idea", *ibidem*, págs. 58-74. La revista puede consultarse complemente digitalizada a través de la Web de la Biblioteca del COAM: https://www.coam.org/es/fundacion/biblioteca/revista-arquitectura-100-anios

Editores invitados

EDITOR INTERNACIONAL

Stan Allen

Formado en las universidades de Brown, The Cooper Union y Princeton, Stan Allen es arquitecto y fundador de SAA/ Stan Allen Architect. Después de trabajar con Richard Meier and Partners en Nueva York y con Rafael Moneo en Madrid, comienza a hacerlo por cuenta propia a partir de 1990 (entre 1999 y 2003, trabajó en colaboración con el arquitecto del paisaje James Corner/Field Operations). Desde entonces, ha combinado el ejercicio de la profesión con la labor docente y la escritura, habiendo sido profesor en las universidades de Harvard, Columbia y Princeton; así como decano de la escuela de arquitectura de esta última entre 2002 y 2012. Tomando como referencia la teoría cuántica de campos, la arquitectura del paisaje y la ecología como modelos para revitalizar las prácticas de diseño urbano, Allen ha desarrollado un extenso repertorio de estrategias urbanísticas. Su último libro, titulado *Situated Objects. Buildings and projects by Stan Allen*, ha sido publicado por Park Books (2020).

Stan Allen is a practicing architect and principal of SAA/Stan Allen Architect. He holds degrees from Brown University, The Cooper Union and Princeton. After working for Richard Meier and Partners in New York and Rafael Moneo in Madrid, he established his own practice in 1990 (from 1999 to 2003, he worked in collaboration with Landscape Architect James Corner/Field Operations). Since that time he has pursued parallel careers as architect, educator and writer. He has taught at Harvard, Columbia and Princeton, serving as Dean of its School of Architecture from 2002 to 2012. Allen has developed an extensive catalogue of urbanistic strategies, in particular looking at field theory, landscape architecture and ecology as models to revitalize the practices of urban design. His last book, entitled *Situated Objects. Buildings and projects by Stan Allen* was published in 2020 by Park Books.

EDITOR LOCAL

Luis Rojo

Luis Rojo es arquitecto y profesor titular de Proyectos Arquitectónicos en la Escuela Técnica Superior de Arquitectura de la Universidad Politécnica de Madrid (UPM) y fundador de la oficina Rojo Fernandez-Shaw con sede en Madrid. Formado como arquitecto en el estudio de Rafael Moneo; en 1987 obtiene, como becario Fulbright, un *Master in Architecture* en la Graduate School of Design de la Universidad de Harvard, donde ha sido profesor visitante entre 1994 y 2011. Entre 1999 y 2011 lo fue de la Universidad de Navarra, en 2016 del City College of New York y en 2019 de la China Academy of Arts en Hangzhou. Coeditor de la revista CIRCO COOP desde su fundación en 1992. Su último libro, titulado *Le Corbusier y el surrealismo*, ha sido publicado por Diseño Editorial (2015).

Luis Rojo is an architect and Full Professor of Architectural Design at the ETSAM (Escuela Técnica Superior de Arquitectura, Universidad Politécnica de Madrid). Founder and principal of Madrid-based office Rojo Fernandez-Shaw. Trained as an architect at Rafael Moneo's office; in 1987 he obtained, as a Fulbright Scholar, a Master of Architecture from Harvard University Graduate School of Design, where he has been a Visiting Professor and Desig Critic from 1994 to 2011. From 1999 to 2011, he has also taught, amongst others, at Universidad de Navarra; in 2016 at the City College of New York; and, in 2019, at the China Academy of Arts en Hangzhou. Co-editor of CIRCO COOP journal since its foundation in 1992. His last book, entitled *Le Corbusier y el surrealismo*, was published by Diseño Editorial (2015).

CHAMARTIN

KPMG

NH COLLECTION

El futuro Madrid

Javier García-Germán y Alejandro Valdivieso
Directores de *Arquitectura*

Este proyecto editorial —al que hemos puesto por título *El futuro Madrid*— quiere reflexionar sobre las grandes transformaciones demográficas, económicas y ecológicas que ocurrirán en Madrid hasta el año 2050, así como sobre los cambios que la profesión requerirá para darles una respuesta efectiva. La nueva etapa de la revista *Arquitectura* aspira a anticipar no sólo las estrategias territoriales, urbanas y arquitectónicas que serán necesarias sino, además, a reflexionar sobre las competencias de la profesión y sobre el marco institucional que ésta necesita.

El área metropolitana de Madrid concentra actualmente a 7,3 millones de habitantes, conformando la segunda mayor ciudad de la Unión Europea después de París. Además, su expectativa de crecimiento para el año 2050 será considerable. De entre las grandes ciudades europeas de más de 1 millón de habitantes, la ciudad-región de Madrid será la única que crecerá por encima del 20%, aumentando su población en aproximadamente 1,4 millones de habitantes en los próximos 25 años. Este aumento cuantitativo tendrá reflejo en sus aspectos cualitativos, ya que Eurostat prevé que en el año 2050 Madrid será la ciudad europea con la expectativa de vida más alta de toda la Unión Europea (88,6 años) y, además, será la ciudad española con la población más joven, contraviniendo la tendencia generalizada hacia el envejecimiento. El futuro Madrid no sólo ofrece grandes oportunidades, también se enfrenta a grandes retos. Por ejemplo, según el Crowther LAB de la ETH de Zúrich, Madrid es una de las ciudades europeas con más riesgos frente al cambio climático, pronosticando que en el año 2050 tendrá un clima equivalente al de Marrakech, aumentando la temperatura media del mes de julio en 6,4°C.

Estas perspectivas provocarán grandes cambios urbanos y regionales, necesitando no sólo unas infraestructuras que aprovisionen de aire, agua, energía y materiales, y una economía capaz de financiarlas sino, además, respuestas urbanas y arquitectónicas efectivas que generen espacios públicos, dotaciones y viviendas dignas, sostenibles y económicas.

Frente a la extendida idea de que la profesión no tiene futuro en Madrid —de que las condiciones para ejercer la profesión son negativas—, la perspectiva de crecimiento de Madrid ofrece grandes retos y oportunidades para los arquitectos. Este proyecto editorial plantea cómo debe transformarse una forma de ejercer la profesión que ha implosionado, aprovechando esta oportunidad para reinventarse y fortalecerse. Serán necesarios un territorio, una ciudad y una arquitectura que deben ser más sostenibles, más inclusivos y, también, más bellos, debiendo los arquitectos dotarse de las herramientas que, desde la arquitectura y el urbanismo, esta transformación urbana requiere.

La revista *Arquitectura* ofrece la plataforma de reflexión que este panorama requiere. Con ambición intelectual, pero con los pies en el ejercicio de la profesión y una deliberada dimensión pragmática, el objetivo de este proyecto editorial es ofrecer a los arquitectos de Madrid las herramientas de reflexión que la profesión necesita para estar a la altura de las circunstancias. A este respecto, la agenda de *El futuro Madrid* se toma prestada de la más ambiciosa propuesta europea para el entorno construido en décadas: la New European Bauhaus. Se trata de una iniciativa de la Unión Europea que pretende aportar una dimensión cultural y creativa al New European Deal, proyecto europeo para la transformación de la tecnología y la economía hacia el paradigma de la sostenibilidad. La agenda de la New European Bauhaus orbita en torno a tres conceptos: la sostenibilidad, la inclusión y la belleza; constituyendo tres ejes que, bien entrelazados, tienen la capacidad de articular una agenda consistente para enfrentarse a los retos de la ciudad-región de Madrid.

Trabajando sobre estos tres ejes, *El futuro Madrid* propone desarrollar seis números temáticos que reflexionen sobre la ciudad desde el territorio, el clima, la inclusión, el cuerpo, la belleza y la práctica, analizando el futuro de Madrid desde distintas perspectivas. Cada uno de estos números temáticos tendrá unos editores invitados de reconocido prestigio, uno madrileño y otro internacional, contando de momento con la participación de Chris Reed y Pablo Pérez-Ramos para el de territorio; Silvia Benedito para el de clima; Tatjana Schneider y Enrique Espinosa para el de inclusión; Beatriz Colomina y Marina Otero para el de cuerpo; Philip Ursprung y Jesús Vassallo para el de belleza; e Iñaki Ábalos para el de práctica.

The Madrid of the Future

The purpose of this editorial project, which we have called *El futuro Madrid*, is to reflect on the profound demographic, economic and ecological transformations that Madrid will undergo between now and 2050, as well as the changes that the profession will be compelled to make in order to effectively meet these new realities. The new era of *Arquitectura* magazine hopes to anticipate not just the territorial, urban and architectural strategies that will be needed to keep up with said changes, but also to contemplate the professional skills and institutional framework that will be called for.

The Madrid metropolitan area is currently home to 7.3 million inhabitants, making it the second largest city in the European Union after Paris. What's more, its expected growth between now and 2050 is considerable. Among large European cities with over 1 million inhabitants, Madrid city-region will be the only one to grow at a rate of greater than 20%, which implies an increase of approximately 1.4 million inhabitants in the next 25 years. This quantitative increase will bear qualitative fruits, as Eurostat predicts that in 2050, Madrid will have the highest life expectancy (88.6 years) of all cities in the European Union and will furthermore boast the youngest population of all cities in Spain, bucking the country's overall trend towards ageing towns and cities. The Madrid of the future will be one of great opportunities, although it must also overcome significant challenges. By way of example, according to ETH Zurich's Crowther Lab, Madrid is one of the European cities at greatest risk of suffering from the effects of climate change; by 2050 it is expected to have a climate in line with that of Marrakesh, with its average July temperature rising by 6.4 ºC.

These perspectives will provoke great changes on an urban and regional level, as in addition to the infrastructures needed to supply air, water, electricity and other materials, an economy capable of funding them will also be necessary, as well as effective urban and architectural responses to create public spaces, services, and decent, sustainable, and affordable housing.

Faced with the wide-spread idea that the profession of architect has no future in Madrid — based on the adverse conditions facing practitioners — the predicted growth of the city offers architects with plentiful challenges and opportunities. This editorial project considers exactly how a profession that has imploded must be practised, while also allowing it to reinvent itself and strengthen. The future of architects in Madrid will also require land, city and architecture that are all more sustainable, inclusive, and beautiful, with professionals having to equip themselves with the tools needed — from architecture to urban planning — to bring about this urban transformation.

Arquitectura magazine offers the platform for reflection that this panorama demands. From an intellectual viewpoint, while also looking at the issue from a professional and deliberately pragmatic perspective, the goal of this editorial project is to provide Madrid's architects with the skill set they need to properly reflect given the current situation. In this regard, the topic of *El futuro Madrid* is borrowed directly from the most ambitious proposal for the built environment Europe has seen in decades: the New European Bauhaus. This European Union-led initiative aims to add a cultural and creative dimension to the European Green Deal, a continental project designed to transform technology and the economy, in turn establishing a paradigm of sustainability. The New European Bauhaus revolves around three core concepts: sustainability, inclusion, and beauty. These axes are intricately linked and boast the potential to comprise a solid agenda that can overcome the challenges that Madrid city-region faces.

As part of the series from *El futuro Madrid*, six thematic issues will be published revolving around these three axes in which we will reflect on aspects of the city including the land, climate, inclusion, structures, beauty, and practice, analysing the city's future from several different perspectives. Each of these thematic issues will be compiled by guest editors with considerable prestige, one from Madrid and one from overseas. At the moment we can confirm the participation of Chris Reed and Pablo Pérez-Ramos in the territory issue, Silvia Benedito in the climate issue, Tatjana Schneider and Enrique Espinosa in the inclusion issue, Beatriz Colomina and Marina Otero in the structures issue, Philip Ursprung and Jesús Vassallo in the beauty issue and Iñaki Ábalos in the practice issue.

A estos debates internacionales se les dará arraigo local a través de proyectos y obras madrileñas. De este modo, se propone Madrid como laboratorio de ensayo, mostrando estas preocupaciones globales a través del prisma de su arquitectura. Cada número temático contendrá aquellos concursos, proyectos, obras y otras iniciativas que mejor muestren los temas en discusión, analizando estas preocupaciones globales desde la perspectiva profesional de nuestra ciudad. El proyecto editorial ambiciona posicionar a los arquitectos madrileños y, a través de ellos, al COAM, como referencia de unos cambios de paradigma que, más allá de su contexto más inmediato, participan activamente de un debate que es global.

La ambición de abordar inquietudes globales desde una óptica local requiere dotar a la revista *Arquitectura* de una nueva dimensión internacional. La revista *Arquitectura* ha tenido casi siempre un marcado carácter local. Para revertir esta situación se cuenta con ACTAR, una de las editoriales de arquitectura más importantes a nivel global, y con su plataforma digital UrbanNEXT. Al disponer de una de las mejores redes de distribución mundial, la revista se posicionará internacionalmente, dotando al COAM de un ambicioso proyecto editorial que pueda mostrar la arquitectura de Madrid en la escena internacional.

Sobre el número de concursos

El primer volumen de *El futuro Madrid* se concibe como un punto de partida que permita entender el estado actual de la profesión. Dedicado a los concursos, el número 386 de *Arquitectura* sirve como radiografía de la situación actual de Madrid, analizando el *statu quo* con el objetivo de diagnosticar los cambios que la profesión requiere de cara al futuro, y que se desgranarán en los siguientes números.

Contando como editores invitados con Stan Allen y Luis Rojo, la selección de contenidos se ha realizado teniendo en cuenta las temáticas que articulan la propuesta, de modo que los ensayos y proyectos incluidos, además de debatir explícitamente cuestiones vinculadas a la temática de los concursos, también discutan asuntos relacionados con las lógicas territoriales o las presiones climáticas, las cuestiones sociales o la dimensión estética de la arquitectura.

El número incluye tres ensayos que aluden de modo directo a las problemáticas que rodean a los concursos. Un texto de Stan Allen, reconocido arquitecto estadounidense que ya estuvo vinculado a una etapa anterior de la revista *Arquitectura*, analiza desde una óptica internacional el panorama de la ciudad de Madrid. A continuación, un ensayo de Luis Rojo, que complementa al anterior, profundiza en este mismo debate desde el conocimiento directo de las dinámicas locales. A esto hay que añadir un texto de Eduardo Prieto en el que se desvelan algunas de las lógicas territoriales que articulan la ciudad de Madrid. La visión desplegada por estos ensayos se completa, por un lado, con por un texto de Carlos de Riaño y Fernando Manià (directores de la oficina de concursos del COAM) en el que se analiza la situación actual del concurso y, por otro, con una conversación diferida entre varias oficinas madrileñas enfocada en los concursos fuera de España.

Los proyectos incluidos en el número revelan el desolador panorama de los concursos en Madrid, constatando la escasísima oferta de convocatorias tanto por parte de la Comunidad de Madrid como de los municipios. En este panorama destacan, tanto la difícil labor de la oficina de concursos del COAM, que vela ante las administraciones por los intereses de los arquitectos, como las prácticas ejemplares de otras iniciativas. Tal es el caso de los desarrollados por la Universidad CEU San Pablo que, siendo una institución privada y, por tanto, sin estar obligada a ello, está sin embargo convocando concursos de arquitectura que, además de ser remunerados, cuentan con un jurado formado exclusivamente por arquitectos de reconocido prestigio. Buena muestra de ellos son los dos concursos que publicamos para sendos edificios universitarios en Madrid.

Por otro lado, los proyectos seleccionados adelantan la línea editorial planteada. Deliberadamente, se han omitido algunas de las grandes convocatorias de los últimos años, como es el concurso para la estación de Chamartín o aquel otro para la reactivación de AZCA. No sólo se quiere poner de manifiesto que, a pesar de ser intervenciones urbanas vitales para la ciudad, han carecido de un mínimo debate que estuviera a la altura de las circunstancias sino cuanto, además, este proyecto editorial quiere buscar una arquitectura de raigambre local y ambición global como alternativa a las lógicas autónomas y mercantilistas del *Star-system* que se han desplegado en estos dos concursos.

Sin renunciar a lo periférico y a lo transdisciplinar, los proyectos seleccionados apuestan por un entendimiento relacional, pero desde las oportunidades que ofrece la disciplina de la arquitectura. Frente al diseño excesivo, se ha apostado por proyectos de carácter sencillo y ordinario que, a su vez, se apoyan en modelos genéricos y formas arquetípicas fácilmente identificables y legibles. Igualmente, se ha apostado por una tectónica sobria y austera, que emplee materiales crudos, duraderos y fácilmente reciclables. Todo ello bajo el entendimiento de que la arquitectura, si quiere atender a lo medioambiental, se debe articular tanto desde su dimensión técnica como desde la cultural. Por otro lado, para contrarrestar la banalidad de la arquitectura contemporánea e instantaneidad de las imágenes que ésta construye a través de las redes, la selección de proyectos apuesta por el regreso de una disciplina históricamente construida que le otorgue una profundidad capaz de enriquecerla. Con todo, frente a posturas regresivas de un regionalismo anclado en arquetipos rurales, entendemos que la historia de la arquitectura es un sustrato donde encontrar soluciones a problemas contemporáneos, reelaborando la historia de una manera creativa.

Los contenidos más ortodoxos se complementan con una serie de interludios que son, aunque más breves y distendidos, no menos interesantes. Aquí se incluye material tan diverso como el estudio que analiza el muy concurrido concurso para el Guggenheim de Helsinki —y que desvela que la inversión conjunta de todos los estudios de arquitectura que participaron en la convocatoria era superior a la inversión prevista para un edificio que nunca se construyó—, un interesante artículo de investigación que diagnostica cómo la inteligencia artificial trasformará el panorama de los concursos, o el papel que juega la imagen hiperrealista en los concursos actuales. Todo ello aderezado con una conversación entre Iñaki Ábalos y Eduardo Prieto en la que, con tono crítico y con el ánimo de que sea un contenido recurrente de la colección, se discuten las controversias que suscitan tanto los concursos como sus premios.

These international debates will take on a local flavour through projects and works being carried out in Madrid. As such, Madrid will be somewhat of a test lab, exhibiting these global concerns through the prism of its architecture. Each of these issues will touch on the competitions, projects, works and other initiatives that best represent the topics at the heart of discussion, analysing these global concerns from our city's professional perspective. This editorial project aspires to establish Madrid's architects, and in turn COAM, as benchmarks of paradigm shifts that, beyond their immediate context, actively participate in a worldwide debate.

If we intend on tackling international issues from a local point of view, *Arquitectura* magazine must take on a new global dimension. *Arquitectura* magazine has almost always had an overtly local focus. To remedy this, we have enlisted the help of ACTAR, one of the most important architecture publishers in the world, and its UrbanNEXT digital platform. Thanks to boasting one of the most extensive distribution networks in the world, the magazine can reach a new global audience, equipping COAM with the tools to embark on an ambitious editorial project that serves to present the architecture of Madrid on the international scene.

Regarding the issue on competitions

The first volume of *El futuro Madrid* acts as a starting point that outlines that current state of the profession. Issue 386 of *Arquitectura*, dedicated to competitions, provides an x-ray of the current situation in Madrid, analysing the *status quo* in order to diagnose the changes that the profession must make to successfully tackle the future, changes which will be fleshed out in the following issues.

With guest editors Stan Allen and Luis Rojo, the content chosen for the issue deals with the subject matter at hand, with the articles and projects explicitly debating issues linked to competitions and discussing matters related to territorial logic, climate pressure, social issues and the aesthetics of architecture.

The issue includes three articles which directly deal with the problems surrounding competitions. A text written by Stan Allen, a renowned American architect that has been involved with *Arquitectura* magazine in the past, analyses the city of Madrid's outlook from an international perspective. Next, an article penned by Luis Rojo, which goes hand in hand with the first, takes a deeper look at this same issue by looking at it from the angle of local dynamics. Then we have an article by Eduardo Prieto in which he details some of the territorial logic being employed by the city of Madrid. The views discussed in these three articles are further complemented first by a text by Carlos de Riaño and Fernando Manià (directors of COAM's competitions office), which analyses the current situation surrounding competitions, and secondly by a conversation between several Madrid offices which focuses on competitions outside of Spain.

The projects detailed in this issue reveal the bleak outlook facing competitions in Madrid, highlighting the lack of them offered by the Community of Madrid and the towns and cities that form part of it. Here we see cases of the increasingly daunting task confronting COAM's competitions office, which fights public bodies to ensure architects' rights, and a series of practical examples of other initiatives. One such initiative is CEU San Pablo University which, being a private institution and therefore not obliged to do so, frequently publishes calls for competitions for architecture projects that are not just well compensated but are also overseen by a jury comprised exclusively of architects with a recognised standing. The two competitions that we published for important university buildings in Madrid are a prime example of this.

On the other hand, the chosen projects reflect the editorial line selected for these issues. Some of the largest competitions from recent years have been purposefully omitted, such as the ones regarding Chamartín train station and the reactivation of the AZCA financial district. In addition to underscoring the fact that, despite being vital urban projects for the city, there was a complete lack of debate around them, something that should be mandatory for any scheme of this size, the goal of this editorial project is also to devise an architecture with local roots and global ambition as an alternative to the individual regional and corporate star system logic that has been on full display in these competitions.

Without ignoring peripheral and transdisciplinary aspects, the projects chosen for the issue exhibit a relational understanding in terms of everything that the discipline of architecture has to offer. Instead of excessive design, we have opted for simple and ordinary projects that are based on generic models and easily identifiable and legible archetypical forms. Likewise, an emphasis has been placed on sober and austere tectonics that uses raw materials that are long lasting and easily recyclable. The purpose of this is to show that if architecture seeks to be environmentally focused, it must approach the matter from a technical and cultural angle. On the other hand, as a way to counter the banality of contemporary architecture and the instant nature of the images that this generates on social media, the projects we have picked exhibit a return to a historical discipline that adds a profound ability to enrich. In sum, when facing these regressive regionalist stances entrenched in rural archetypes, upon scratching the surface of architecture we find a history replete with solutions to contemporary problems, allowing us to retell history in a creative manner.

The more orthodox content included in the issue is broken up by a series of interludes that, although they are shorter and more relaxed in nature, are no less thought-provoking. These interludes include material as diverse as the study analysing the popular Helsinki Guggenheim competition, which reveals that the joint investment of all the architecture firms that participated in the tender was greater than the expected investment for a building that was never built; an interesting research article that investigates how artificial intelligence will transform the future of competitions; and the role that hyper-realistic images play in competitions today. All of this is seasoned with a conversation between Iñaki Ábalos and Eduardo Prieto — a critical discussion that hopes to be a recurring feature throughout this series — during which they discuss the controversies that arise from competitions and their awarding.

El atractivo del concurso

Stan Allen

Tanto para los arquitectos como para el público en general, los concursos ofrecen un enorme atractivo. Todos idolatramos a un ganador, y los ciudadanos pueden sentirse seguros de que el mejor proyecto ha sido justamente seleccionado. Para los arquitectos, los concursos ofrecen igualdad de condiciones que premian el talento y el verdadero esfuerzo es recompensado. Con todo, este ideal romántico es, en buena medida, un mito que guarda poca relación con la realidad actual. Dependiendo de la perspectiva de cada uno, o bien se trata de una enmienda necesaria, o bien de la trágica pérdida de la inocencia.

Fig 01. Imagen de la propuesta ganadora de UNStudio, B720 y Esteyco para la nueva Estación de Chamartín.

No sin razón, la más incisiva de las críticas se refiere a los concursos como meros certámenes de belleza. Los jurados, a menudo formados por especialistas ajenos a la disciplina y a la profesión, pocas veces atienden cuidadosamente las necesidades reales del cliente o los niveles de competencia técnica, así como tampoco el contexto o la cultura local. La claridad de la comunicación gráfica puede eclipsar la intención arquitectónica, y lo espectacular a menudo primará sobre el matiz y la sutileza.

Como es sabido, existen casos en los que el concurso resulta ser un proceso exitoso. Cuando en 1957 ganó el concurso internacional para la Ópera de Sydney, Jørn Utzon era un arquitecto consolidado que, sin embargo, sólo había construido obras de pequeña escala; siendo completamente desconocido fuera de Dinamarca. Elegido de entre un total de 233 propuestas provenientes de 32 países, la suya resultó ser la clara favorita por parte del jurado. En su caso, no importó tanto que el arquitecto danés (que nunca había visitado Australia) entendiera la historia, la cultura y la imagen del puerto de Sydney mejor que otros concursantes, como el hecho de que su edificio, tal y como se construyó, define en gran medida la historia, la cultura y la imagen del puerto de Sydney. Esta es la razón por la que el edificio de la Ópera de Sydney se presenta tantas veces, aún hoy, como emblema de todo aquello que, para bien, un concurso de arquitectura puede prometer.[1]

Conviene recordar, sin embargo, que la propuesta inicial de Utzon presentada al concurso requirió de una exhaustiva reelaboración y más de 15 años para su realización; incluso en el mejor de los casos, ganar un concurso sólo es el inicio de un largo proceso.

Desde la perspectiva del arquitecto, existe también la posibilidad tentadora (estadísticamente remota) que pudiera suponer para una carrera profesional la victoria en un concurso de gran visibilidad. El arquitecto Raymond Hood, formado en la tradición *beaux arts*, tenía 40 años y una carrera estancada cuando en 1923 ganó el concurso para la torre del Chicago Tribune. Se dice que su esposa visitó a todos los comerciantes de Greenwich Village, mostrándoles el cheque (de una cantidad bastante cuantiosa), asegurándoles que sus deudas serian saldadas.[2]

1. Podría considerarse que el efecto catalizador de una institución pública de alta visibilidad —el llamado efecto Bilbao— tuvo su origen con la Ópera de Sydney. Los potenciales beneficios económicos (turismo e inversión privada) han venido a ocupar un importante lugar en los planteamientos de aquellas agencias de gobierno encargadas de organizar concursos de proyectos institucionales e infraestructurales a gran escala. Debe señalarse, sin embargo, que el encargo para el Guggenheim Bilbao no fue el resultado de un concurso.

2. El premio estuvo dotado con 100.000 $, una importante cantidad de dinero para aquella época. Dicen que cuando recibió la visita de la mujer de Hood, Placido Mori propietario del restaurante Mori en Bleecker Street (Nueva York), exclamó: "Siempre supe que era un genio, porque comía mucho".

The lure of the competition

For architects and public alike, competitions hold an enormous attraction. Everybody loves a winner, and the public can feel confident that the best project has been selected, without prejudice or favor; for architects, competitions offer a level playing field where talent matters, and honest effort is rewarded. But this romantic ideal is largely a myth, with only a remote connection to present-day reality. Depending on your perspective, this is either a necessary correction or a tragic loss of innocence.

The most persistent critique is that competitions are mere beauty contests. It is a claim not without merit. Jurors, often specialists imported from outside, are unlikely to attend closely to client needs, technical competence, context or local culture. Clarity of graphic communication can eclipse architectural intention, and the spectacular will often win out over nuance and subtlety.

There are, of course, the success stories everyone knows. Jørn Utzon was an established architect when he won the international competition for the Sydney Opera House in 1957, but had realized only small-scale works, and was completely unknown outside of Denmark. Selected out of a pool of 233 entries from 32 countries, his project was the clear favorite of the jury. It is less the case that the Danish architect (who had never visited Australia) understood the history, culture and image of Sydney Harbor better than the other contestants, as it is that Utzon's building, as realized, now largely defines the history, culture and image of Sydney Harbor. It is for this reason that, even today, the Sydney Opera House is often held up as emblematic of the promise of the architectural competition.[1]

It is worth pointing out, however, that Utzon's initial competition proposal required extensive re-working, and more than 15 years to realize; even in the best of occasions, winning the competition is only the beginning of a long process.

From the architect's perspective, there is also the tantalizing (if statistically remote) possibility of the career defining effect of a high-visibility competition victory. Beaux-arts trained architect Raymond Hood was 40 years old, his career stagnant, when he won the competition for the Chicago Tribune Tower in 1923. It is said that his wife made the rounds of all the merchants in Greenwich Village, showing them the (quite substantial) check for the prize money, assuring them that he could now settle his debts. [2]

Closer to the present, Bernard Tschumi and Rem Koolhaas have both built careers on high-visibility international competitions, often competing against one another. Winning the competition for the Parc de la Villette (1982-1983) put Tschumi on the map, but both Tschumi and Koolhaas established their status in the field as much through writing and publication (often of unrealized competition proposals) as through realized buildings. Both architects understood that in the late-twentieth century, architectural culture was inextricably bound up with networks of information and image culture, and each, in their own way, working primarily through the vehicle of competitions, created an architecture appropriate to the culture of the image. And in this context, it should be noted that both Tschumi and Koolhaas work with a diagram-driven design language and telegraphic presentation strategies that facilitate instant legibility — a mode of working, in other words, ideally suited to the competition format.[3]

1. The catalytic effect of an iconic, high visibility public institution — the so called Bilbao effect — could be said to have originated with the Sydney Opera House. These potential economic benefits (tourism and private investment) have come to occupy a prominent place in the thinking of government agencies tasked with planning competitions for large-scale institutional or infrastructural projects. The commission for the Guggenheim Bilbao, it should be noted, was not given through a competition.

2. $100,000 in prize money was distributed, a substantial sum at the time. When visited by Hood's wife, Placido Mori, proprietor of Mori's Restaurant on Bleecker Street (New York City), was said to exclaim, "I always knew he was a genius, because he ate so much."

3. It is worthwhile noting that already, in the origins of the competition system — at the École des Beaux-Arts — highly elaborated graphic instruments (rendered elevations, and decorative plan-making) were prized over tectonic intention.

Más recientemente, Bernard Tschumi y Rem Koolhaas han construido sus carreras tras la participación en concursos de gran visibilidad, muchas veces compitiendo entre sí. Ganar el concurso del parque de la Villete (1982-1983) situó a Tschumi en el mapa, pero tanto Tschumi como Koolhaas hicieron de su trabajo una referencia para la disciplina a través de escritos y publicaciones que recogieron no sólo los edificios realizados sino también, y muy a menudo, propuestas de concurso no realizadas. Ambos arquitectos entendieron que a finales del siglo XX la cultura arquitectónica estaba estrechamente ligada a las redes de información y a la cultura visual; cada uno de ellos, a su manera, trabajando sobre todo a través de concursos, crearon una arquitectura adecuada a la cultura de la imagen. En este sentido, hay que señalar que tanto Tschumi como Koolhaas trabajan mediante un lenguaje basado en diagramas y en estrategias de presentación telegráficas que facilitan la legibilidad instantánea; en otras palabras, una forma de trabajo ideal para el formato de los concursos.[3]

Existe también una larga historia de propuestas ganadoras de concurso que permanecen sin construir, siendo el Guggenheim de Helsinki el más destacado ejemplo reciente.[4] Tschumi cuenta a menudo cómo terminó la primera fase del parque de la Villete en la mesa de su cocina al no disponer de un estudio, pudiendo alquilar un espacio de trabajo y contratando colaboradores para la segunda fase y, finalmente, trasladándose a París con el objetivo de ejercer presión —tanto in situ como en los foros políticos— y, finalmente, asegurarse de que el proyecto pudiera construirse. Lo mismo ocurre con arquitectos más jóvenes en su momento desconocidos como, por ejemplo, FOA [Foreign Office Architects: Farshid Moussavi and Alejandro Zaera-Polo], quienes se trasladaron a Tokio para garantizar que su propuesta ganadora para la terminal marítima del puerto de Yokohama fuera construida. Promovido como el mayor concurso de arquitectura hasta la fecha, el concurso de Yokohama de 1995 atrajo a más de 600 participantes de todo el mundo. También en este caso, el proyecto finalmente realizado en 2002 dista sustancialmente de la propuesta presentada al concurso.

Finalmente, y mencionado con menos frecuencia, está la capacidad de los grandes concursos internacionales (como Yokohama) para funcionar como indicadores de la situación en que se encuentra la disciplina. En 1983, por ejemplo, se fallaron tres importantes concursos: Tschumi ganó la Villette, Zaha Hadid obtuvo el primer premio en el Hong Kong Peak, y el proyecto de Peter Eisenman para el Centro Wexner en Ohio fue seleccionado de entre un conjunto de propuestas que incluía un proyecto explícitamente historicista de Michael Graves. En su conjunto, los resultados de aquellos concursos significaron que el mundo de la arquitectura estaba alejándose de ciertas tendencias posmodernas.

Buena parte de este contexto global contrasta con aquello que fue norma en España durante muchos años, cuando los edificios públicos eran encargados a los arquitectos a través de concursos abiertos.[5] Para un observador externo, esta situación resultaba envidiable y, de hecho, amigos y colegas de mi generación pudieron establecer oficinas viables como resultado de su participación en estos concursos —desde colegios, bibliotecas, auditorios o ayuntamientos— celebrados en pequeñas y medianas ciudades a lo largo del país, con jurados formados por arquitectos que conocían bien el contexto. Los plazos eran cortos, pero la escala de los proyectos y el número de propuestas presentadas lo hacían manejable; los mejores proyectos coparon los primeros premios. Los estudios más jóvenes se beneficiaron, al igual que las comunidades locales, quienes se encontraron con arquitectos dedicados a la realización de sus mejores propuestas.

3. Cabe señalar que, en los orígenes del sistema de concursos —en la École des Beaux-Arts—instrumentos gráficos y de representación altamente elaborados (alzados hiperrealistas, y planos ornamentales) fueron premiados en detrimento de otros que hacían hincapié en la intención tectónica.

4. Véanse los textos incluidos en este número de *Arquitectura*. Existe también el mito persistente de aquellas otras propuestas premiadas con un segundo premio; la opción más innovadora frecuentemente desestimada en favor de un proyecto más seguro, dotado con el primer premio y el encargo. El más famoso de los ejemplos (y, quizás, el origen del mito) es la propuesta presentada por Eliel Saarinen al concurso del Chicago Tribune, con frecuencia descrito como muy influyente para el posterior desarrollo del rascacielos, y motivo de elogio por Louis Sullivan, quien dijo: "...el límite que subyace entre un maestro de las ideas [Saarinen] y otro que se rige por ellas [Hood]." Sullivan, Louis, "The Chicago Tribune Competition", *Architectural Record*, 53 (February 1923)

5. Este proceso estuvo sujeto a una transición gradual, comenzando con la integración de España en la Comunidad Económica Europea en 1986 y el formato abierto de los concursos a todos los estados miembros, la adopción de la Declaración de Bolonia en 1999 y, finalmente, el aumento de las presiones económicas tras la recesión de 2008. Véase el artículo de Carlos de Riaño y Fernando Manià (→ **págs. 32-37**) en este número de *Arquitectura*.

There is also a long history of winning competition schemes that remain unbuilt — the Guggenheim Helsinki perhaps most prominent in recent memory.[4] Tschumi often relates the story of completing the first stage of La Villette on his kitchen table, without an office, renting space and hiring employees for the second stage, and finally relocating to Paris, and lobbying — both on site and in the political forum — to make sure that his proposal was built. The same is true of the young, and at the time unknown, principles of FOA [Foreign Office Architects: Farshid Moussavi and Alejandro Zaera-Polo], who moved to Tokyo to assure that their winning proposal for the Yokohama Port Terminal was constructed. Promoted as the largest architectural competition to date, the 1995 Yokohama competition attracted more than 600 entries from all over the world. Here too, the design as finally realized in 2002 is substantially modified from the original competition proposal.

Finally, and less often mentioned, is the capacity of large international competitions (such as Yokohama) to act as a bellwether of the state of the discipline. In 1983, for example, three major competitions were judged: Tschumi won la Villette, Zaha Hadid took first place in the Hong Kong Peak, and Peter Eisenman's entry for the Wexner Center (Ohio) was selected over a field that included, among others, an explicitly historicist proposal by Michael Graves. The cumulative effect of these three competition decisions sent a definitive signal that the architecture world was turning away from post modernism.

Much of this global context stands in contrast to what was, for many years the norm in Spain, where public buildings were commissioned through competitions open to all registered Spanish architects.[5] To an outsider, this appeared to be an enviable situation, and indeed, friends and colleagues of my generation established viable practices by entering numerous competitions — for schools, libraries, auditoriums or town halls — in smaller and medium-sized cities around the country, judged by architects who knew the context well. Deadlines were frequent, but the scale of the projects and the pool of entries were manageable; good work rose to the top. Young practices benefited, as did local communities, who found architects dedicated to realizing their best work.

All of this is to underscore the enormous weight of expectation placed on the architectural competition today, a weight that is perhaps nearly impossible to fulfill in the present. On the one hand, the overall number of buildings commissioned by competition has decreased, in large part because developers and sponsors are unwilling to cede control; on the other hand, practically all competitions today are pre-qualified, subject to a review of credentials, office capacity and previously realized work, essentially ruling out the possibility that a relative unknown (such as Utzon) might be successful. Moreover, reflecting the complexity of today's construction industry, contemporary competition briefs call for large collaborative teams, requiring the inclusion of engineers and landscape architects, consultants for sound, lighting, traffic and ecology, a local architect of record, and often community representatives or financial advisors. What we think of today as an architectural competition is really a slightly more public and elaborated version of the standard call for proposals and interview process that dominates architectural commissioning at the present time.

It is tempting to see the elliptical form of the first place competition proposal by Cruz and Ortiz (with Ulargui Arquitectos) for the new General State Administration building in Madrid as a distant recall of one of their earliest built works: the apartments on calle Doña María Coronel completed in 1976. Beyond the radical change of scale, there are obvious differences, the most significant being that the dimpled ellipse of the building in Sevilla traces out the void of a courtyard, while the structure at calle Padre Damián 52 is a free-standing institutional building. More significantly, the distance traveled, and the time passed — nearly half a century from that early structure to the present — marks Cruz and Ortiz out as a practice that has successfully negotiated the transition from working at a small scale, sensitive to urban typology and in close contact with local building culture, to operating at the institutional scale in today's global context. From modest beginnings in Sevilla, Cruz and Ortiz have grown to become a global firm with branch offices in Switzerland and the Netherlands, known for their ability to complete complex projects at the institutional and infrastructural scale.

Located in the north of Madrid, in a disjunct neighborhood already mixing residential and institutional buildings, the fractured ellipse proposed for calle Padre Damián 52 serves to gather space around it and to make the new building a focal point — not as a monument, because the eye does not linger, but rather as a complex at once unified and distributed. The relentless consistency of the fenestration underscores the repetitive character and scale of the administrative functions housed within. In plan, the mismatch between a rectilinear courtyard and the elliptical outline breaks up the repetitive office accommodation, creating identifiable 'precincts' within the necessarily vast floor areas. It is a delicate and intelligent compromise, perhaps only accomplished by accommodating sixty-percent of the required 75.000 m2 program below grade.

4. See the texts in this issue. There is also the persistent myth of the second place entry — the more innovative proposal overlooked in favor of a 'safe' first-place winner. The most famous example (and perhaps origin of the myth) is Eliel Saarinen's entry in the Chicago Tribune competition, often said to be more influential in the subsequent development of the skyscraper, and singled out for praise by Louis Sullivan, who noted "...the deadline that lies between a Master of Ideas [Saarinen] and one governed by ideas [Hood]". Sullivan, Louis, "The Chicago Tribune Competition", *Architectural Record*, 53 (February 1923).

5. This process was subject to a gradual transition, beginning with Spain's entry into the European community in 1986 and the opening of competitions to architects of all member states, the adoption of the Bologna accords in 1999, and finally the increasing economic pressures of the 2008 recession. See the article by Carlos Riaño, and Fernando Maniá in this issue of *Arquitectura* (→ págs. 32-37).

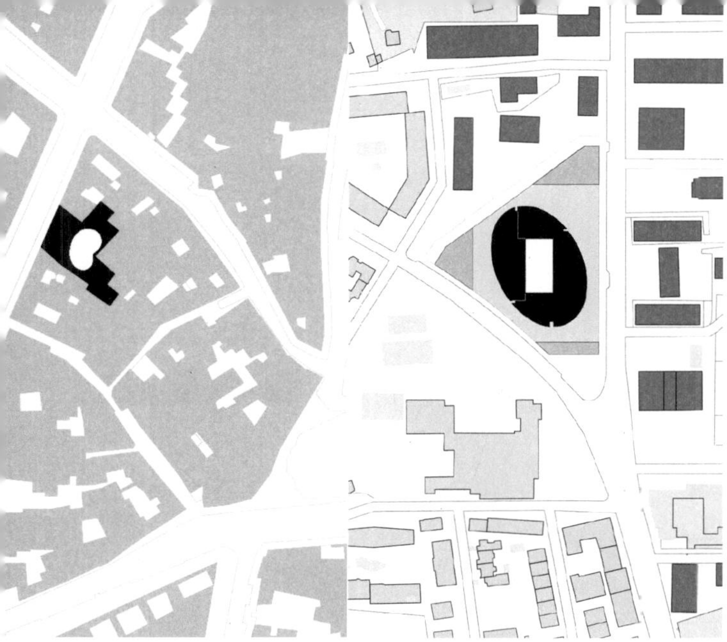

Fig 02. Collage plano situación/emplazamiento de la propuesta de Cruz y Ortiz con Ulargui Arquitectos para Padre Damian 52 y del edificio de los primeros en la calle Doña María Coronel de Sevilla

La idea que hoy tenemos de un concurso de arquitectura es, en realidad, una versión un tanto más pública y elaborada de una convocatoria y de un proceso de selección estándar que caracteriza los encargos de arquitectura en el momento actual

Todo ello para subrayar la enorme expectación que aún hoy tienen los concursos de arquitectura; muy a pesar de que, sin embargo, ésta resulta casi imposible de satisfacer en la actualidad. Por un lado, el número total de edificios encargados mediante concurso ha disminuido debido, sobre todo, a que los promotores y las entidades financiadoras no están dispuestas a ceder el control; por otro, gran parte de los concursos que se convocan son restringidos, sujetos a una serie de requisitos previos que tiene que ver con la capacidad de la oficina y con su obra construida, lo que en esencia descarta que la propuesta de un concursante desconocido (como el caso de Utzon) pueda resultar satisfactoria. Además, reflejo de las complejidades que encierra la industria de la construcción hoy en día, las bases de los actuales concursos solicitan la participación de grandes equipos colaborativos, lo que implica la inclusión de ingenieros y arquitectos del paisaje o consultores para cuestiones relativas a la acústica, la iluminación, el tráfico y la ecología, así como un arquitecto local y, muchas veces, representantes de la comunidad civil o asesores financieros.

Resulta tentador recordar, a través de la forma elíptica de la propuesta ganadora presentada por Cruz y Ortiz (con Ulargui Arquitectos) al concurso para el nuevo edificio de la Administración General del Estado en Madrid, uno de sus primeros proyectos construidos: el edificio de apartamentos de la calle Doña María Coronel, terminado en 1976. Más allá del radical cambio de escala, hay otras diferencias evidentes siendo la más destacada de todas ellas que, mientras la elipse partida del edificio de Sevilla traza el vacío de un patio, la estructura de la calle del padre Damián conforma un edificio institucional exento de nueva planta. Lo que resulta más significativo, considerando el tiempo transcurrido y la distancia recorrida —casi medio siglo desde el primer proyecto hasta hoy— ilustra el trabajo de Cruz y Ortiz como el de un estudio que, de manera satisfactoria, ha sabido realizar la transición desde la pequeña escala, sensible a la tipología urbana y estrechamente vinculada con la cultura arquitectónica local, hasta poder desarrollar proyectos institucionales de gran escala en el actual contexto global. Desde sus modestos comienzos en Sevilla, Cruz y Ortiz han crecido hasta convertirse en una firma global, con oficinas en Suiza y los Países Bajos, reconocida por su capacidad para completar proyectos complejos de escala institucional e infraestructural.

Situado en el norte de Madrid, en un barrio inconexo que hasta ahora combina edificios residenciales e institucionales, la elipse fracturada propuesta para la calle de padre Damián sirve para reunir alrededor de ella un espacio que convierte al nuevo edificio en un punto focal; no como un monumento, porque el ojo no se detiene sobre éste, sino que lo percibe como un complejo a la vez unificado y distribuido en el espacio. La marcada consistencia de los huecos de fachada subraya el carácter repetitivo y la escala de las funciones administrativas alojadas en su interior. En planta, el desajuste entre el patio rectilíneo y el contorno elíptico rompe con un alojamiento repetitivo de las oficinas, creando 'recintos' identificables dentro de las inevitablemente extensas áreas de oficinas. Es un delicado e inteligente equilibrio, probablemente logrado al situar el sesenta por ciento de los 75.000 m2 requeridos por el programa bajo rasante.

Cruz and Ortiz' ability to negotiate local culture, architectural consistency and global expertise stands in marked contrast to the infrastructural and landscape works of the Madrid Nuevo Norte and the new Chamartín Station proposal by UN Studio and b720.[6]

The unremitting spread of globalism has been an incremental process, played out over a long time period, but in the context of Spanish architecture one important point of reference is the 2006 exhibition at the Museum of Modern Art "On Site: New Architecture in Spain." With its indiscriminate mix of projects and built works, the exhibition prominently featured work as diverse as the recently completed Barajas Terminal (Richard Rodgers with Estudio Lamela) and Peter Eisenman's City of Culture Galicia, alongside the work of Spanish firms such as Moneo, Navarro Baldeweg, Mangado, Mateo and Miralles. All the international names and initials were represented: Nouvel, Hadid, SANAA, OMA, MVRDV, Ito, Siza, Perrault, Herzog and De Meuron — in many cases with less than significant works, and often by projects ultimately unrealized. "Profound economic and political changes have generated an unprecedented flowering of architecture in the areas of tourism, transportation, civil infrastructure, and cultural life," the exhibition materials announced. "Spain's new sense of self-definition...is directly reflected in its recent wave of construction."[7] It was hard to escape the sensation that the work of Spanish architects included in the exhibition was justified primarily on the basis of the country's new standing among global practitioners.

Fig 03. Portada de *On Site: New Architecture in Spain*

If the 2006 MoMA exhibition was the symptom, the winning competition proposal for the new Chamartín Station is the consequence . A strategic point of connection with Europe, and one of the largest infrastructure works to be undertaken in Madrid, the project represents the new reality of urban intervention undertaken by public/private partnership, and driven primarily by economic consideration. The resulting proposition consists of an extension and embellishment of the existing Corrales and Molezún (with Pruneda and Olalquiaga) vaults at ground level to accommodate the railway functions, complemented by liberal retail space, and crowned by massive towers, stepped terraces and obligatory greenery. The architectural language is one of technological virtuosity and slick imagery, likely to be realized as a kind of simulacrum of itself.

By way of contrast, among the more positive consequences of globalism is the visibility and success of Spanish architects working abroad. Estudio Herreros won the invited, international competition for the Munch Museum (Oslo) in 2009, and the museum opened in 2021. The project exhibits the high degree of technical competence, urban sensitivity and restrained organizational strategies that characterize the work of Estudio Herreros. Working primarily in section to create a vertical museum experience, the building accommodates both the efficient circulation and generous exhibition and support spaces required of a modern exhibition venue. The rippling glass façade responds to the gentle northern light, and the angled tower gives the structure a distinctive identity on the Oslo waterfront — a modest recall, neither literal nor derivative, of Utzon's Opera House and its iconic presence in Sydney Harbor.

6. See the texts by Eduardo Prieto (→págs.89-95) and Luis Rojo de Castro (→págs. 72-80) in this issue of *Arquitectura*. Note that UN Studio, led by Ben van Berkel, is a Dutch firm well-known (like OMA) for their discursive/diagrammatic approach; b720 is a Barcelona firm known for their technical ability in large projects.

7. MoMA Press release. See the catalog edited by Terence Riley, *On Site: New Architecture in Spain*, (New York, Museum of Modern Art, 2006).

Fig 04. Imagen de la propuesta ganadora de UNStudio, B720 y Esteyco para la nueva Estación de Chamartín.

Si la exposición del MoMA de 2006 fue el síntoma, la propuesta ganadora del concurso para la nueva estación de Chamartín es la consecuencia

La capacidad de Cruz y Ortiz para negociar con la cultura local, una consistente respuesta arquitectónica y su experiencia global ofrece un marcado contraste con las transformaciones infraestructurales y paisajísticas de Madrid Nuevo Norte y con la propuesta ganadora para el concurso de la estación de Chamartín, obra de UN Studio y b720.[6]

Desde hace ya tiempo, la incesante expansión del globalismo ha ido en aumento, aunque en el contexto de la arquitectura española un importante punto de referencia es la exposición celebrada en 2006 en el Museo de Arte Moderno de Nueva York bajo el título "On Site: New Architecture in Spain." Con una mezcla indiscriminada de proyectos y obras, la exposición mostró de manera destacada edificios tan diversos como la por entonces recientemente terminada nueva terminal del aeropuerto de Bajaras (Richard Rogers con Estudio Lamela) y la Ciudad de la Cultura de Galicia de Peter Eisenman, junto con el trabajo de firmas españolas como Moneo, Navarro Baldeweg, Mangado, Mateo y Miralles. Todas las firmas internacionales estuvieron representadas: Nouvel, Hadid, SANAA, OMA, MVRDV, Ito, Siza, Perrault, Herzog y De Meuron, en muchos de los casos con obras de menor importancia y, a menudo, con proyectos que finalmente no se construyeron. Los materiales de la exposición destacaron cuanto "profundos cambios económicos y políticos han generado un florecimiento sin precedentes de la arquitectura en las áreas de turismo, el transporte, la infraestructura civil y la vida cultural". "La nueva conciencia y autodefinición de España… se refleja directamente en su reciente ola de construcción".[7] Resultaba difícil escapar a la sensación de que el trabajo de los arquitectos españoles incluidos en la exposición se justificaba principalmente sobre la base de la nueva posición del país entre las prácticas profesionales globales.

Punto estratégico de conexión con Europa y una de las mayores obras de infraestructura que van a realizarse en Madrid, el proyecto representa la nueva realidad de aquellas intervenciones urbanas emprendidas mediante una colaboración público/privada e impulsada, fundamente, desde consideraciones económicas. La propuesta ganadora consiste en la ampliación y el embellecimiento de las bóvedas originales —obra de Corrales y Molezún (con Pruneda y Ola quiaga)— que en planta baja acogen los usos estrictamente ferroviarios, completándose con espacios comerciales libres. Unas macizas torres, con sus terrazas escalonadas y su obligatorio follaje verde, coronan el conjunto. El lenguaje arquitectónico empleado es propio de un virtuosismo tecnológico y una pulida imaginería, probablemente capaz de llevarse a cabo como una especie de simulacro de sí mismo.

Así y todo, de entre las consecuencias positivas del globalismo están la visibilidad y el éxito de aquellos arquitectos españoles que trabajan fuera del país. Estudio Herreros ganó el concurso internacional por invitación para el Museo Munch (Oslo) en 2009, abriendo el nuevo edificio sus puertas en 2021. El proyecto exhibe un alto grado de competencia técnica, así como una sensibilidad urbana y unas contenidas estrategias organizativas que caracterizan el trabajo de Estudio Herreros. Trabajando principalmente en sección con el objetivo de crear un museo que se recorre verticalmente, el edificio acoge tanto una eficiente circulación como una generosa área expositiva junto con espacios de soporte que se adecuan a los espacios modernos de exposición. La fachada de vidrio ondulante responde a la suave luz del norte, y la torre en ángulo le da a la estructura una identidad distintiva en el paseo marítimo de Oslo: un recuerdo modesto, ni literal ni derivado, de la Ópera de Utzon y su presencia icónica en el puerto de Sydney: una modesta evocación no literal, y no poco original, del edificio de la Ópera de Utzon y su icónica presencia en el puerto de Sydney.

[Traducción de Alejandro Valdivieso]

6. Ver los textos de Eduardo Prieto (→ **págs.89-95**) y Luis Rojo de Castro (→ **págs. 72-80**) publicados en este número de *Arquitectura*. Obsérvese que, UN Studio, dirigido por Ben van Berkel es (al igual que OMA) una reconocida firma holandesa cuyo trabajo se caracteriza por un marcado posicionamiento discursivo/diagramático; b720 es una oficina barcelonesa conocida por su habilidad técnica en grandes proyectos.

7. MoMA Press release. Véase el catálogo editado por Terence Riley, *On Site: New Architecture in Spain* (New York, Museum of Modern Art, 2006).

How much does a competition cost?

Guggenheim Helsinki Competition Data

In June 2014, the Solomon R. Guggenheim Foundation launched an open architecture competition to develop a new museum project in Helsinki. On September 10 of the same year, they received 1,715 proposals, making it the largest competition in the history of architecture. But what do these numbers really mean?

Guggenheim Helsinki Competition Data is an infographic video illustrating the impact of such calls, translating abstract numbers into tangible references: length, height, time, or salary.

Each submission consisted of 4 panels in size A1, a two-page written description in A4, and a USB drive containing the same documentation. For instance, if all the panels were laid horizontally, their length would exceed 4 km, approximately a one-hour walk at an average pace. The mere physical management of all this documentation required a spatial project in itself, enabling the proper reading of all the submitted work. Once arranged in a specific order and form, the next challenge was to review and judge all this work properly.

Fig 01. El concurso recibió un total de 6.860 paneles DIN A-1, que dispuestos horizontal y contiguamente abarcarían una distancia de 4.074,84 metros, el equivalente al diámetro del círculo que aquí se ilustra. The competition received a total of 6,860 A1 size panels, which, when arranged horizontally and contiguously, would cover a distance of 4,074.84 meters, equivalent to the diameter of the circle drawn above.

¿Cuánto cuesta un concurso?

Los datos del concurso del Guggenheim Helsinki

Burr Studio

En junio de 2014 la fundación Solomon R. Guggenheim convoca un concurso de arquitectura abierto para el desarrollo del proyecto de un nuevo museo en la ciudad de Helsinki. El día 10 de septiembre del mismo año reciben un total de 1.715 propuestas convirtiéndose en el mayor concurso de la historia de la arquitectura, pero ¿qué significan estos números?

Guggenheim Helsinki Competition Data es un vídeo infográfico sobre el impacto de este tipo de convocatorias, traduciendo números abstractos en referencias directas: longitud, altura, tiempo o salario.

Cada una de las entregas constaba de cuatro paneles en tamaño Din A1, una memoria escrita de dos páginas Din A4 y un *pendrive* conteniendo esta misma documentación. Si por ejemplo quisieran disponerse todos los paneles en horizontal la distancia superaría los 4 km de longitud, un paseo de aproximadamente 1 hora a una velocidad de paso media. La mera gestión física de toda esta documentación requería de un proyecto espacial en sí mismo, que permitiese la correcta lectura de todo el trabajo entregado. Una vez dispuesta en un determinado orden y forma, el siguiente reto consistía precisamente en la correcta lectura de todo este trabajo para poder juzgarlo.

A priori, cualquier participante en un tipo de concurso de estas características da por hecho que su trabajo será debidamente valorado; a pesar de ello, con unos números como los de esta convocatoria, se entiende que los tiempos pudieran ser algo más apretados de lo normal.

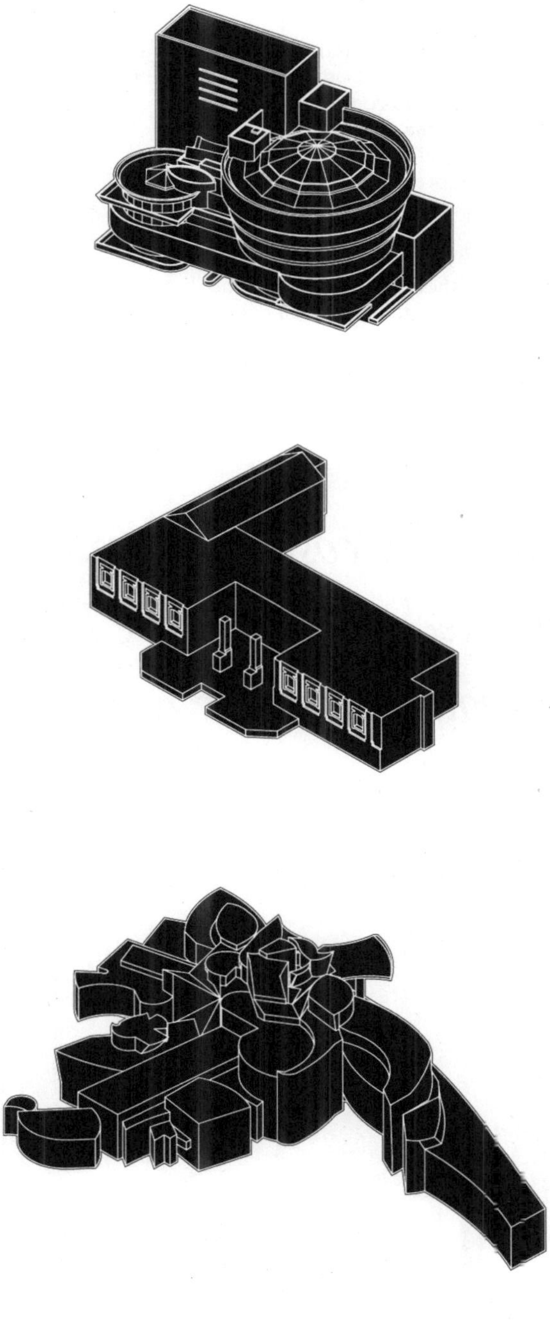

Fig 02.
- Solomon R. Guggenheim Museum en Nueva York, Estados Unidos.
- Peggy Guggenheim Collectionen Venecia, Italia.
- Guggenheim Museum en Bilbao, España.

At first, any participant in such a competition assumes that their work will be duly evaluated. Nevertheless, with the numbers involved in this competition, it is understandable that the time for assessment might be tighter than usual. For example, if it took 5 minutes to read and view the work represented on the 4 panels and an additional 2 minutes to read the descriptive memo, it would add up to about 12,000 minutes or around 200 hours. A typical 8-hour workday and 5-day workweek would translate to an entire month of exclusive work for each jury member.

Moreover, it is essential to consider the effort invested in each of these proposals. Assuming an ideal project team with a senior architect, two junior architects, and an intern, using the average salaries defined by the Royal Institute of British Architects (RIBA), the work would be valued at over 10,000 €. When multiplied by the number of entries, the received work exceeds 18 million euros.

The translation of these data into simple and direct images and ideas illustrates how open competitions are used to generate vast amounts of free work, promising overwhelming professional opportunities that often go unfulfilled. It becomes a lottery that reflects the fragile situation of architecture.

[Translation by the authors]

Fig 03. 1715 propuestas fueron recibidas para el Concurso Internacional del Museo Guggenheim de Helsinki.
A total of 1,715 proposals were received for the International Competition of the Guggenheim Museum in Helsinki.

The average cost per team amounted to a sum of €10,692. This would result in a total investment of ***€18,336,780.00***

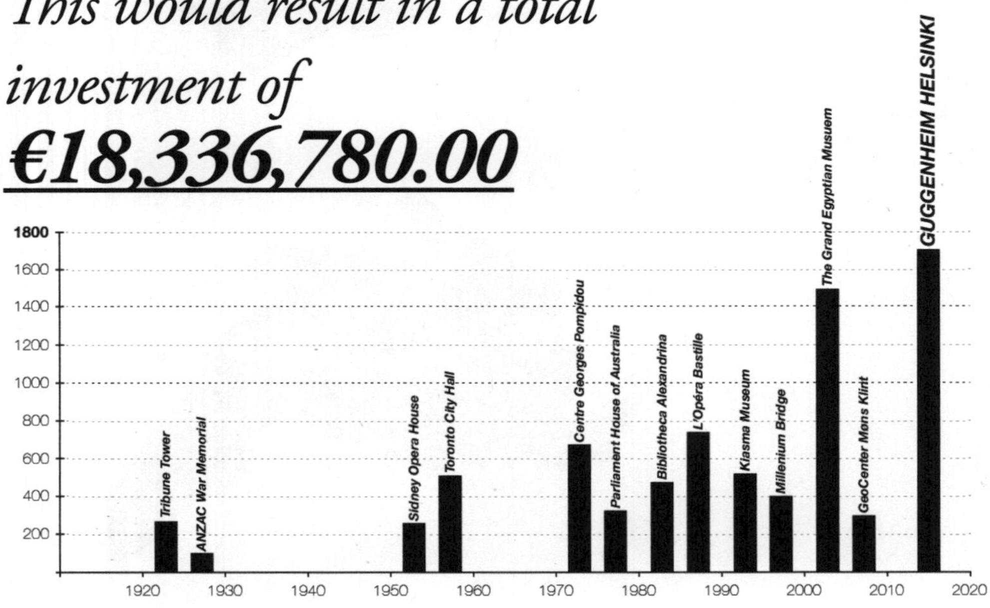

Fig 04. Tendencia ascendente del número de propuestas recibidas en concursos internacionales de arquitectura.
There is an upward trend in the number of proposals received in international architecture competitions.

El coste medio por equipo supuso una suma de 10.692,00€, lo que equivaldría a una inversión total de

_18.336.780,00€_

Si se hubieran dedicado, por ejemplo, 5 minutos en la lectura y visualización del trabajo representado en los 4 paneles y dos minutos adicionales en la lectura de la memoria descriptiva, sumaríamos un total de unos 12.000 minutos, es decir, unas 200 horas. En jornadas laborales de 8 horas diarias y 5 días laborables a la semana, esto supondría un mes de trabajo exclusivo por parte de cada miembro del jurado.

Por otra parte, cabe traducir también el trabajo invertido en cada una de estas propuestas. Si por ejemplo definimos un equipo de proyecto ideal, con un arquitecto con experiencia, dos arquitectos jóvenes y una persona en prácticas, tomando como referencia los salarios medios definidos por el *Royal Institute of British Architects* (RIBA), estaríamos hablando de un trabajo valorado en más de 10,000 €. Multiplicado por el número de propuestas, el trabajo recibido alcanza un valor superior a los 18 millones de euros.

La traducción de estos datos en imágenes e ideas sencillas y directas muestra como los concursos abiertos son utilizados para generar enormes cantidades de trabajo de forma gratuita, prometiendo una oportunidad profesional abrumadora, muchas veces no consumada. Una lotería que representa la frágil situación de la arquitectura.

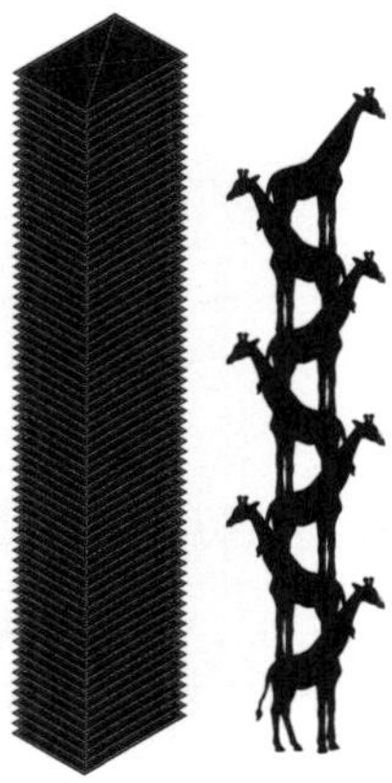

Fig 05. Si montásemos todos los paneles unos sobre otros, llegarían a tener una altura superior a 6 jirafas superpuestas.
If we were to stack all the panels on top of each other, they would reach a height greater than 6 stacked giraffes.

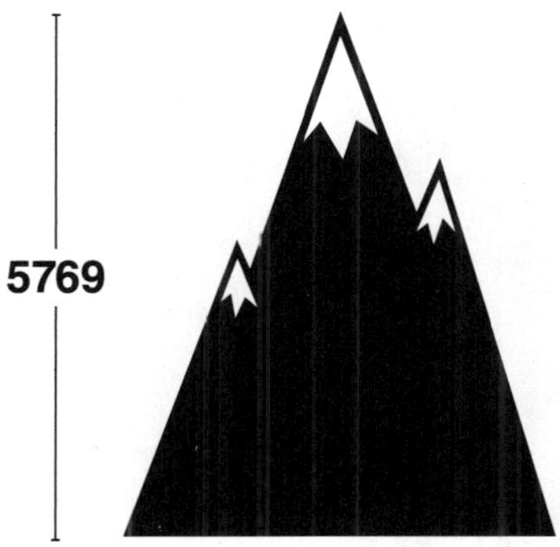

Fig 06. Si los paneles se dispusiesen verticalmente alcanzarían una altura de 5.769 metros, una cota superior a cualquier montaña en Europa.
If the panels were arranged vertically, they would reach a height of 5,769 meters, exceeding the elevation of any mountain in Europe.

Fig 07. Superficialmente, todos los paneles ocuparían un área superior al equivalente de tres piscinas olímpicas.
In total surface area, all the panels would occupy an area greater than the equivalent of three olympic-sized swimming pools.

About the need of Open Design Competitions for Professional Practice

Open competitions for the design of public buildings have long been part of the process through which reflection is given to architectural culture in Western society. They have been seen as the quintessential arena for sharing this reflection on the discipline itself, on the ways in which space is made habitable, and the ways in which the habitable space is produced. Many of the greatest works of architecture and the early careers of many renowned professionals were the result of competitions for ideas in the preliminary stage of a project.

Fig 01. Concurso del Nuevo Edificio para la Escuela de Arquitectura (ETSAE) de Cartagena, 2018. | Tuñón y Albornoz Arquitectos

→ pag. 56-59

It should be made clear that when we speak of this type of competition, we refer to competitions in which only the quality of the submitted architectural ideas is evaluated by a panel of judges, excluding all other considerations.

However, since the beginning of the new century in Spain, this approach has been losing ground to others in which, based on new regulations for public procurement contracts with strongly economistic criteria[1] and the liberalisation of professional rate[2], priority was given to the lowering of fees over architectural quality.

As a result, a practice that has gradually become generalised and consolidated in public administrations with regard to procurement procedures is the relegation to a secondary position of the aforementioned cultural nature of the ideas and quality of the preliminary architectural design, with the consequences that this has subsequently brought with it.

While Spain's Public Sector Procurement Law, or LSCP by its Spanish initials[3], is a text packed full of good intentions and was able to correct some of the most detrimental aspects of the previous rules, it retains among its articles terms and conditions that we sincerely believe are open to improvement and which, in the absence of regulation, in practice allows the spirit of the former text be preserved by sidestepping the goals pursued by the new law. A few of these are explained here.

The LSCP sets out two methods by which public administrations issue calls for tenders for the provision of professional architectural services: contract award procedures and design competition procedures.

About the award procedures

We will refer here first to the contract award procedures, which have been the majority within public procurement for some years now. They do not involve any form of remuneration beyond the awarding of the contract; nor do they require a panel of experts, nor, in general given their economistic nature, do they guarantee that the best architectural design will be awarded, given that the final assessment of the offering is made as an average of all factors. In this regard, while the LCSP establishes that a minimum score of 51 per cent must correspond to qualitative aspects, the law does not state that this should refer to the architectural quality of the proposals; rather, it refers to what is defined as "plurality of criteria", meaning that this percentage can be shared at will with other aspects regarding the quality of the service provision or social aspects, typically measured in quantitative terms.

Sobre la necesidad de los concursos públicos de ideas para la profesión

Carlos de Riaño y Fernando Manià
Codirectores de 'Concursos COAM'

Los concursos públicos de proyectos han formado parte, desde hace mucho tiempo, del modo en que se produce una reflexión en Occidente sobre la cultura arquitectónica. Han sido el espacio por excelencia donde compartir esa reflexión, sobre la propia disciplina, las formas de habitar y los modos de producción del hábitat. Muchas de las mejores obras de arquitectura y el inicio de la carrera profesional de numerosos y reputados profesionales han sido el resultado de concursos de ideas de anteproyecto.

En primer lugar, cabe aclarar aquí que cuando hablamos de esta modalidad de concursos nos referimos a aquellos donde lo que se pone en juego y se valora exclusivamente, por parte de un jurado, es la calidad de la ideación arquitectónica, excluyendo cualquier otra consideración.

Sin embargo, en España, a partir del inicio del nuevo siglo, este tipo de procedimientos fueron perdiendo presencia en favor de otros en los que, sobre la base de una nueva regulación de la contratación pública, de marcado carácter economicista[1] y la liberalización de tarifas profesionales[2], se privilegió la reducción de los honorarios sobre la calidad arquitectónica. Se ha ido generalizando y consolidando en las administraciones públicas una práctica sobre los procedimientos de contratación en la que el carácter cultural antes mencionado de la ideación y la calidad del anteproyecto arquitectónico quedan relegados a tener un carácter secundario, con las consecuencias que luego se derivaron de ello.

La Ley de Contratos del Sector Público (LCSP)[3], un texto plagado de buenas intenciones, si bien introdujo correcciones sobre algunos de los aspectos más lesivos de la norma anterior, mantiene aún en su articulado condiciones que entendemos francamente mejorables y que, en ausencia de un reglamento, en la práctica permite mantener el espíritu del texto anterior soslayando los objetivos perseguidos con la nueva norma. Referiremos aquí solo algunas. La LCSP establece dos procedimientos a través de los cuáles las administraciones públicas convocan licitaciones para la prestación de servicios profesionales de arquitectura: los procedimientos de adjudicación y los concursos de proyectos.

Sobre los procedimientos de adjudicación

Vamos a referirnos en primer término a los 'procedimientos de adjudicación', los cuales son, desde hace años, los mayoritarios dentro de la contratación pública. No conllevan remuneración alguna mas allá de la adjudicación del contrato; tampoco requieren un jurado de expertos y, en general, por su propia condición economicista, no garantizan que la mejor propuesta arquitectónica sea la adjudicataria, ya que la valoración final de la oferta se hace en promedio directo de todos los factores.

[1] RDL 2/2000, de 16 de Junio, Ley de Contratos de las Administraciones públicas
[2] Ley 7/1997, de 14 de abril, de medidas liberalizadoras en materia de suelo y de Colegios profesionales
[3] Ley 9/2017, de 8 de noviembre, de Contratos del Sector Público

The maximum 49 percent remaining corresponds to the lowest bid in terms of professional fees. It goes without saying that very few public administrations would choose to modify these percentages in favour of architectural quality.

It should be stressed, however, that certain governments (the Basque Country regional government, for example) have long been implementing corrective mechanisms to encourage architectural designs of a higher quality by restricting access to the economic offer stage to bids that do not exceed a specific technical quality threshold.

However, because design ideas are not given particular consideration by the LCSP – they are included among the general terms of the contract, both as services or as supplies – situations occur where, for instance, procurement processes not subject to harmonised regulation provide a window of 15 days (legal minimum) in which to prepare the presentation and economic offer, the same as that provided to prepare a bid for the supply of fungible goods. This does not appear to be the best situation to guarantee a quality design for a public building that will define the place where it will be sited and impact the lives of citizens for decades to come.

Another evident and necessarily remediable aspect regarding the application of the law, if the intention is to move in a positive direction where these types of procedures are concerned, is that of technical competence. Public administrations mostly apply the default condition of the article corresponding to this concept. This use of the subsidiary condition referred to in the article means appraising professional competence according to the volume of turnover within a specific period of time, thus omitting the application of the main condition that requires firstly taking into consideration technical knowledge, merit and experience.

About project competitions

When it comes to the procedures defined in the LCSP as design competitions – competitions for initial project ideas according to the definition given earlier – although the law sets out certain general criteria regarding the circumstances where this type of procedure is to be used, the law actually grants considerable discretion to each government to interpret those criteria. As a result of this, situations occur of a highly disjointed nature such as when the Health Department of the Balearic Islands holds design competitions with a panel of judges for health centres – incidentally, with excellent results regarding architectural designs – or, on the contrary, when Spain's Ministry of Culture awarded, through a procedure hinging on the bid with the lowest professional fees and in the absence of qualified judges, the contract for a major intervention and considerable construction budget on a four-century-old building listed as an asset of cultural importance.

Therefore, in these conditions, the pursuit of architectural quality through these types of procedures depends on the notion that each procuring entity has in this respect. Likewise, this lack of definition – which we believe must be corrected – as regards when it is specifically appropriate to use the design competition procedure may lead to, among others, consequences of legal insecurity and/or discrimination between participants, depending on the region in question or the procuring entity.

Fig 02. Concurso de la Nueva sede de EMUASA Aguas de Murcia, 2022. | María Herranz, Manuel Leira, Nieves Mestre y Eduardo Roig

→ pag. 64-67

Fig 03. Concurso de 31 Viviendas con protección pública en arrendamiento en el ensanche de Carabanchel, 2022. | Ayllón Paradela de Andrés Arquitectos

→ pag. 42-45

The issuance of regulations under the provisions of the corresponding articles of the law would bring standardisation and remove doubts regarding the interpretation of aspects such as those previously described and others. Despite this, many successful design competitions have been undertaken in compliance with the specific section of the LCSP. Evidence of this is those held by the Directorate-General for Urban Agenda and Architecture or by government entities in the Valencian Community, to mention a few.

We believe that Spain's newly enacted Law on Architectural Quality[4], by recognising the cultural value of architecture and defining it as an asset of general interest, should commit to reinstating the best practices in procurement procedures that involve processes of design ideation, which would allow the number of contracts awarded via the design competition route to be increased.

Los concursos siguen siendo un espacio de interés para muchos estudios aunque difícilmente pueden constituir la base del ejercicio de la profesión

A este respecto, si bien la LCSP establece que un mínimo de 51% de la puntuación debe corresponder a aspectos relativos a la calidad, la ley no establece que esta última se refiera a la calidad arquitectónica de las propuestas, sino a lo que se define como "pluralidad de criterios", por lo que ese porcentaje puede repartirse de manera discrecional con otros aspectos relativos a la calidad de la prestación del servicio o condiciones sociales, generalmente medidos en términos cuantitativos. El máximo de 49% restante corresponde a la baja de los honorarios profesionales. Huelga decir que son muy pocas las administraciones que eligen modificar esta relación porcentual en favor de la calidad arquitectónica.

Hay que señalar, sin embargo, que algunas administraciones (por ejemplo, en el País Vasco) han implementado desde hace años mecanismos correctores, para privilegiar las propuestas arquitectónicas de mayor calidad, limitando el acceso a la fase de oferta económica de las propuestas que no alcanzasen un determinado umbral de calidad técnica.

Por otra parte, al no tener la ideación proyectual una consideración particular en la LCSP —sino que entra en las generalidades de la contratación, tanto como de servicios o de suministros—, se dan situaciones tales como que, en contratos no sujetos a regulación armonizada, el plazo para idear un anteproyecto, preparar su presentación y su oferta económica, sea de 15 días (el mínimo legal), el mismo que para preparar una oferta económica de material fungible. No parece la mejor condición para garantizar una propuesta de calidad de un edificio público que determinará durante decenios el lugar donde ha de localizarse y condicionará la vida de los ciudadanos.

Otro aspecto clara y necesariamente mejorable en la aplicación de la ley, si lo que se pretende es avanzar en la dirección de la calidad en este tipo de procedimientos, es el relativo a la solvencia técnica. Las administraciones aplican mayoritariamente la condición por defecto del artículo correspondiente a este concepto. Esta utilización de la condición subsidiaria referida en el artículo supone valorar la solvencia profesional en función de un volumen de facturación en un determinado periodo de tiempo, obviando así la aplicación de la condición principal que plantea tener en consideración en primer término los conocimientos técnicos, los méritos o la experiencia.

Sobre los concursos de proyectos

En cuanto a los procedimientos definidos en la LCSP como 'concursos de proyectos' —concursos de ideas de anteproyectos conforme a la definición hecha al inicio—, si bien la ley establece unos criterios generales sobre bajo qué circunstancias se debe utilizar esta figura, la realidad es que la propia ley deja un amplio margen de discrecionalidad a cada administración para la interpretación de esos criterios. Como resultado de esto se dan situaciones tan dispares como, por ejemplo, que el Instituto Balear de Salud convoque concursos de proyectos con jurado para unos centros de salud —por cierto, con excelentes resultados en cuanto a las propuestas arquitectónicas— y, por el contrario, el Ministerio de Cultura defina, a través de un procedimiento de adjudicación con baja económica de honorarios y sin un jurado cualificado, la contratación de un proyecto, de importante intervención y cuantía económica de obra, sobre un edificio de hace cuatro siglos catalogado como BIC.

Por tanto, en estas condiciones, la búsqueda de calidad en la arquitectura a través de este tipo de procedimientos está en función de la consideración que de la misma tenga cada organismo convocante. Asimismo, estas indefiniciones —que consideramos que deben ser corregidas— en relación con cuando corresponde concretamente utilizar el procedimiento de concurso de proyectos pueden suponer, entre otras, consecuencias de inseguridad jurídica y/o discriminación entre participantes según sea el ámbito territorial de actuación o la entidad convocante del procedimiento.

El desarrollo reglamentario previsto en el articulado correspondiente permitiría unificar criterios y despejar dudas interpretativas sobre aspectos como los arriba mencionados y otros. No obstante, conforme al apartado específico de la LCSP se han desarrollado muchos exitosos concursos de proyectos; son prueba de ello las convocatorias realizadas por la Dirección General de Arquitectura o por organismos de la Comunidad Valenciana, por citar algunos ejemplos.

La recientemente promulgada Ley de Calidad de la Arquitectura[4], al reconocer el valor cultural de ésta y definirla como bien de interés general, creemos que debe incidir en la recuperación de las mejores prácticas en los procedimientos de contratación que impliquen procesos de ideación proyectual, permitiendo ampliar el número de los que se realizan a través de la modalidad concursos de proyectos.

Para una mayor diferenciación de los simples procedimientos de adjudicación, la modalidad de concurso de proyectos suele contemplar una remuneración no reglada a los concursantes, que es establecida por la propia entidad convocante del concurso, y limitarse a tres premios, ampliándose en ocasiones con tres menciones, en caso de libre participación con las condiciones que establezca el pliego.

4. Ley 9/2022, de 14 de junio, de Calidad de la Arquitectura

In order to differentiate it from simple contract award procedures, the design competition method typically involves a non-regulated remuneration for candidates, which is set by the entity holding the competition and limited to three prizes, although these can occasionally be expanded to include three consolation prizes in the case of open calls under the terms and conditions established in the list of specifications.

Apart from the 120 measures for quality in public procurement contracts published by the Consejo Superior de Colegios de Arquitectos de España, Spain's council of professional organisations for architects, there is no document in the country whose application is the result of consensus between governments and professional associations, unlike in neighbouring countries.

Nevertheless, competitions continue to be a space of interest for many architectural firms, although they could barely be considered essential to professional practice. This is aggravated in a large number of calls for tenders, by the inadequacy of the professional fees – on which there is downward pressure in the process – in relation to the professional services required, the complexity of the matters to be dealt with and responsibility to be taken on, particularly in award procedures.

Within this general panorama, special mention must be made of the unique status of the Law of Architecture of Catalonia[5], enacted in 2017, whose ambition of architectural quality is evident. This law, a forerunner to the national Law on Architectural Quality that was enacted in 2022 and whose regulations were drawn up in a process beginning in 2020, contains the statement that "criteria of architectural quality must always receive a predominant weighted value in the total score in the specifications of administrative clauses", as well as very specific conditions for the creation of panels of judges for design competition procedures among others. This clear strategy of the government of Catalonia for architectural quality has led to many of the projects resulting from its procurement procedures receiving acknowledgements of note in the national architecture prizes awarded in Spain in recent years.

In the specific case of Madrid, it should be noted that the government of the autonomous region and most of the region's municipal governments, with a few noteworthy exceptions, have not turned to design competitions as their mechanism for awarding public contracts. The consequence of this is that the public architecture of Madrid has practically disappeared as models of quality within the country, with this descriptor restricted to scarce examples undertaken by the private sector where, paradoxically, architectural quality does not count among its main aims.

To conclude, we advocate the design competition method as the most honest form of competitive model to guarantee the best response to the matter to be resolved and to provide quality to the spaces we inhabit. This is the method used for the competitions managed by the Colegio Oficial de Arquitectos de Madrid (COAM), the city's architecture organisation, which is specifically based on the following criteria:

Competitions continue to be a space of interest for many architectural firms, although they could barely be considered essential to professional practice

- **Open competitions, in one or two stages.** In particular cases, a requirement for technical competence in accordance with the complexity of the commission, which may lead to the provisional and enriching partnership of different professionals, of whom only one will obligated to guarantee this competence.

- **Technical competence,** understood as professional excellence and experience accumulated over the years, without restriction to recent periods.

- **Justifiable economic solvency** in the contracting stage with a professional civil liability insurance policy with logical and reasonable coverage with regard to the commission received.

- **Sufficient time frames** for the materialisation of proposals. Between two and three months in the case of single-stage competitions.

- **A panel of judges** consisting of at least half plus one of its members who are qualified architects, and the presence of at least two architects of renowned prestige and proven experience in the matter in question.

- **Evaluation of proposals** according to their architectural quality and technical response to the set requirements.

- **Monetary prizes,** which may be extended to consolation prizes or secondary placings. In the case of two-stage competitions, economic remuneration for the shortlisted candidates. Economic remuneration also for judges of renowned prestige.

- **Fees for professional tasks** to be contracted in accordance with their complexity and the responsibility to be taken on.

In accordance with these criteria, COAM has in the last two years collaborated with a number of different public institutions to manage different competitions. These have led to winning projects of high quality, selected by judges comprising mainly architects and with results considered by these institutions and administrations to be highly satisfactory.

Fig 04. Concurso de Paso sobre las vías del tren, reurbanización de su ámbito inmediato y reordenación del entorno de la estación de Fuenlabrada Central, 2022.
Mauro Doncel
→ pag. 46-49

Más allá de las 120 medidas para la contratación pública de Calidad publicado por el CSCAE, no existe en nuestro país un documento cuya aplicación sea resultado del consenso entre administraciones y organizaciones profesionales como sí lo hay en países vecinos.

No obstante, los concursos siguen siendo un espacio de interés para muchos estudios aunque difícilmente pueden constituir la base del ejercicio de la profesión. Ello se ve agravado por la inadecuación de los honorarios profesionales, a partir de los cuales hay que hacer una oferta a la baja, en relación con las prestaciones profesionales solicitadas, la complejidad de los temas a abordar y la responsabilidad a asumir, en un gran número de convocatorias, particularmente, de procedimientos de adjudicación.

Dentro de este panorama general hay que señalar la singularidad que supone la Ley de Arquitectura de Cataluña[5], promulgada en 2017. Una clara apuesta por la calidad de la arquitectura. Esta ley, precursora de Ley de Calidad de la Arquitectura de ámbito nacional promulgada en 2022, y cuyo Reglamento comenzó su tramitación en 2020, plantea, por ejemplo, que los "criterios de calidad arquitectónica deben recibir siempre una valoración predominante con relación a la puntuación total determinada en los pliegos de cláusulas administrativas" o condiciones muy específicas para la constitución de los jurados en los procedimientos de concursos de proyectos, entre otras. Esta decidida apuesta de las administraciones catalanas por la calidad arquitectónica ha supuesto que muchas de las obras resultantes de sus procedimientos de contratación ocupen los puestos más relevantes en los premios nacionales de arquitectura de los años recientes.

En el caso específico de Madrid, se debe decir que la Comunidad Autónoma y la mayoría de las administraciones municipales, salvo algunas notables y reseñables excepciones, no han apostado por los concursos de proyectos como mecanismo de contratación. Consecuencia de ello es que la arquitectura pública de Madrid ha desaparecido prácticamente como referencia de calidad en el panorama nacional, limitándose a escasos ejemplos promovidos por el sector privado, en el cual, paradójicamente, no prima, como objetivo principal la calidad arquitectónica.

A este respecto, *Arquitectura* ha decidido publicar algunos valiosos concursos celebrados en otras comunidades autónomas y cuyos primeros premios han recaído en arquitectos que trabajan desde Madrid.

Para finalizar, queremos reivindicar aquí la modalidad del concurso de proyectos como la forma más honesta de competencia para intentar garantizar la mejor respuesta al tema a resolver y la calidad de la espacialidad que habitamos. Esta es la utilizada en las convocatorias gestionadas por Concursos COAM, que se concreta en base a los criterios que se exponen a continuación:

- **Concursos abiertos, en una o dos fases.** En determinados casos, exigencia de solvencia técnica en función de la complejidad del encargo, que puede llevar a la asociación temporal y enriquecedora de varios profesionales, de los cuales solo uno tendrá que garantizarla.
- **Solvencia técnica** entendida como excelencia profesional y experiencia acumulada a lo largo de los años, sin limitar periodos últimos.
- **Solvencia económica** justificable en la fase de contratación con un seguro de responsabilidad civil profesional con una cobertura lógica y razonable respecto al encargo recibido.
- **Plazos** suficientes para el desarrollo de las propuestas. Entre dos y tres meses en caso de concursos en una fase.
- **Jurado** compuesto por, al menos, la mitad más uno de sus miembros con titulación de arquitectos; el cual contará con la presencia de un mínimo de dos arquitectos de reconocido prestigio y probada experiencia en el tema a tratar.
- **Valoración de las propuestas** en función de su calidad arquitectónica y respuesta técnica a los requerimientos planteados.
- **Premios con dotación económica,** ampliable incluso a menciones o accésits. En caso de concurso en dos fases, remuneración económica para los equipos seleccionados. Remuneración económica, también, para los miembros del jurado de reconocido prestigio.
- **Honorarios de las tareas profesionales** a contratar acordes con su complejidad y responsabilidad a asumir.

De acuerdo a estos criterios, en los dos últimos años, el COAM ha colaborado con distintas instituciones públicas en la gestión de varios concursos; con proyectos ganadores de calidad —algunos de los cuales aparecen publicados en este número de *Arquitectura*—, elegidos por jurados mayoritariamente compuestos por arquitectos y cuyos procesos y resultados son considerados por estas instituciones y administraciones como muy satisfactorios.

5. Ley 12/2017, de 6 de julio, de la arquitectura

62 Viviendas con Protección Pública en Arrendamiento en Iberia LAE-Nuestra Señora De Loreto, 2022

62 Publicly Funded Rental Housing Units in Iberia LAE-Nuestra Señora de Loreto, 2022

Primer Premio / First Prize: *En Común*
Daniel Bergman Vázquez y Miguel Herraiz Gómez

Segundo Premio / Second Prize: *Ventiladeros*
Begoña de Abajo, Diego García-Setién, Almudena Ribot (CoLaboratorio, ETSAM-UPM)

Tercer Premio / Third Prize: *Buffer Habitable*
Ricardo Rodríguez Junyent, Carmen Muñoz Arnaiz y Alejandro Piqueras Cogollo

Mención / Runner-up: *Un Corazón Tan Blanco*
Pereira-Royo Arquitectos

Mención / Runner-up: *La Vida Mejor*
Miguel Olazábal Arquitectos

Mención / Runner-up: *Tierra*
MARMOLBRAVO

LEMA:

Ventiladeros

Begoña de Abajo, Diego García-Setién y Almudena Ribot (CoLaboratorio, ETSAM-UPM)

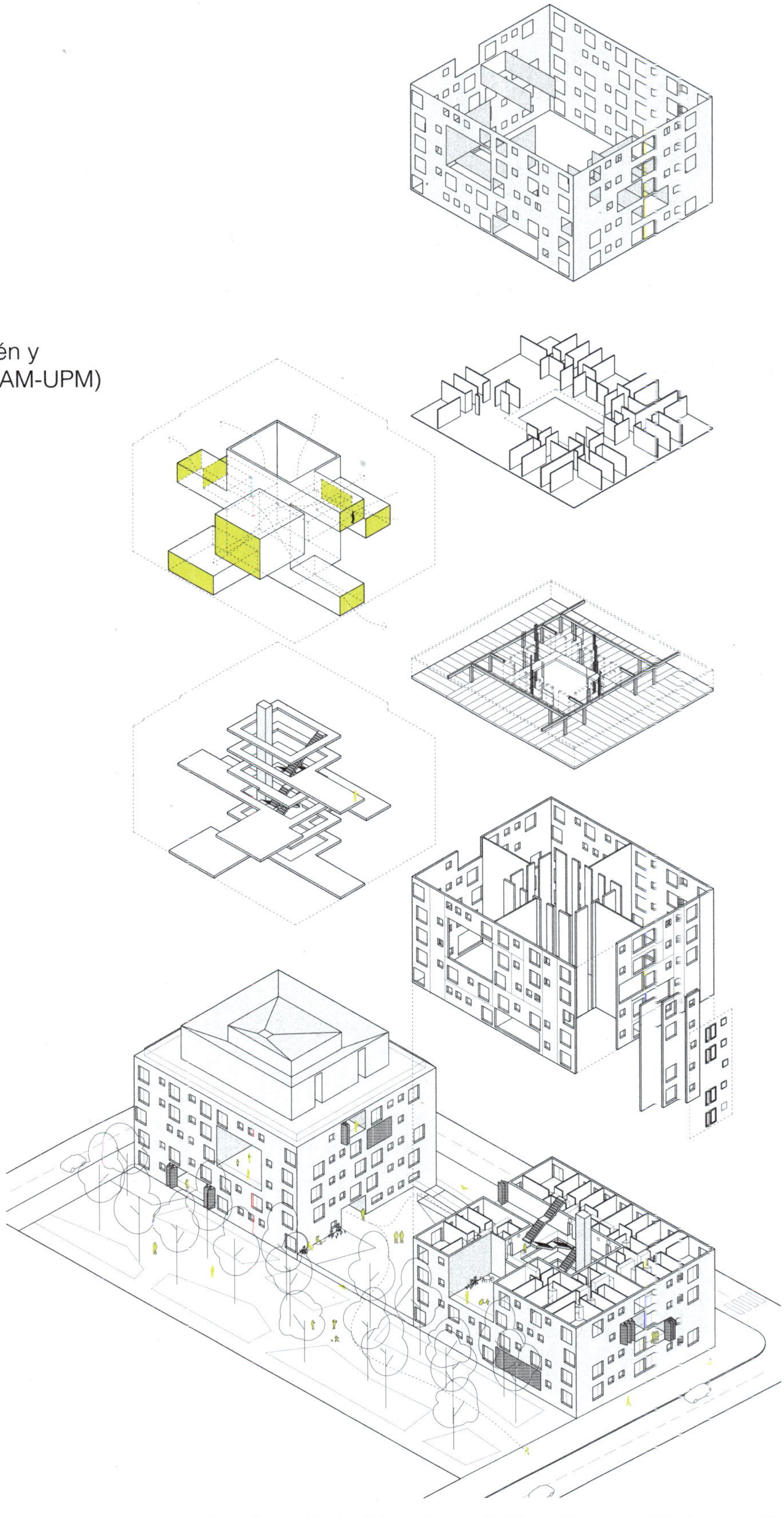

Fig 01. Axonometría explotada
Exploded axonometry

Fig 02. Patio cubierto aunque iluminado, abierto y ventilado. / Covered yet illuminated, open, and ventilated courtyard

Los bloques cúbicos 'mellizos' se organizan en torno a un patio semicubierto, comunicado a un sistema de patios exteriores de usos colectivos y abiertos al parque. Tendederos comunes en cada planta completan la red de espacios comunitarios. Se disponen 6-7 viviendas por planta colocando las mayores en las esquinas y situando allí sus espacios de día, con doble orientación, vista y ventilación. Las viviendas se organizan en anillos concéntricos: instalaciones y cuartos húmedos, almacenaje, circulación y distribución y estancias. Esta disposición permite distribuciones alternativas (vivienda tipo loft, vivienda-oficina) recurriendo a la teoría de soportes de N. J. Habraken para maximizar la flexibilidad y las posibilidades de uso de las viviendas durante su vida útil. Los paneles de CLT resuelven la estructura y el cerramiento y sirven también en su mayoría como acabado interior, permitiendo prescindir del trasdosado interior, a la vez que una fachada ventilada de acabado cerámico y carpinterías de aluminio resuelven la envolvente.
(De la memoria del concurso)

'Non-identical' twin cubes are laid out around a semi-covered courtyard and connected by a system of outdoor patios for collective uses and open to the park. Communal washing lines on each floor complete the network of community spaces. Six or seven homes are arranged on each floor, with the largest positioned at the corners, with living spaces having dual outlook, views and cross ventilation. The dwellings are laid out in concentric rings: utility and wet rooms, storage, transit and distribution, and spaces and bedrooms. This allows alternative layouts (loft-style home, home-workspace) by turning to the theory of supports by N. J. Habraken in order to maximise flexibility and the possibilities of use for the dwellings during their useful lives. CLT panels are used for structural elements and partition walls, and also provide much of the interior finishing, doing away with the need for interior cladding, while a ventilated façade with a finish of ceramic tiles and aluminium profiles envelops the building.
(From the competition report)

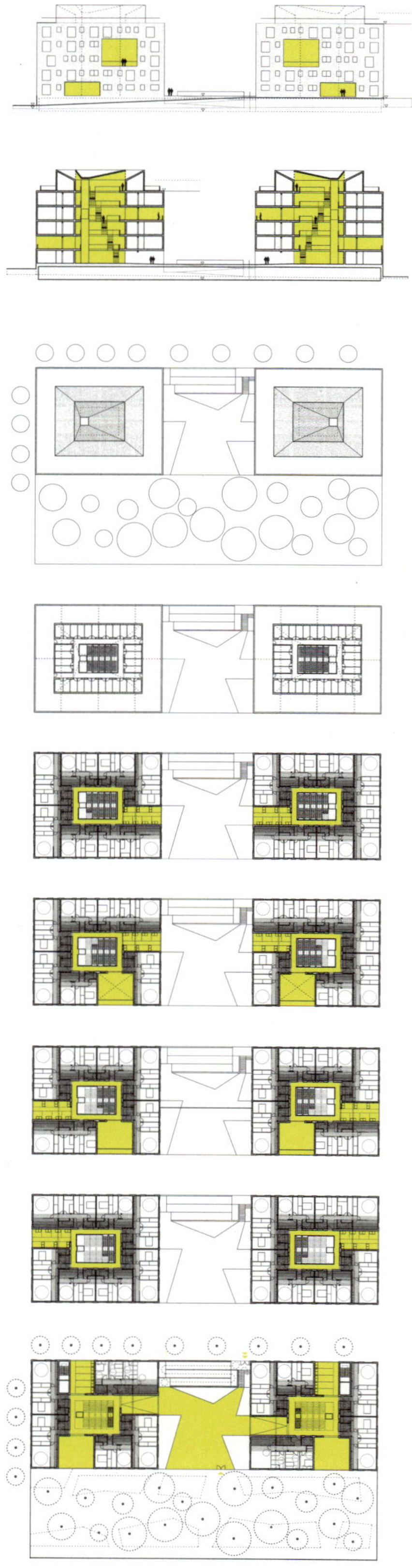

Fig 03. Secuencia de plantas y secciones
Sequence of floorplans and sections

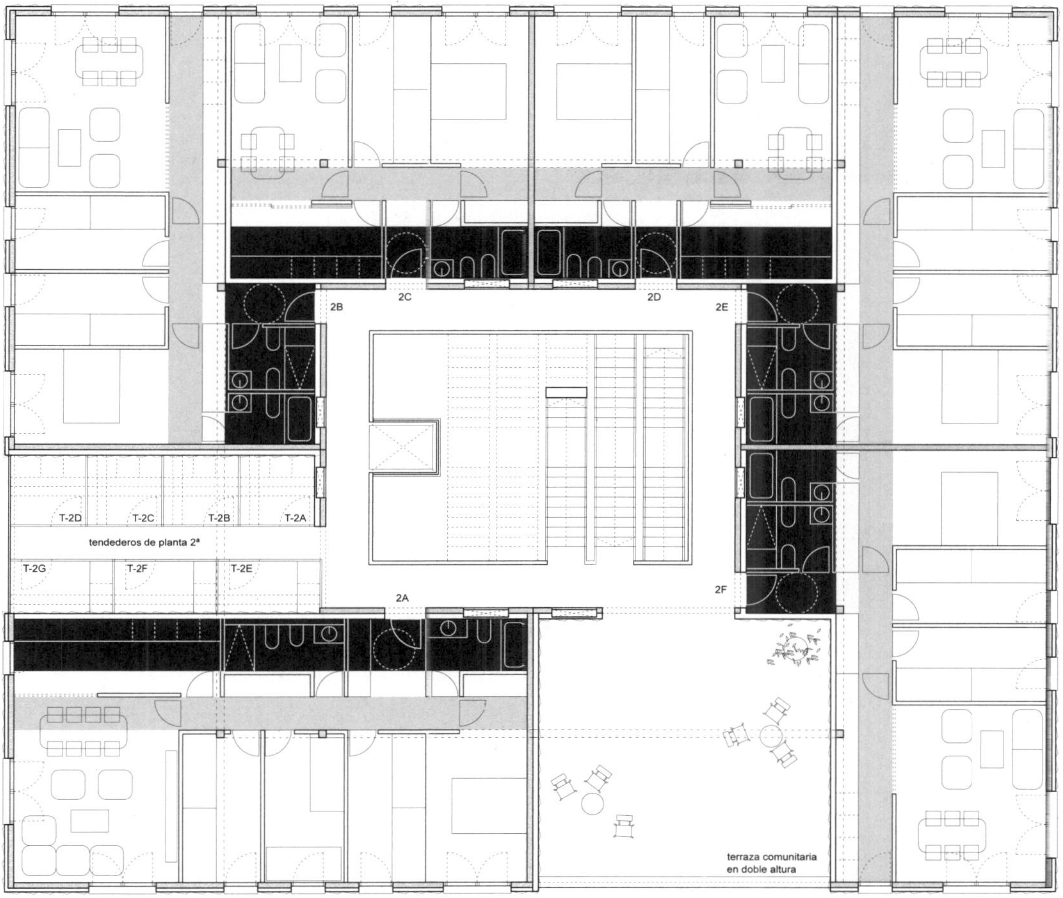

Fig 04. Planta segunda del bloque oeste
Second floor of the west block

31 Viviendas con Protección Pública en Arrendamiento en el Ensanche de Carabanchel, 2022

31 Publicly Funded Rental Housing Units in Carabanchel Expansion Area, 2022

Primer Premio / First Prize: *Glitch*
Juan Mateos Corona

Segundo Premio / Second Prize: *Duplo*
Ayllón Paradela de Andrés Arquitectos

Tercer Premio / Third Prize: *Engawa*
Emilio Pemjean Muñoz y Elena Espuela Sánchez-Homero

Mención / Runner-up: *Entre Dos*
Rodrigo Delso

Mención / Runner-up: *Un Euro-31 Viviendas*
Pereira-Royo Arquitectos

Mención / Runner-up: *Plano*
Estudio Arquitectura Hago

LEMA:

Glitch

Juan Mateos

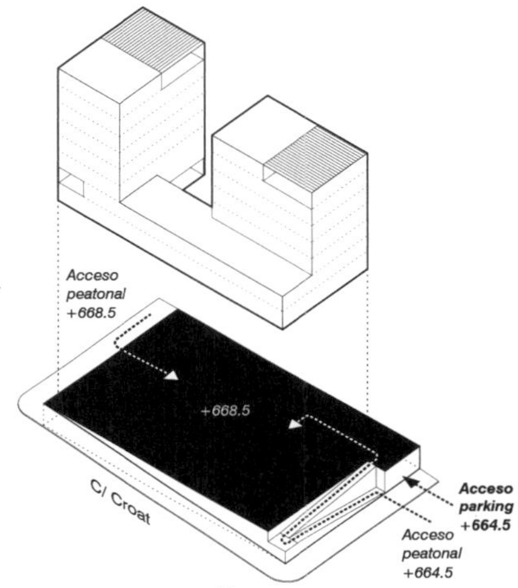

01.
Niveles de acceso
Access levels

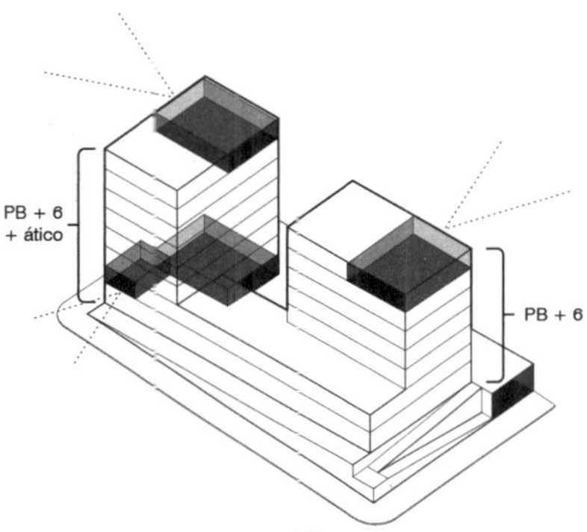

02.
Huecos urbanos - espacios de relación
Urban voids - spaces of interaction

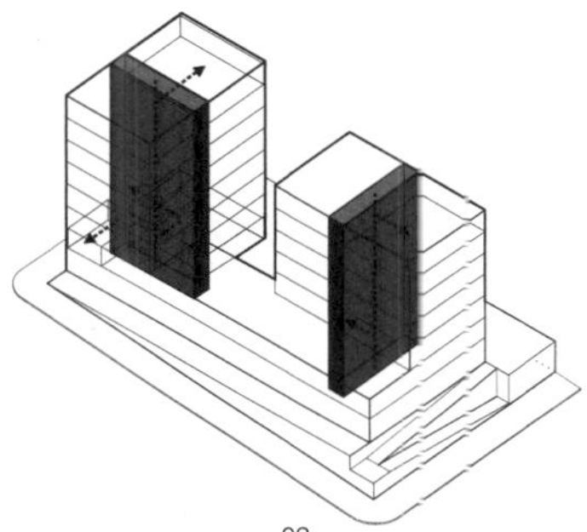

03.
Núcleos compactos
Compact cores

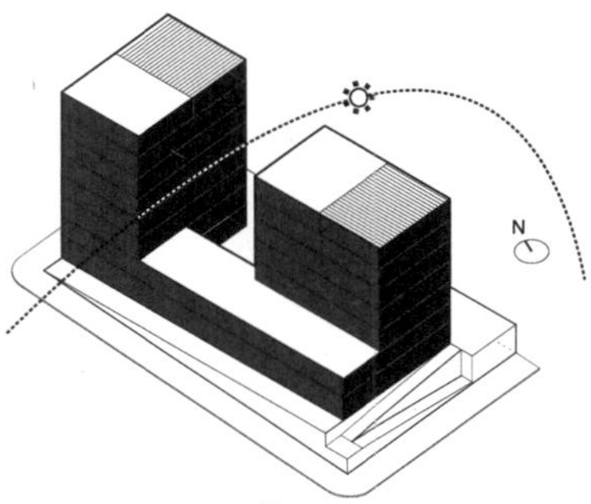

04.
Volumen y orientación
Volume and orientation

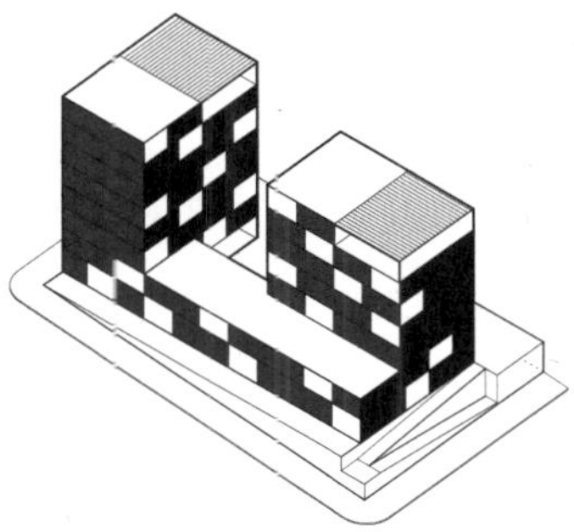

05.
Huecos protectores
Protective openings

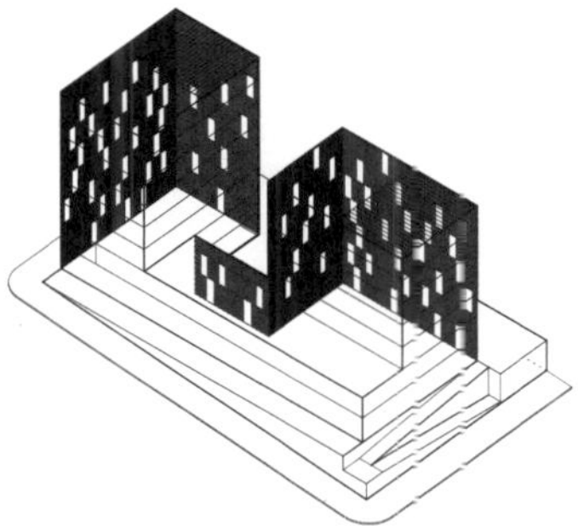

06.
Huecos captadores
Capturing openings

Fig 01. Diagramas de generación
Generation diagrams

Se propone un edificio que se acomoda al lugar por medio de dos volúmenes unidos, envueltos por una piel metálica que en unos casos es translúcida y, en otros, opaca; adaptándose a las distintas realidades urbanas de su entorno construido y climático con la serenidad que le otorga su claridad formal. La fragmentación del edificio en dos volúmenes maximiza su superficie de fachada a sur, permitiendo a su vez la entrada de luz al espacio comunitario de plaza interior. Los grandes espacios semicubiertos de los áticos salvan los retranqueos al mismo tiempo que registran los diferentes paisajes urbanos que los rodean, abriéndose a las vistas lejanas y ofreciendo espacios reprogramables por la actividad comunitaria de los vecinos. Las viviendas resignifican su terraza para transformarse en un dispositivo de mediación climática, graduándose su apertura para proporcionar un lugar semicerrado en sombra previo a las estancias interiores en épocas de calor, o abierto y soleado para las épocas de frío. Su fachada perforada practicable asegura siempre la correcta ventilación cruzada de todos los espacios.
(De la memoria del concurso)

The design is of a building that adapts to the site by means of two connected volumes clad in a metal skin that is translucent in some parts and opaque in others; accommodating the different urban realities of its built environment and climate with a serenity endowed by its formal clarity. The fragmentation of the building into two volumes maximises the surface of its south façade, which in turn allows the entrance of natural light into the communal space created by the inner plaza. The large semi-covered spaces comprising the top floors disguise the setbacks while capturing the different urban landscapes that surround them, opening them up to distant views and providing versatile spaces for communal activities by residents. The dwellings give new meaning to their balconies by transforming them into a climate control device, with the aperture graduated to provide a shaded, semi-enclosed space off the main rooms in periods of hot weather, or open and sunny spaces when it is cold. The practical perforated façade ensures the proper cross-ventilation for all spaces.
(From the competition report)

Fig 02-03. Imágenes exteriores
Exterior images

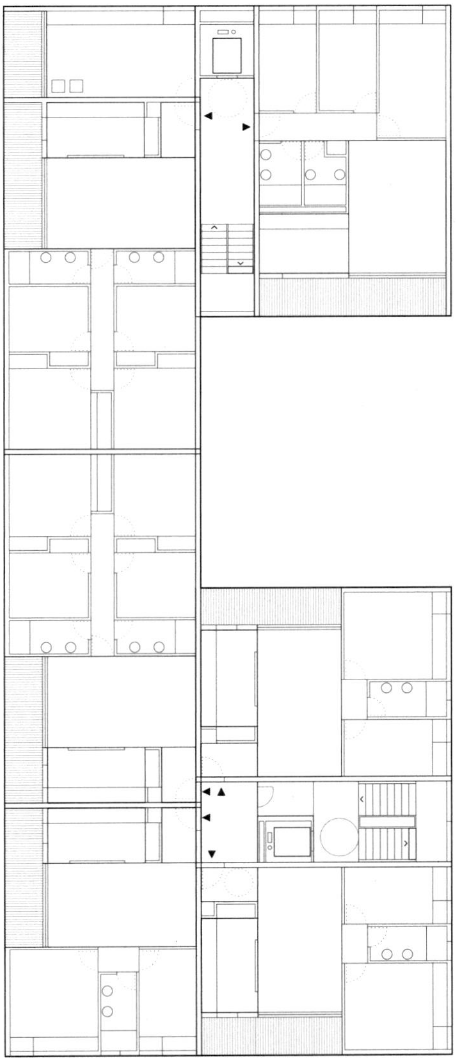

Fig 04. Planta Primera
First level floorplan

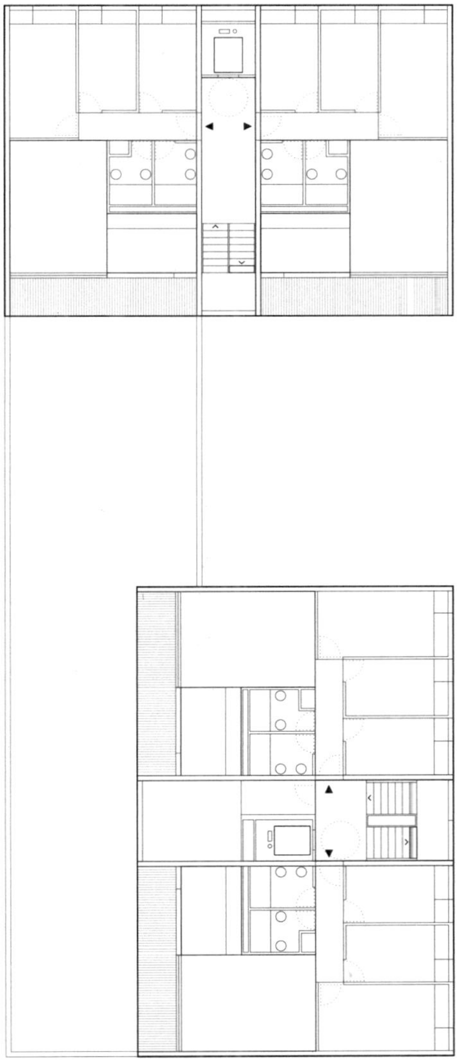

Fig 05. Planta Tipo
Typical level floorplan

Paso sobre las vías del tren, reurbanización de su ámbito inmediato y reordenación del entorno de la estación de Fuenlabrada Central, 2022

Pedestrian overpass above the train tracks, reurbanization of its immediate area, and reorganization of the surroundings of Fuenlabrada Central Station, 2022

Primer Premio / First Prize: *Parqueducto*
Mauro Doncel Marchán

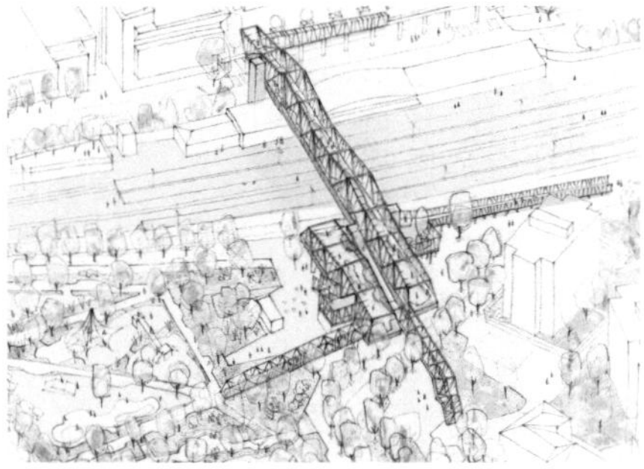

Segundo Premio / Second Prize: *Sobre / Entre / Bajo Los Árboles*
Álvaro Moreno Marquina

Tercer Premio / Third Prize: *Sur le pavés… la nature*
Pedro Pitarch

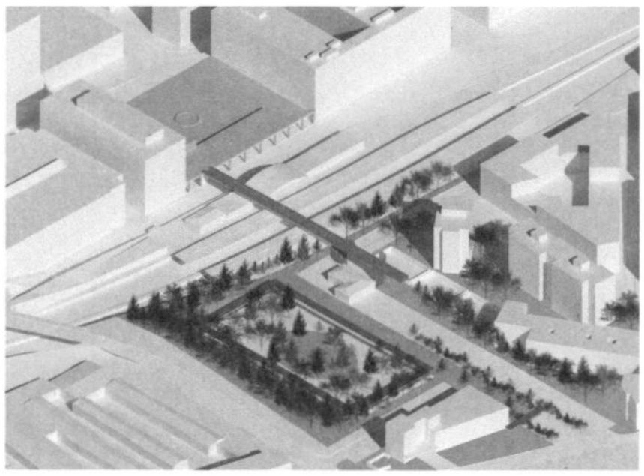

Mención / Runner-up: *Vertebra*
Estudio Arquitectura Hago

Mención / Runner-up: *Aire Libre*
Alejandro Jiménez Romeral

Mención / Runner-up: *Parque Central*
Inter National Design

LEMA:

Sur le pavés... la nature

Pedro Pitarch

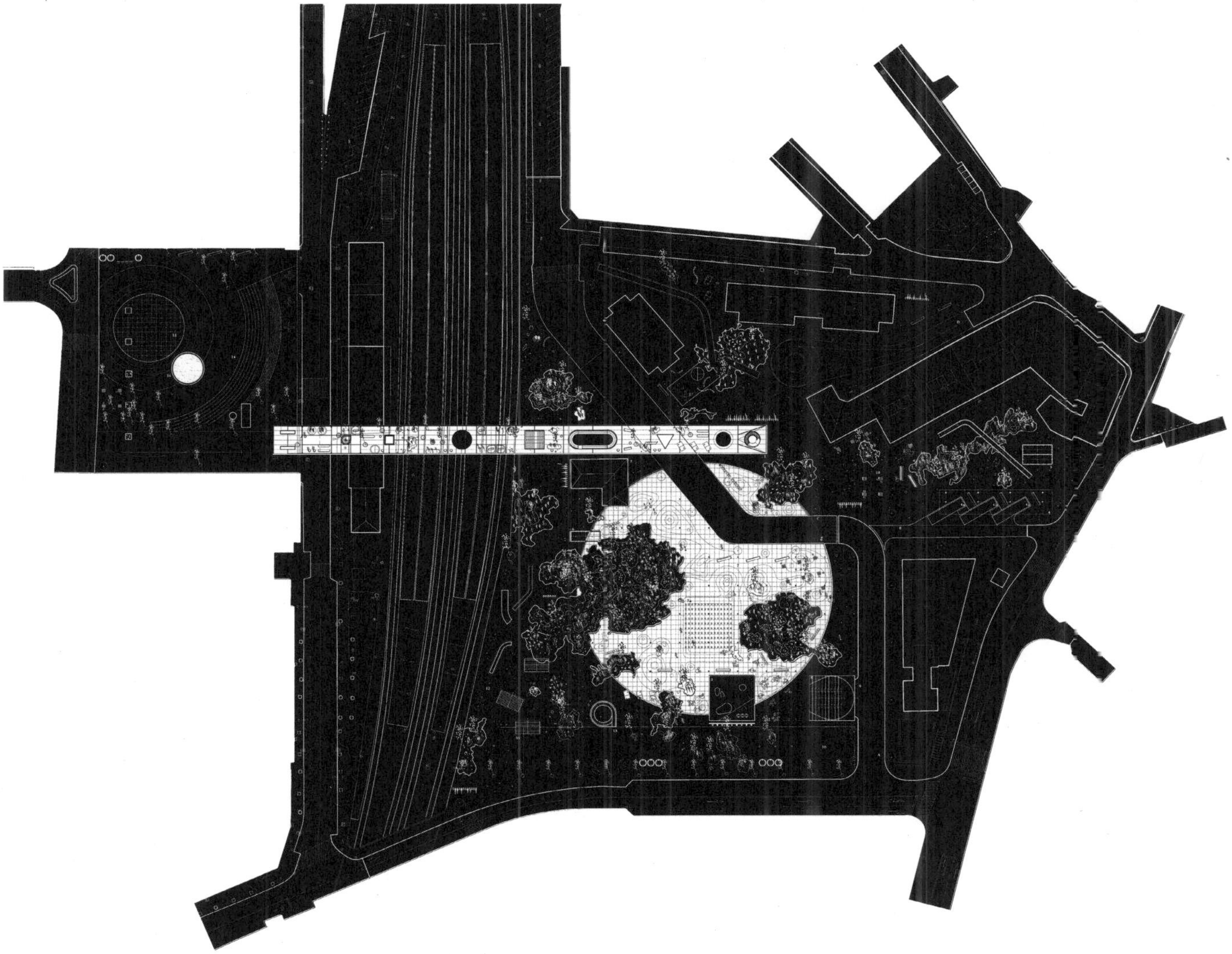

Fig 01. Planta de la Propuesta
Proposal's floorplan

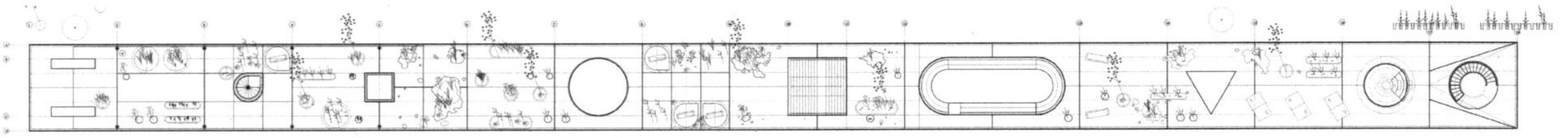

Fig 02. Planta de la pasarela / Floorplan of the footbridge

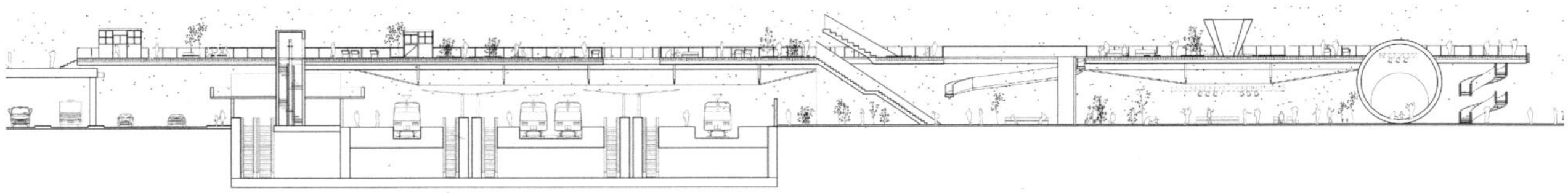

Fig 03. Sección longitudinal de la pasarela / Longitudinal section of the footbridge

"Sur le Pavés, la Nature" is designed as a public square taken over by nature. Or as the domestication of nature, or the wilderness. We bring a fragment of the countryside, woodlands, the Mediterranean forest directly to the square. Almost as if we had taken fragments of Valdeserrano Park and inserted them into the centre of the city; almost as if we had revived the landscape that occupied this space hundreds of years previously; almost like the slogan of May 1968 in France: *"sous le pavés, la plage"* (under the cobblestones, the beach). Only unlike Paris in 1968, under the cobblestones of Fuenlabrada we find a forest, a meadow, a woodland. Even all three at the same time: *"Sur le pavés, la nature"* (under the cobblestones, nature). As a result, the footbridge becomes an extension of the square. A linear fragment of the square raised to cross over the railway line. A small linear park or, if you like, a planted promenade which, far from being a place of simple transit, is turned into a place to stay. (From the competition report)

Fig 04. Diagramas de programa / Program diagrams

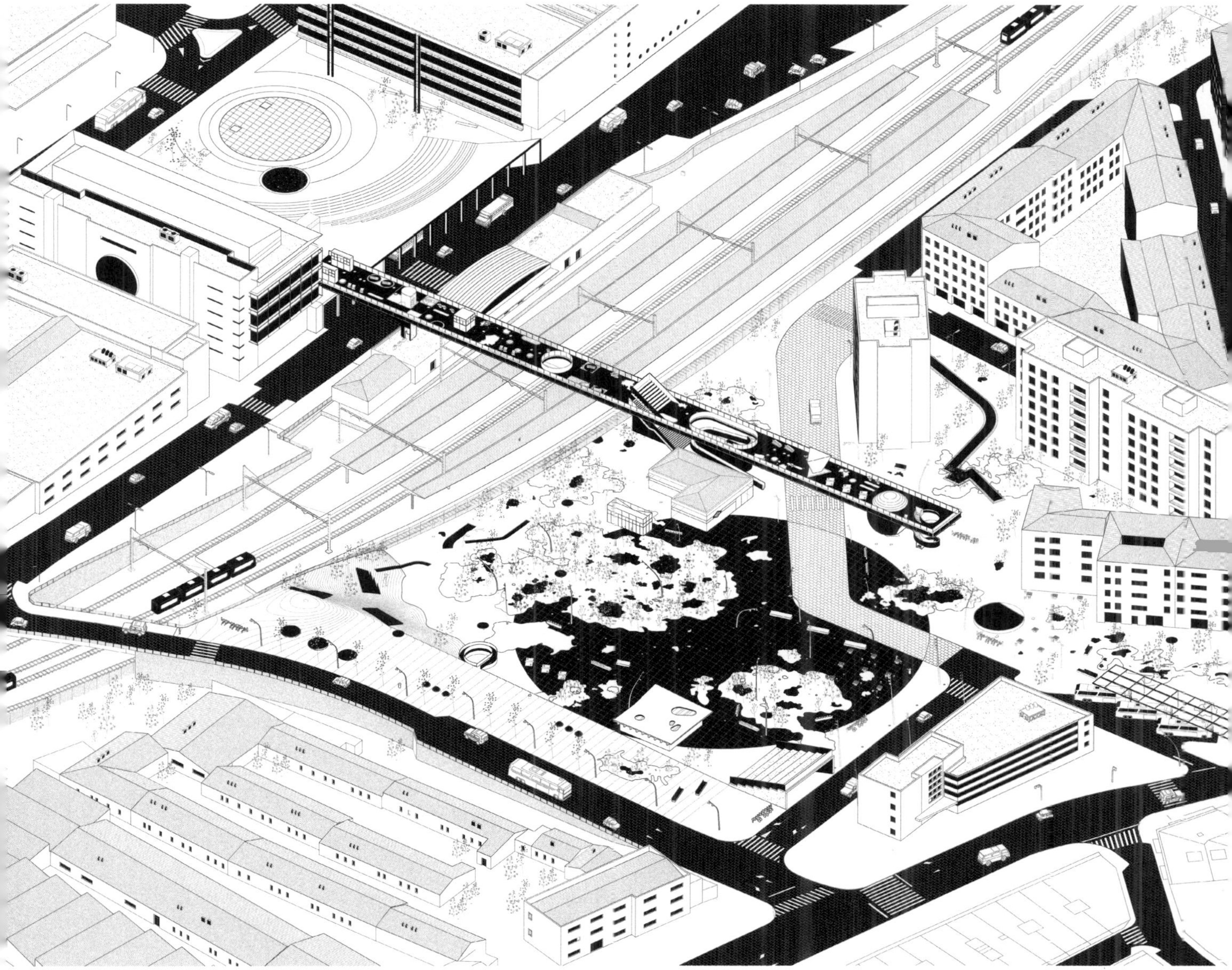

Fig 05. Axonometría general
General axonometry

"Sur le Pavés, la Nature" se plantea como una plaza naturalizada. Como una domesticación de la naturaleza, de lo silvestre. Un fragmento de campo, de monte, de bosque mediterráneo, que traemos directamente a la plaza. Casi como si tomásemos fragmentos del parque de Valdeserrano y los insertásemos en el centro de la ciudad; casi como si recuperásemos un paisaje que cientos de años atrás estaba en ese lugar; casi como el eslogan del mayo francés: *"sous le pavés, la plage"* (bajo los adoquines, la playa). Sólo que a diferencia del París del año 68, en Fuenlabrada, bajo los adoquines encontramos un bosque, un prado, un monte. Incluso los tres a la vez: *"Sur le pavés, la nature"* (sobre los adoquines, la naturaleza). La pasarela, como consecuencia, es una extensión más de la plaza. Un fragmento lineal de plaza, elevada que cruza sobre las vías del tren. Un pequeño parque lineal o, si se quiere, un bulevar vegetal elevado que, lejos de ser un lugar de mero tránsito, se convierte en el lugar donde estar.
(De la memoria del concurso)

Stan Allen and Luis Rojo, in conversation with Javier García-Germán and Alejandro Valdivieso

Arquitectura publishes part of the conversation that his Editors-in-chief held with the invited Editors back in July 2023. Some topics of interest discussed in the conversation will be published, in due course, in other formats and on ACTAR Publishers UrbanNEXT platform.

Fig 01. La propuesta para *Renazca* de Diller Scofidio + Renfro (EEUU) con Gustafson Porter + Bowman (paisaje, UK) y b720 Arquitectos (España)

Competitions as essays

[Alejandro Valdivieso]: Attempting not to fall into clichés and trying to avoid constructing banalities around some concerns already mentioned in this issue of *Arquitectura*, we deliberately want to claim competitions as essays. This is to say: competitions not as solutions to problems, but as reflections on problems through architecture. On the one hand, architects produce essays (not copies or receipts) through which we investigate the capacity of architecture —whatever its definition could be or is, mutable either way— to participate in an intellectual debate and, at once, translate the image of an idea. On the other hand, they also work [competitions] as joined-up thinking mechanisms. Do you think competitions remain to be the place where architects discuss collectively about the city?

[Stan Allen]: I like your choice of the word essay. I suspect it's the same in Spanish. The origin of the word means to try a try. In English you can essay an effort or essay a project. I think that the idea of a competition as a kind of attempt —a try or a first pass at a proposal for a solution— is very suggestive. It is an appropriate choice of words because it underscores the notion that the competition project is never definitive, that that the competition project is just the beginning of a long process. The other point that you mention, the idea of competitions being a forum for architects to have a kind of collective discussion, is one of their most important functions beyond the pragmatic function of determining a project for a specific site, that ultimately gets realized. It's the range of projects in any given competition that are part of this collective discussion.

[Luis Rojo]: In my article [→ **"Madrid in Open Competitions", pages 72-80**], I have argued that public competitions are effective in at least two ways. First, because they initiate a predictably complex project not as a solution to a problem, but as a reflection on a problem through architecture and its resources. Second, because they expose and make visible the problems in a broader scenario in which a variety of different agents participate.

[SA]: Absolutely. The idea of competition as a kind of collective conversation is important part of their role in the discipline — a kind of snapshot of the condition of the discipline. I think that's one of the reasons why it's important not only to concentrate on the winning project, but to see all the solutions. If you look at the Yokohama competition in 1995, it's a sort of snapshot of concerns globally in the architecture profession in 1995. The winning competition project [by FOA], even though it was built in the 2000, sums up a lot of the architectural thinking of the 1990s; and if you look at the whole range of schemes, there's an incredible pluralism of solutions.

Stan Allen y Luis Rojo, en conversación con Javier García-Germán y Alejandro Valdivieso

Arquitectura publica una versión reducida de la conversación que sus directores mantuvieron con los editores invitados el pasado mes de julio de 2023. La conversación completa será publicada, en su momento, en otros formatos y en la plataforma de ACTAR Publishers UrbanNEXT.

Fig 02. La propuesta para *Renazca* de West 8 (Países Bajos) con Porras Guadiana Arquitectos (España)

El concurso como ensayo

[Alejandro Valdivieso]: Intentando no caer en clichés y evitando construir banalidades en torno a algunas preocupaciones ya mencionadas en este número de *Arquitectura*, deliberadamente queremos reivindicar los concursos como ensayos. Es decir: entendemos los concursos no como soluciones a problemas, sino como reflexiones sobre problemas a través de la arquitectura. Por un lado, los arquitectos producimos ensayos (ni copias ni recibos), a través de los cuales investigamos la capacidad de la arquitectura —cualquiera que sea su definición, mutable, en cualquier caso— para participar en un debate intelectual y, a la vez, traducir la imagen de una idea. Además, los concursos también son mecanismos de pensamiento conjunto. ¿Creéis que los concursos siguen siendo el lugar donde los arquitectos debaten colectivamente sobre la ciudad?

[Stan Allen]: Me gusta tu elección de la palabra 'ensayo'. Sospecho que en español el origen de la palabra *ensayo* también significa probar, intentar. En inglés puedes *ensayar* un esfuerzo o un proyecto. Creo que la idea de un concurso como una especie de intento (un primer intento o paso hacia una propuesta de solución) es muy sugerente. Una elección de palabras adecuada porque subraya la idea de que el proyecto del concurso nunca es definitivo, que el proyecto del concurso es sólo el comienzo de un largo proceso. El otro punto que mencionas, la idea de que los concursos sean un foro para que los arquitectos tengan una especie de discusión colectiva, creo que es una de sus funciones más importantes, más allá de que también sirva para elegir una propuesta para un lugar concreto y que además se lleve a cabo. Y es la variedad de propuestas presentadas a cualquier concurso lo que constituye esta discusión colectiva.

[Luis Rojo]: En mi artículo [→ "Madrid a concurso: ¿proyectos y debates?", páginas 72-80] he sostenido que los concursos públicos son efectivos al menos en dos sentidos. Primero, porque inician un proyecto previsiblemente complejo no como una solución a un problema, sino como una reflexión sobre un problema a través de la arquitectura y sus recursos. En segundo lugar, porque exponen y visibilizan los problemas en un escenario más amplio, en el que participan una variedad de agentes diferentes.

[SA]: Absolutamente. La idea del concurso como una especie de conversación colectiva es una de las partes importantes del papel que juegan en la disciplina: una especie de fotografía instantánea de la condición de la disciplina. Creo que esta es una de las razones por la que es importante no sólo concentrarse en el proyecto ganador, sino ver todas las soluciones. Si nos fijamos en el concurso de Yokohama de 1995, es una especie de instantánea de las preocupaciones globales de la profesión de la arquitectura en 1995. El proyecto ganador del concurso [de FOA], aunque construido en el año 2000, resume gran parte del pensamiento arquitectónico de los años 1990. Y si nos fijamos en toda la variedad de propuestas, es increíble el pluralismo de las soluciones.

The language of the competition

[AV]: Explicitly, in reference to OMA/Rem Koolhaas and to Bernard Tschumi, Stan, you write in your text [→ **"The lure of the Competition", pages 21-27**] about "diagram-driven design language and telegraphic presentation strategies that facilitate instant legibility — a mode of working, in other words, ideally suited to the competition format". This is to say, how some practices have configured their own identity and the way in which they design (and build) because of competition formats. Do you believe this is still present today? How have renderings (the culture of the image) for example affected this?

[SA]: I think the point that I was making there probably was true for the 80s and 90s, particularly in the case of Tschumi, but I think it's true about Koolhaas as well. This idea that you have six boards — or whatever it is — to get your ideas across and you're not there to present the work. How do you communicate ideas? I think both Tschumi and Koolhaas learned to do that very, very well because they were doing so many competitions. The project most legible and easy to understand by the jury is the one that's likely to get selected.

[Javier García-Germán]: Do you think these approaches and formats are still present nowadays? I think that the culture of image has in some ways superseded the importance diagrams used to have. What do you think about this?

[SA]: I think it was probably something that operated for quite a long time, and I think probably the question of the spectacular image and, of course, today video flythroughs and so on, has probably to some degree superseded that. But I think there is a question that still has to be asked: Which is the project that's going to be successful? That one which is easiest to understand in the relatively short period of time that the jury must look at these boards, or that other which is truly the best one for the site and the program? So, I think it's in some ways a kind of question that haunts the competition. But I suspect today it's shifted over from that kind of diagram-driven language to something that belongs more to the culture of the spectacular image, as Luis describes insightfully in his text. [→ **"Madrid in Open Competitions", pages 72-80**]

[LR]: There is an aspect about representation that can be analyzed more carefully. Very often, people deny the value of competitions because they are just spectacle, just images or renders, and we should try to be more specific. That's why we were interested in the idea of the diagram-driven design, not just as a specific kind of architecture, but as a sort of graphic intelligence. This is to say: ways in which ideas about architecture, which tend to be rather complex, could be described or visualized so that they can be submitted and discussed.

[AV]: Going back to this idea of creating "an architecture appropriate to the culture of the image", as Stan mentions in his text [→**"The lure of the Competition", pages 21-27**], we have decided to publish most of the renderings included in the issue in black-and-white as a kind of ironical protest. Luis speaks about this in his article (how representation disguises the reals problems of the city... as it happens in the case of Chamartín station). Also, the issue includes an interview with a Spanish architect who works making renders for others (such is the case, for example, of the proposal developed by Cruz y Ortiz/Ulargui Arquitectos). What do you think about the profuse use of hyper-realistic images and renderings in competitions nowadays? Should they be limited in some way?

[LR]: Let's say that the renderings are just a representational device. It's like blaming photography for problems in modern architecture or representations and drawings for postmodern architecture. The most interesting aspect is when the image comes across issues of sustainability and the need to introduce nature as an image within architecture. All the nature that is being represented in the images has been rendered artificially. So, humans, nature, buildings, windows, birds, and all of it comes from the same matrix.

[SA]: Two things about renderings. One is that the public has this notion that the rendering will anticipate the reality of the building in the city and the experience of the building in the city. Well, renderings don't replicate experience renderings, but replicate another visual technology, which is photography, and we know that photographs are unreliable. So, you're not getting the experience of the building, you're getting another visual representation that is wrapped up in the sort of aesthetics of photography and image making. Trusting the validity of the rendering is, for me, completely false. Thinking that the rendering supposedly does all the work for you, is a false promise. To this respect, I think that some of the architectural forms used at Chamartín station proposals have been affected by this culture of renderings.

[JGG]: As Luis says in his article [→ **"Madrid a concurso: ¿proyectos y debates?", pages 72-80**], this discussion is related to the mainstream and banal idea of sustainability as greenery —what has been called *green-washing*— and the representation of nature.

[SA]: Absolutely. One of the positive things about landscape urbanism as a kind of proposition was to move away from a pictorial approach to landscape. Historically, the kind of 19th century Olmsted approach which was bound up with the picturesque in painting. You were essentially sort of constructing the image of nature. And that had become, I think, particularly by the 1970s and 80s in the world of landscape architecture, a kind of pictorial culture. To its credit, landscape urbanism proposed to think about how nature works. And one of the ways that nature actually works is primarily over time, not on the basis of an image and immediate perception. The idea that you check off the sustainability box if you put trees in the rendering. You get this a lot.... But rats and cockroaches are nature, too, so put the rats and cockroaches in your render, or the action of bacteria in the soil. That's not anything you can see, but it's fundamental to making a healthy landscape.

El lenguaje del concurso

[AV]: Explícitamente, en referencia a OMA/Rem Koolhaas y a Bernard Tschumi, Stan escribe en su texto [→ "El atractivo del concurso", páginas 21-27] sobre el empleo de un "lenguaje de diseño basado en diagramas y unas estrategias de presentación telegráfica, que facilitan una visualización instantánea, en otras palabras, un modo de trabajo ideal para el formato del concurso". Es decir, te refieres a cómo algunas prácticas han configurado su propia identidad y la forma en que diseñan (y construyen) a partir de formatos que son propios de los concursos. ¿Creéis que esto todavía está presente hoy? ¿Cómo han afectado los *renders* (la cultura de la imagen) a todo esto?

[SA]: Creo que lo que estaba diciendo probablemente era cierto en los años 80 y 90, particularmente en el caso de Tschumi, pero creo que también lo es en el caso de Koolhaas. Esta idea de que tienes seis paneles, o los que sea, para transmitir tus ideas, y además no estás allí para presentar el trabajo. ¿Cómo se comunican las ideas? Creo que tanto Tschumi como Koolhaas aprendieron a hacer eso muy, muy bien porque participaron en muchos concursos. El proyecto más legible y fácil de entender para el jurado es el que probablemente sea seleccionado.

[Javier García-Germán]: ¿Pensáis que estas formas y estos formatos siguen vigentes hoy en día? Pienso que la cultura de la imagen ya ha tomado el peso especifico que antes tenían los diagramas, ¿no os parece?

[SA]: Entiendo que esta cuestión funcionó durante bastante tiempo, sin embargo, creo que tanto la imagen espectacular como, por supuesto los videos y otros formatos similares, probablemente ya lo hayan reemplazado. Pero creo que todavía es necesario hacerse la siguiente pregunta: ¿Cuál es el proyecto que va a funcionar meror? ¿Aquello que es más fácil de entender en el tiempo relativamente corto que el jurado tiene para examinar los paneles, o aquella propuesta que realmente es la mejor para el lugar y para el programa? Creo que en cierto modo es una pregunta que siempre está presente en los concursos. Pero sospecho que ya se ha pasado de un lenguaje basado en diagramas a otro que pertenece más a la cultura de la imagen espectacular, como Luis describe perspicazmente en su texto. [→ "Madrid a concurso: ¿proyectos y debates?", páginas 72-80]

[LR]: Hay un aspecto de la representación que se puede analizar más detenidamente. Muy a menudo la gente niega el valor de los concursos porque son sólo espectáculo, sólo imágenes o *renders*, y deberíamos intentar ser más específicos. Por eso nos interesó la idea del diseño basado en diagramas, no sólo como un tipo específico de arquitectura, sino como una especie de inteligencia gráfica. Es decir: formas en las que se podrían describir o visualizar ideas sobre arquitectura, que tienden a ser bastante complejas, para poder presentarlas y discutirlas.

[AV]: Volviendo a esa idea de crear "una arquitectura apropiada a la cultura de la imagen", tal y como menciona Stan en su texto [→ "El atractivo del concurso", páginas 21-27], hemos decidido publicar la mayor parte de las representaciones incluidas en el número en blanco y negro como una especie de protesta irónica. De esto habla Luis en su artículo. De cómo la representación disfraza los problemas reales de la ciudad... como ocurre en el caso de la estación de Chamartín. Además, el número incluye una entrevista a un arquitecto español que trabaja realizando *renders* [imágenes] para terceros. Por ejemplo, ha realizado las de la propuesta desarrollada por Cruz y Ortiz/Ulargui Arquitectos incluida en el presente número. ¿Qué opináis del uso profuso de imágenes hiperrealistas en los concursos hoy en día? ¿Deberían limitarse de alguna manera?

[LR]: Digamos que los *renders* [imagen] son sólo un dispositivo de representación. Es como culpar a la fotografía de los problemas de la arquitectura moderna o a las representaciones y dibujos de la arquitectura posmoderna. Lo más interesante es cuando la imagen se topa con cuestiones de sostenibilidad y la necesidad de introducir la naturaleza como imagen dentro de la arquitectura. Toda la naturaleza que se representa en las imágenes ha sido producida artificialmente. Entonces, los humanos, la naturaleza, los edificios, las ventanas, los pájaros y todo ello proviene de la misma matriz.

[SA]: Dos cosas sobre las representaciones. La primera es que el público tiene la idea de que la representación anticipará la realidad y la experiencia del edificio en la ciudad. En realidad, los *renders* [imagenes] no replican la experiencia, sino que replican otra tecnología visual, que es la fotografía, y ya sabemos que no se puede confiar en las fotografías. Por tanto, no estás obteniendo la experiencia del edificio, sino una representación visual que es fiel al tipo de estética de la fotografía y de la creación de imágenes. Esta confianza en la validez de la interpretación es, para mí, completamente falsa. Que el *rendering* supuestamente haga todo el trabajo es una falsa promesa. En este sentido, pienso que algunas de las formas arquitectónicas empleadas para la estación de Chamartín se han visto afectadas por esta cultura de la imagen.

[JGG]: Como dice Luis en su artículo [→ "Madrid a concurso: ¿proyectos y debates?", páginas 72-80], todo esto tiene que ver con la idea generalizada de la sostenibilidad como el discurso en torno a lo *verde*, así como con la representación de la naturaleza, ¿no os parece?

[SA]: Absolutamente. Una de las cosas positivas del *Landscape Urbanism* como propuesta fue alejarse del enfoque pictórico del paisaje. Históricamente hablando se trata de un enfoque típico del siglo XIX, como el empleado por Olmsted, y que estaba ligado en la pintura al pintoresquismo. Básicamente, estabas construyendo la imagen de la naturaleza. Y creo que eso se tradujo en el campo de la arquitectura del paisaje, y particularmente en los años 70 y 80, en una especie de cultura pictórica. Hay que reconocer que el *Landscape Urbanism* propuso pensar en el paisaje tal y cómo funciona la naturaleza. Y una de las maneras en las que realmente funciona la naturaleza, es a lo largo del tiempo, y no sobre la base de una imagen y de su percepción inmediata. La idea de que apuestas por la sostenibilidad si colocas árboles en el *render* [imagen] se identifica mucho con esta cuestión que mencionas. Claro, pero las ratas y las cucarachas también son naturaleza... Así que deberías también colocar las ratas y las cucarachas en tu *render* [imagen], o la acción de las bacterias en el suelo. Eso no es algo que se pueda ver, pero es una cuestión fundamental para construir un paisaje saludable.

Fig 03. La propuesta para *Renazca* de MVRDV (Países Bajos) con GRAS Arquitectos (España)

Competitions as mechanisms to discuss and redesign the built environment on the basis of ecology, climate, body, inclusion and technology.

[AV]: Most of your projects produced for competitions, Stan — especially those ones developed with James Corner/Field Operations — clearly translated *avant la lettre* (around the 2000s) some issues that are present in our editorial project for *Arquitectura* (ecology, landscape urbanism, landform...). Or, more specifically, the way in which how architecture can render — and influence — environmental issues. I am referring, for example, to the aforementioned Downsview Park Toronto (1999) or to Staten Island's Fresh Kills landfill (2002). Maybe you can comment on some of these projects and their effect nearly 25 years later?

[SA]: I think you can pair the 1983 La Villette competition —actually, a landscape architecture competition won by an architect— with the 1999 Downsview competition as two reference points in the emergence of what came to be called landscape urbanism. In other words, the idea that large scale sites, large scale industrial sites that needed reclamation could be addressed by a kind of hybrid approach that involved architecture, urbanism, ecology, and landscape. Regarding Fresh Kills it was another example of an architecture or landscape competition that became a kind of political tool because of the relationship between Staten Island and the other boroughs in Manhattan. What had been a blight essentially on Staten Island was to be turned into some sort of public amenity, and the politics of waste disposal and land reclamation, all of that, played out an important role. And it became an even higher visibility question because of September 11th attacks, and then the decision to bring the debris from the WTC to Fresh Kills Landfill.

[JGG]: The next issue of *Arquitectura*, which is focused on the concept of 'territory', will be edited by Chris Reed, an acknowledged landscape architect as international editor, and by Pablo Pérez-Ramos, a Spanish architect affiliated to Harvard GSD Landscape Architecture Department as local editor. My interest in the territory can be traced back to your 1985 essay "From Object to Field" [**"From Object to Field", originally published in *AD* Profile n. 27 'Architecture after Geometry', 1997, pages 24-31**] and its argumentation about the architectural object being superseded by the idea of field condition. What can you nowadays say today about landscape urbanism and its influence on the youngest generation´design approach?

[SA]: The theoretical promise of landscape urbanism was immense, much greater than its actual impact in the in the city. And I don't think, honestly, too many people are practicing a landscape urbanism. There's Jim Corner, Adriaan Geuze and Chris Reed basically. Jim Corner is working at a very large scale, but I don't think he's really practicing landscape urbanism. But it's not his fault. It's not Chris Reed's fault that the inertia in the people with the power to give these kinds of commissions and operate within the city. About the new generations and, specifically, about Madrid, it seems in some ways to have been influenced by these notions of landscape urbanism, that landscape would take a kind of central role in in the development. For me as an architect, and this was the thinking behind the book *Landform building* [***Landform Building: Architecture's New Terrain*, Lars Muller, 2011, originally a conference held at Princeton SOA (2009)**], I was interested in taking the lessons of landscape urbanism and asking myself: *What do those mean for an architect? How can those lessons be played out within the limits of a building proposal?*

[AV]: The different thematic issues we will be publishing for the next years run parallel to the three lines of research — sustainability, inclusion, aesthetics — of the New European Bauhaus agenda. This alignment is not accidental since we intend to frame our proposal with this European institutional initiative and use these seven thematic issues as a platform to enrich the New European Bauhaus ongoing debate. What do you think about it?

[SA]: I think that particularly the questions around sustainability are very often approached through kind of technical means. It would be to say that these three terms sustainability, inclusion, aesthetics can't necessarily be considered separately; architecture is a kind of synthetic discipline that should always be dealing with all three. The other point about sustainability is that there's a limit point of how much you can address sustainability through any individual building. So, I think sustainability is necessarily an urbanistic and a landscape question.

[LR]: To this regard — introducing quality at the expense of this directed culture of the quantitative —, we should think carefully what format each competition should have to be able to address all these issues on sustainability to make them more successful. But, apart from that (from sustainability), what I really think — being optimistic, to reverse the current negative understanding of the competition process — is that competition entries, with their diagrammatic quality, have an outstanding capacity to become reference, architectural touchstones.

Los concursos como mecanismos para discutir y rediseñar el entorno construido desde la ecología, el clima, el cuerpo, la inclusión y la tecnología.

[AV]: Stan, la mayoría de tus propuestas para concursos, especialmente aquellas desarrolladas con James Corner/ Field Operations, tradujeron claramente *avant la lettre* (alrededor de la década de 2000) algunos temas que están presentes en nuestro proyecto editorial para *Arquitectura* (ecología, *Landscape Urbanism, Landform Building*...). O más específicamente, la forma en la que la arquitectura puede reproducir (y mediar) las cuestiones ambientales. Me refiero, por ejemplo, al ya mencionado Downsview Park en Toronto (1999) o al vertedero Fresh Kills de Staten Island (2002). ¿Quizás puedas comentar sobre algunos de estos proyectos y su efecto casi 25 años después?

[SA]: Creo que se pueden emparejar el concurso de La Villette de 1983 (en realidad, un concurso de arquitectura del paisaje ganado por un arquitecto) con el concurso de Downsview de 1999 como dos puntos de referencia en el surgimiento de lo que se denominó posteriormente *Landscape Urbanism*. En otras palabras, la idea de que los lugares de gran escala, aquellos que necesitaban ser recuperados, podían abordarse mediante una especie de enfoque híbrido que superpusiera la arquitectura, el urbanismo, la ecología y el paisaje. El caso de Fresh Kills fue otro concurso de arquitectura o de arquitectura del paisaje que se acabó convirtiendo en una herramienta política por la relación entre Staten Island y los demás distritos de Manhattan. Lo que siempre había sido esencialmente un baldío, iba a convertirse en un lugar de interés, dónde además las políticas de eliminación de desechos y recuperación de tierras y ese tipo de cuestiones desempeñaron un papel muy importante. Además, se convirtió en una cuestión de aún mayor visibilidad tras los ataques del 11 de septiembre debido a la posterior decisión de llevar los escombros del WTC al vertedero de Fresh Kills.

[JGG]: El próximo número de *Arquitectura* estará centrado en el concepto de 'territorio' e incluirá al paisajista Chris Reed como editor internacional, y al arquitecto español Pablo Pérez-Ramos, que es profesor del Departamento de Arquitectura del Paisaje de Harvard, como editor local. Nuestro interés por la escala territorial se puede conectar con tu texto de 1985 "From Object to Field [publicado originalmente en *AD* Profile n. 27 'Architecture after Geometry', 1997, páginas 24-31] y sobre la idea de que el objeto arquitectónico debe entenderse inmerso en un campo variable. ¿Qué podemos decir hoy sobre el *Landscape Urbanism* y su influencia en las técnicas de proyecto de las generaciones más jóvenes?

[SA]: La promesa teórica del *Landscape Urbanism* era inmensa, mucho mayor que su impacto real en la ciudad. Además, sinceramente pienso que no mucha gente lo está practicando tal y como se concibió. Básicamente se puede señalar a Jim Corner, Adriaan Geuze y Chris Reed. Jim Corner lo ejerce a gran escala. No creo que realmente lo esté haciendo, aunque no es su culpa. Tampoco es culpa de Chris Reed la inercia de las personas con el poder para dar este tipo de encargos y operar a la escala de la ciudad.

Fig 04. La propuesta para *Renazca* de Heatherwick Studio (UK) con CLK Arquitectos (España)

Respecto a las nuevas generaciones y, en concreto en la ciudad de Madrid, parece que en cierto modo sí han sido influidos por esta idea territorial en la que el paisaje tomaría un rol central en su desarrollo. Para mí, como arquitecto, y esta fue la idea detrás del libro *Landform Building* [*Landform Building: Architecture's New Terrain*, Lars Muller, 2011, originalmente una conferencia celebrada en Princeton SOA (2009)], estaba interesado en aprender del *Landscape Urbanism* y preguntarme: ¿Qué significa para un arquitecto? ¿Cómo se pueden llevar estas cuestiones a los límites de la arquitectura?

[AV]: Los diferentes números temáticos que publicaremos durante los próximos años discurren en paralelo a las tres líneas de investigación (sostenibilidad, inclusión y estética) de la agenda de la Nueva Bauhaus Europea. Esta alineación no es accidental, ya que pretendemos enmarcar nuestra propuesta en esta iniciativa institucional europea y utilizar estos siete temas temáticos como plataforma para enriquecer el debate en curso sobre la Nueva Bauhaus Europea. ¿Qué pensáis al respecto?

[SA]: Creo que, en particular, las cuestiones relativas a la sostenibilidad se abordan muy a menudo a través de medios técnicos. Me interesa esta cuestión porque supone decir que estos tres términos, 'sostenibilidad', 'inclusión' y 'estética', no pueden considerarse por separado. La arquitectura es una especie de disciplina sintética que siempre debería ocuparse de las tres. El otro punto sobre la sostenibilidad es que existe un límite de hasta dónde se puede abordar esta cuestión para un edificio de manera individual. Sin embargo, creo que la sostenibilidad trasciende estos limites y es necesariamente una cuestión urbanística y paisajística.

[LR]: En este sentido —introducir la calidad a expensas de esta cultura dirigida a lo cuantitativo—, deberíamos pensar detenidamente qué formato debería tener cada competición para poder abordar todas estas cuestiones de sostenibilidad de modo que sean más exitosas. Pero, más allá de la sostenibilidad, lo que realmente pienso —siendo optimista, y así revierto la actual comprensión negativa del proceso de concurso— es que las propuestas de concursos con su calidad esquemática tienen una extraordinaria capacidad para convertirse en referentes, piedras de toque arquitectónicas.

[Traducción de *Arquitectura*]

Nuevo Edificio de la Escuela Técnica Superior de Arquitectura y Edificiación (ETSAE) en el Campus de Alfonso XIII, Cartagena, 2018

New Building of the School of Architecture and Building Engineering (ETSAE) at the Alfonso XIII Campus, Cartagena, 2018

Fig 01. Planta de situación
Site plan

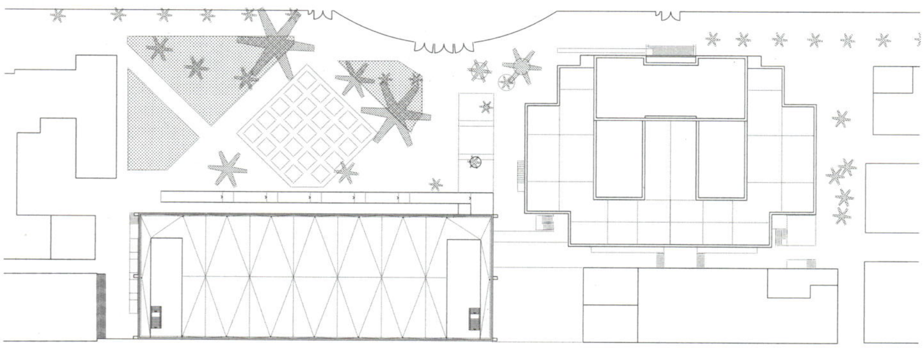

Fig 02. Planta de emplazamiento
Location plan

PRIMER PREMIO:

Ciencia y Arte

Tuñón y Albornoz Arquitectos

Fig 03. Vista exterior del edificionNuevo
Exterior view of the new building

El espacio de la enseñanza de la arquitectura debe ser un espacio abierto, donde las nuevas experiencias docentes se articulen en torno a los departamentos, los grupos de investigación y los grupos de innovación docente. También, debe ser un espacio flexible en el que debe convivir la enseñanza tradicional en el aula con las nuevas experiencias docentes y un espacio de participación donde los alumnos y los profesores puedan intercambiar conocimientos, desplegando nuevos territorios de trabajo e investigación. La propuesta organiza el programa en dos bloques diferenciados: el edificio existente que acoge los diferentes departamentos, la dirección y la secretaría; y la Biblioteca-CRAI proyectada en el nuevo edificio que también acogerá las aulas y talleres (…). La nueva edificación de aulas propuesta se resuelve como una sencilla construcción lineal con tres plantas de aulas, evitando intencionadamente una formalización más allá de la eficaz resolución de una potente estructura de hormigón prefabricada que permite resolver el programa en bandejas horizontales. Como el clima de Cartagena permite las circulaciones al aire libre, todas las aulas abren a las galerías perimetrales de acceso, fomentando la trasparencia, la apertura y el intercambio docente. Sobre las tres plantas de aulas se propone la construcción de una auténtica plaza elevada, que puede acoger usos complementarios, pero también necesarios, al programa específico del aulario (…): un nuevo espacio social y cultural, abierto y multifuncional, para la Universidad Politécnica de Cartagena.
(De la memoria del concurso)

Fig 04-06. Imágenes interiores
Interior images

The space where architecture is taught should be an open space, where new teaching experiences are organised around the departments, research groups and educational innovation groups. It should also be a flexible space where traditional classroom teaching must coexist with new teaching experiences and a space for participation where students and teaching staff can exchange knowledge to bring about new domains for work and investigation. The design breaks down the programme into two distinct blocks: the existing building that houses the different departments, management and administration; and the Library-LRC designed in the new building, which will also house classrooms and workshops... The new classroom building is designed as a simple linear structure with three storeys of classrooms, which intentionally avoids formalisation other than the efficient solution offered by a robust precast concrete structure that allows the programme to be laid out as a series of horizontal trays. As the climate of Cartagena allows open-air transit, all the classrooms open out onto exterior walkways that provide access from the perimeter, enhancing transparency, openness and educational exchange. Above the three floors of classrooms a rooftop plaza is designed for complementary uses, but also those necessary for the specific classroom block programme: a new open and multifunctional social and cultural space for the Polytechnic University of Cartagena.
(From the competition report)

Fig 07. Planta segunda
Second level floorplan

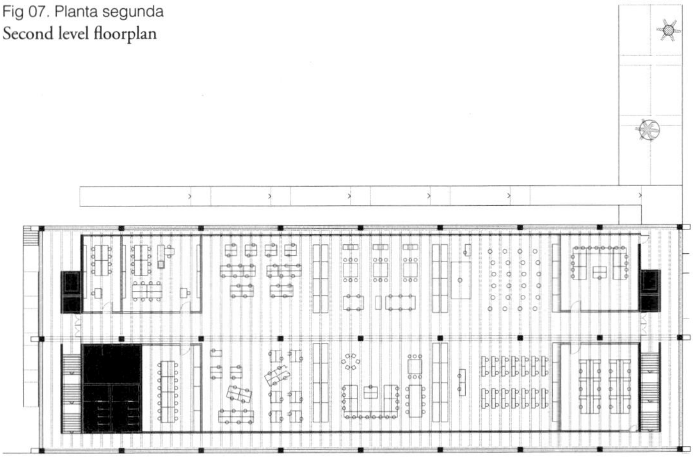

Fig 08. Planta segunda
First level floorplan

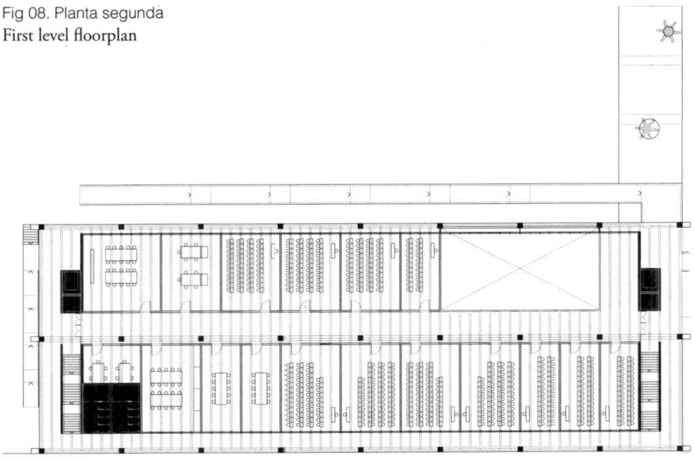

Fig 09. Planta baja
Ground floor plan

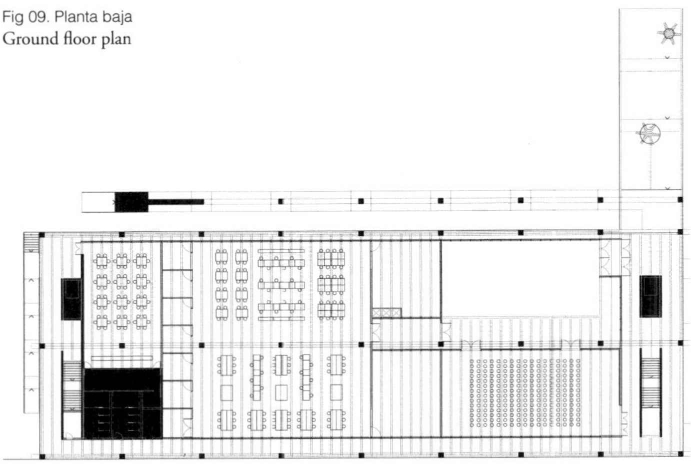

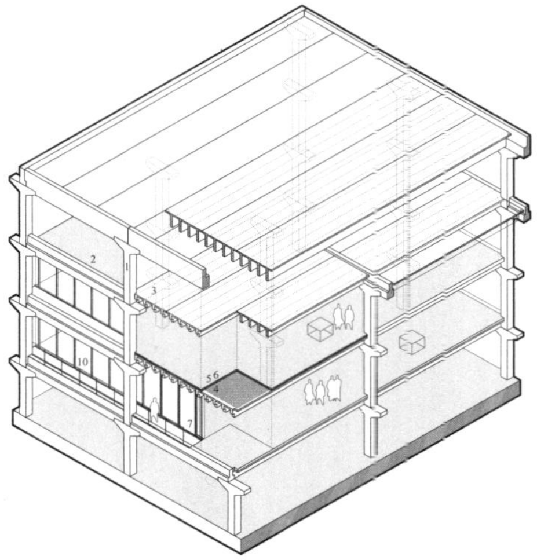

Fig 10. Axonometría constructiva
Constructive axonometry

Edificio de Viviendas de Protección Pública para Alquiler Asequible en Gandía, València, 2021

Public Housing Building for Affordable Rent in Gandía, València, 2021

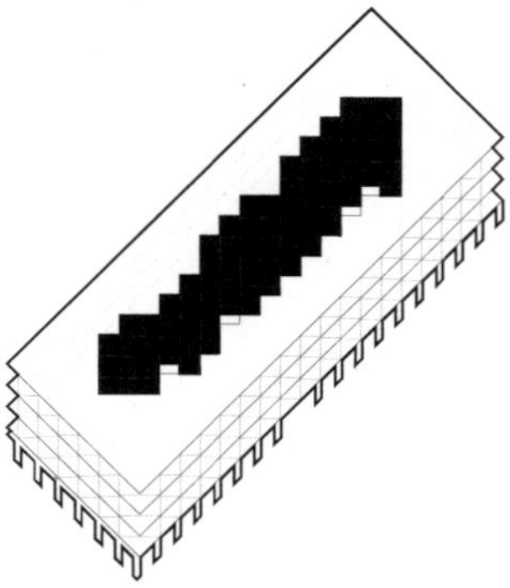

01.
Cumplimiento normativo: Volúmen
Normative compliance: Volumes

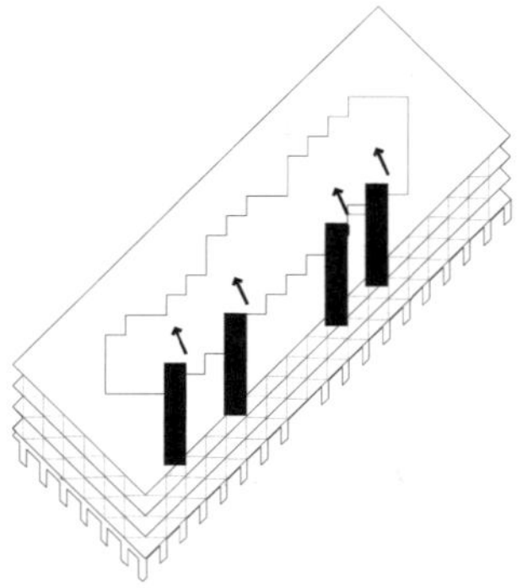

02.
Fragmentación de los núcleos de comunicación
Fragmentation of communication cores

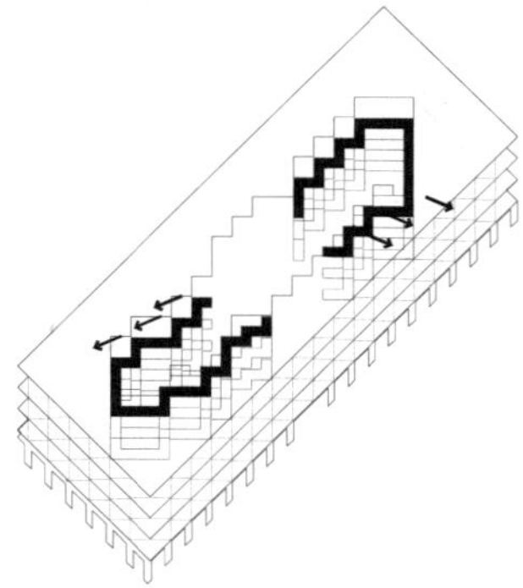

03.
Pasarelas de acceso a viviendas
Access walkways to dwellings

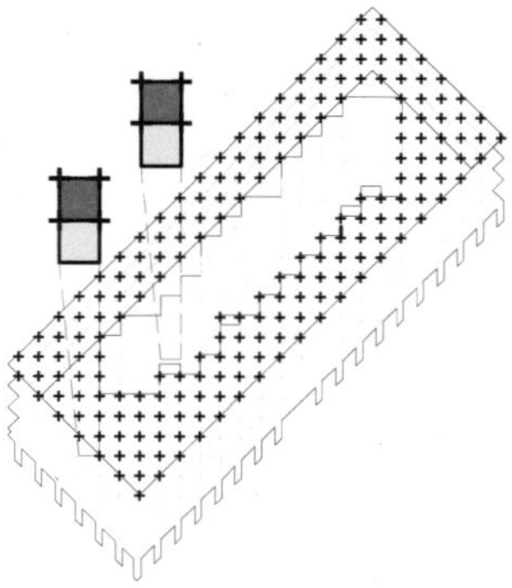

04.
Estructura: modulación y prefabricación
Structure: modulation and prefabrication

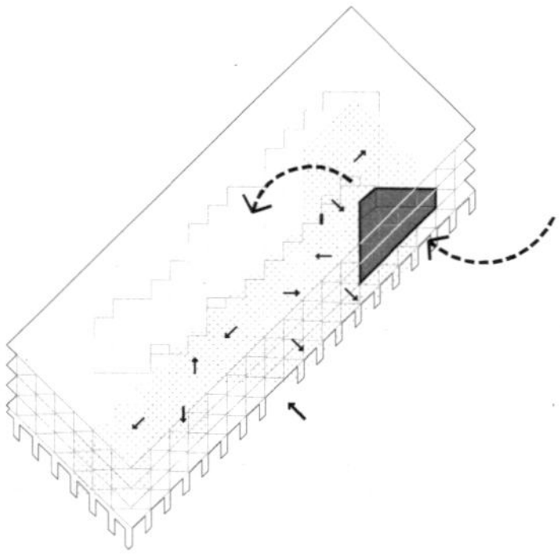

05.
Espacios Comunes
Common Spaces

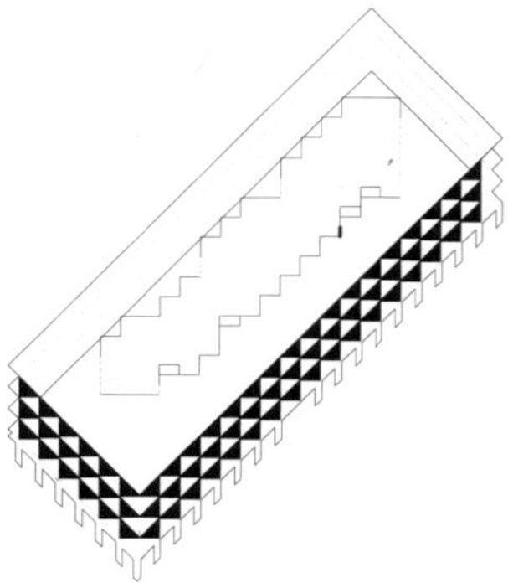

06.
Patrones de repetición: Huecos y balcones
Repetition patterns: Openings and balconies

Fig 01. Diagramas volumétricos
Volumetric diagrams

PRIMER PREMIO:

Rubik

Ignacio Senra y Elisa Sequeros, en colaboración con Ignacio Murad

Fig 02. Vista exterior de fachada
Exterior facade view

Las 67 viviendas se organizan mediante un único módulo cuadrado de algo más de 10,5m² de superficie que alberga las cuatro funciones básicas de una vivienda: estar, cocina, baño-almacenaje y dormitorio. Los distintos módulos se agrupan construyendo viviendas para dos, cuatro y más de cuatro habitantes (4, 5 y 6 módulos respectivamente), conformando una planta como un tejido que crece mediante la simple adición de células. El edificio de 4 alturas ocupa una manzana de 75x25m. La solución adoptada de patio de manzana con galerías tipo corrala supone un patio ajustado en su dimensión trasversal. Para resolverlo y favorecer la ventilación e iluminación natural, la malla cuadrada se gira 45 grados, aumentando la distancia entre las fachadas de las viviendas. El patio se convierte en un gran espacio social al que vuelcan todos los estares y cocinas, invirtiendo el esquema tradicional y dejando todos los dormitorios en las fachadas que dan a la calle. (De la memoria del concurso).

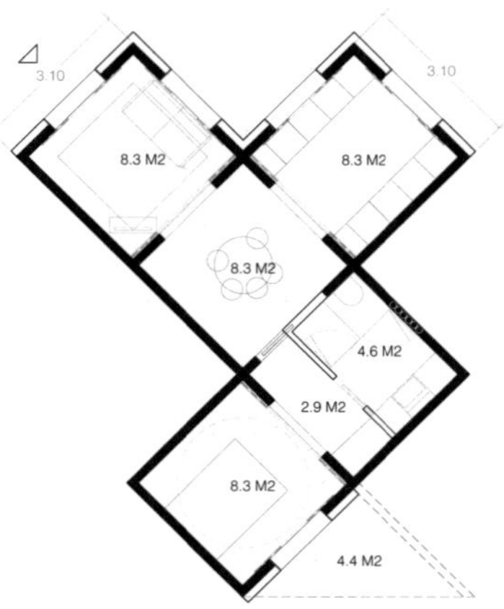

Fig 03. Planta de vivienda de 1 dormitorio
Floorplan of a 1-bedroom dwelling

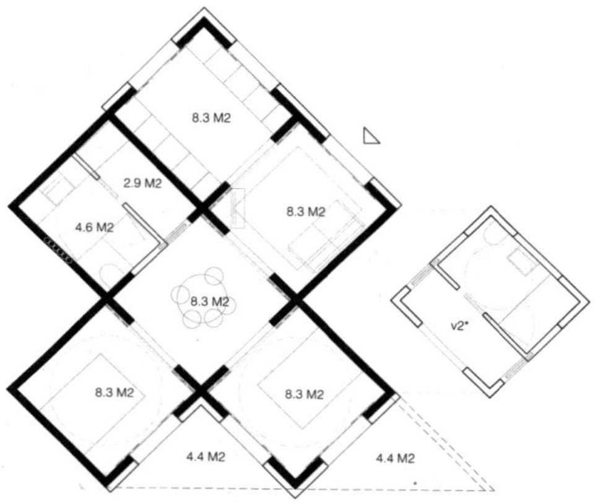

Fig 04. Planta de vivienda de 2 dormitorios
Floorplan of a 2-bedroom dwelling

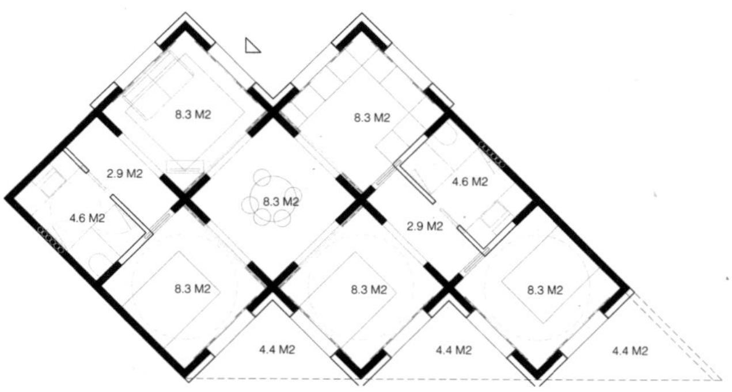

Fig 05. Planta de vivienda de 3 dormitorios
Floorplan of a 3-bedroom dwelling

Fig 06. Axonometrías de tipologías de vivienda
Axonometry of housing typologies

The 67 dwellings are designed by means of a single square module with a surface area of 10.5m^2 to combine the four basic functions of a home: living space, kitchen, bathroom-storage and bedroom. The different modules are grouped together to create dwellings for two, four and more residents (4,5 and 6 modules, respectively), creating a floor plan like a tissue that grows by the simple addition of cells. The four-storey building occupies a 75 x 25m block. The adopted design of a central courtyard with exterior walkways meant that it would be tight space across its width. As a solution and to enhance cross-ventilation and natural light, the square grid was turned 45 degrees, increasing the distance between the façades of the dwellings. The courtyard becomes an important social space overlooked by every living room and kitchen, inverting the traditional scheme and leaving all the bedrooms on the street-facing side.
(From the competition report)

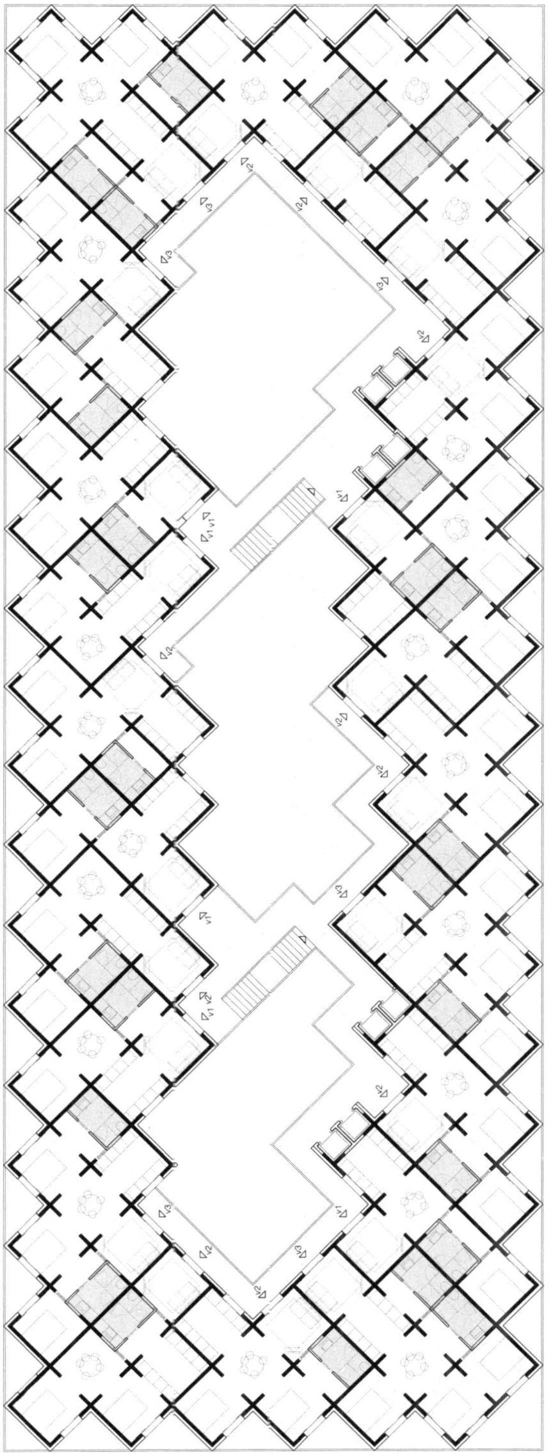

Fig 07. Planta general
General floorplan

Nueva sede de EMUASA, Aguas de Murcia, 2021

New headquarters of EMUASA, Aguas de Murcia, 2021

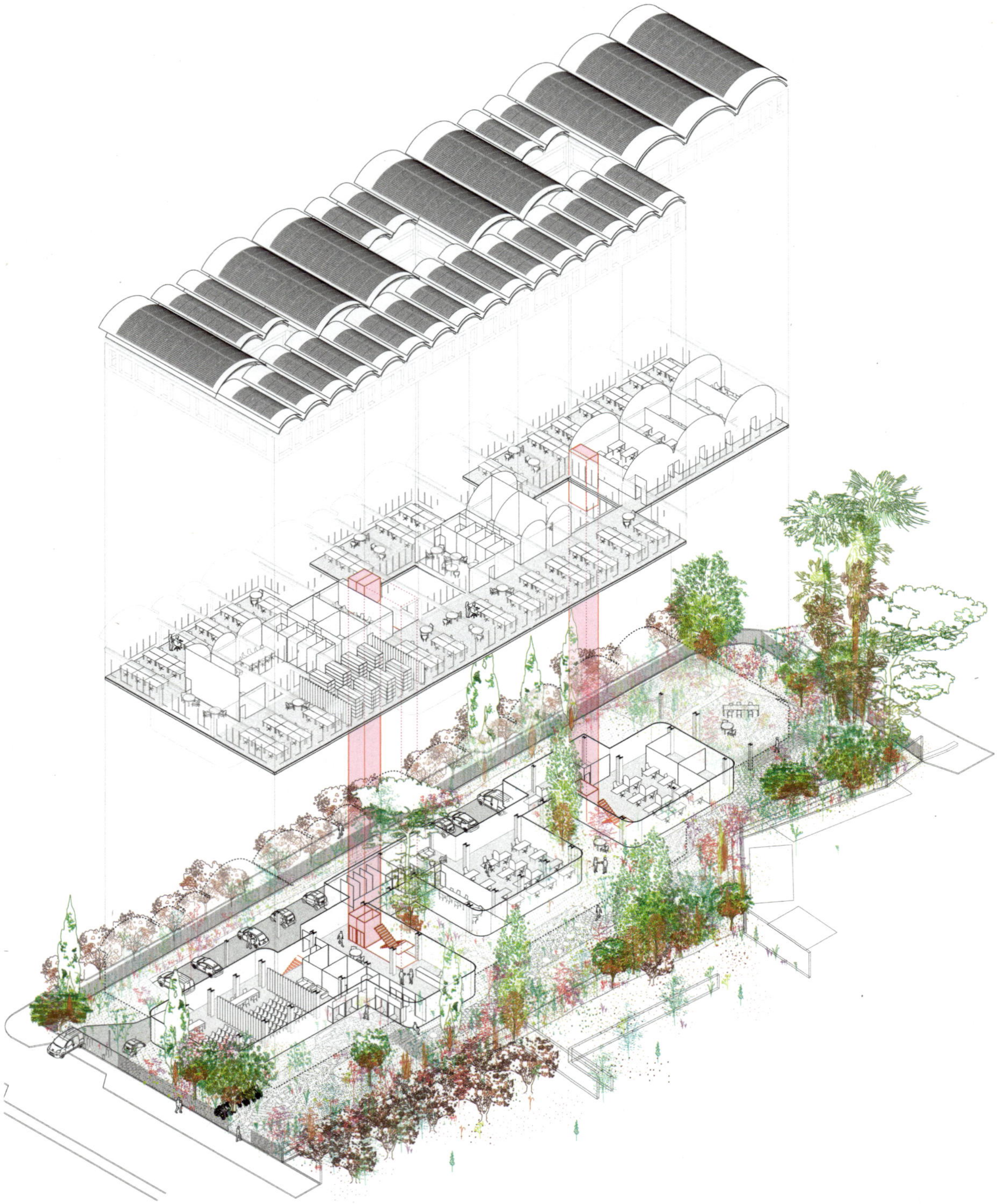

Fig 01. Axonometría explotada
Exploded axonometry

PRIMER PREMIO:

Vergelaria

María Herranz, Manuel Leira, Nieves Mestre y Eduardo Roig

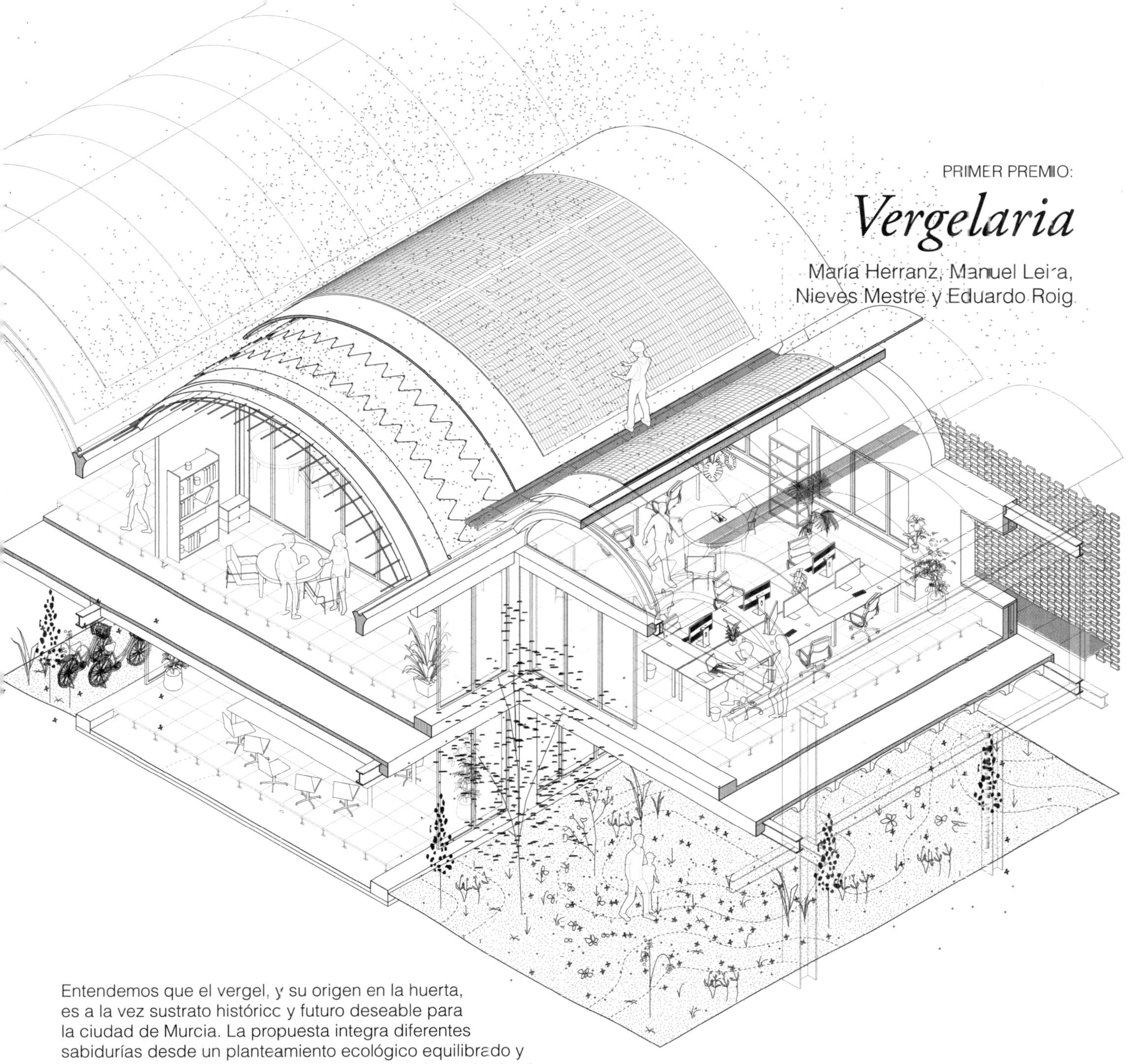

Fig 02. Axonometría constructiva
Constructive axonometry

Entendemos que el vergel, y su origen en la huerta, es a la vez sustrato histórico y futuro deseable para la ciudad de Murcia. La propuesta integra diferentes sabidurías desde un planteamiento ecológico equilibrado y holístico que define un nuevo microcosmos del trabajo donde el programa de oficinas se desarrolla en una única planta separada del área de atención al público, que se dispone al completo en planta baja. El edificio incorpora un conjunto de estrategias ambientales y tectónicas que contribuyen al diseño bioclimático de una oficina flexible, confortable y de máxima domesticidad —trabajar como en casa—, exhibiendo unos estándares nulos en su consumo energético. Surge sobre el sustrato del vergel como un gran umbráculo de geometría acanalada que favorece el confort interior mediante una adecuada estratificación del aire sin necesidad de ventilación forzada, además de optimizar la recogida de aguas pluviales. (De la memoria del concurso)

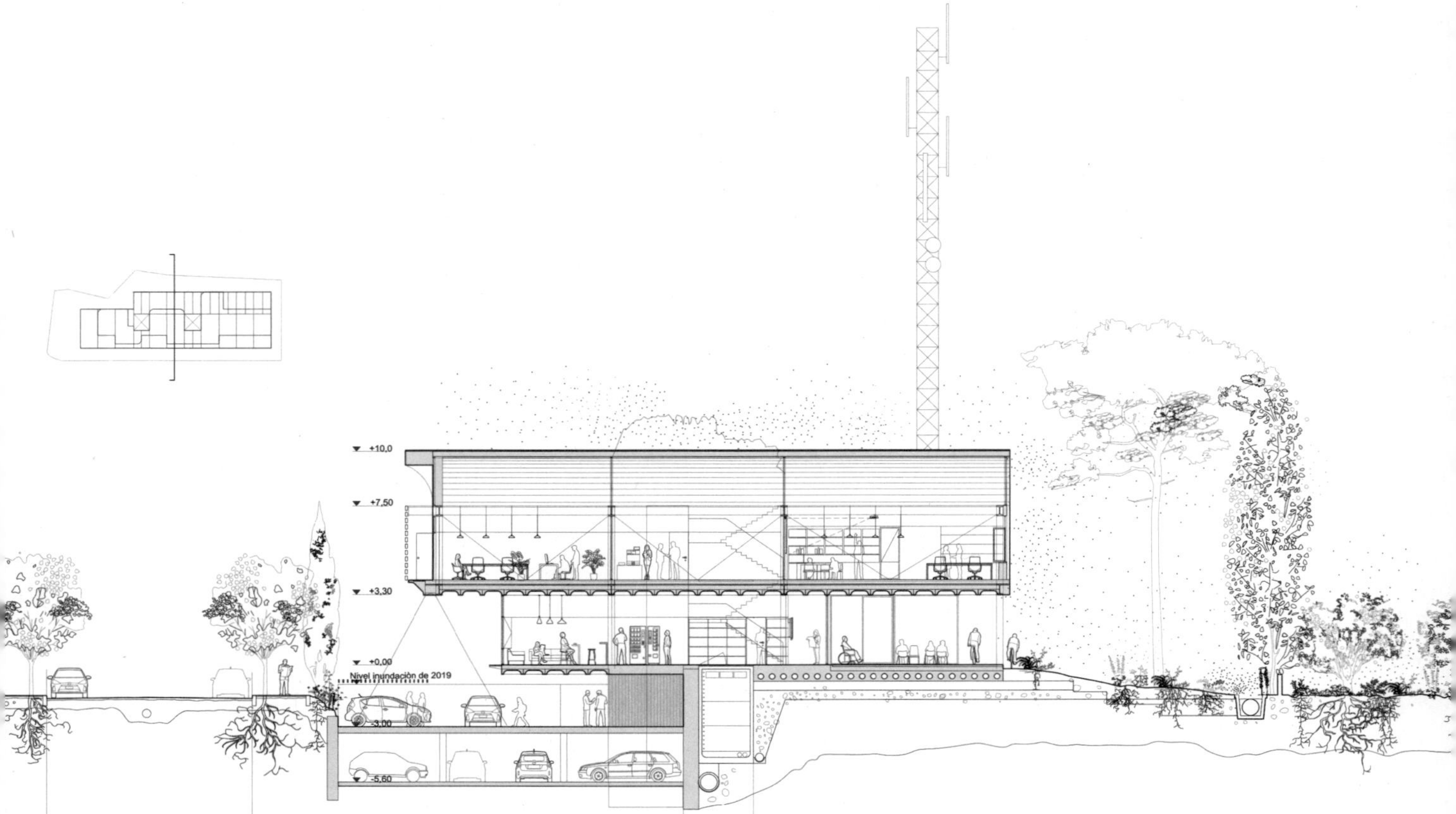

Fig 03. Sección general
General section

We understand the *vergel*, or garden, and its origins as a place where fruit and vegetables were grown, to comprise both the historical substrate of and a desirable future for the city of Murcia. The design brings together different fields of knowledge from a balanced, environmentally sound and holistic perspective that defines new workplace microcosms where the office programme is developed as a single storey separate from the customer service area, all at ground level. The building incorporates a set of environmental and tectonic strategies that contribute to the bioclimatic design of a flexible comfortable office with maximum domesticity – as if working from home – and with zero-energy building standards. Over the substrate of the garden, it rises like a large canopy with vaulted geometry that enhances indoor comfort by means of appropriate stratification of air without the needs for mechanical ventilation, as well as efficiently collecting rainwater. (From the competition report)

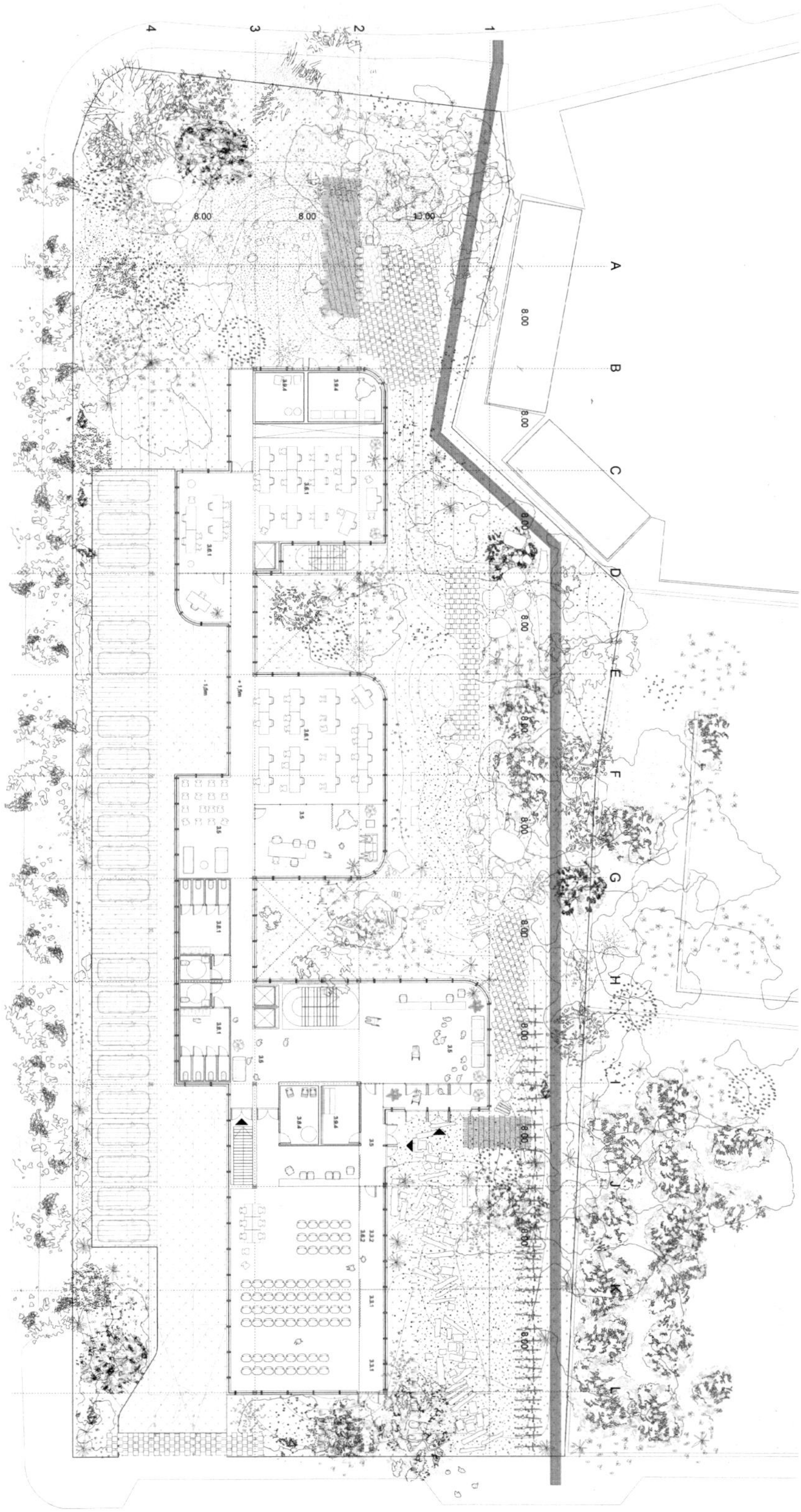

Fig 04. Planta baja
Ground floor plan

Show Me The Project

A short talk with Ignacio Alvarez Monteserín

Currently, the weight of images in architecture competitions is undeniable. Generally, the production of these images is an outsourced service and consumes a high percentage of resources. We spoke with architect Ignacio Alvarez Monteserín, director of the visualization studio Show Me The Project, to delve into their role in this process.

Fig 01. Palais Usine por Atelier 229 Architectes / Imagen: Show Me The Project

[Toni Cañellas, Javier Martínez y Silvia Muñoz]: How many competitions have you participated in during your career?

[Ignacio Alvarez Monteserín]: In the 15 years I have been working in this field, I have collaborated in about 300 competitions.

[TJS]: And how many of them were awarded first prize?

[IAM]: It's hard to say, but I think more than 40.

[TJS]: That's much more than a typical architecture studio could accomplish in 15 years. Do you think your training as an architect has influenced this? Can you tell us about the process of specializing in this field?

[IAM]: It happened naturally and was driven by personal interests. What I liked most about architecture was drawing and inventing spaces and gadgets, not necessarily buildings. The immediacy of creating a photomontage attracted me much more than developing a long-term project. I enjoyed it and discovered new things. Later in my professional career, I worked in a couple of studios where I was the only one who knew how to handle 3D modeling and Photoshop. It was gratifying because I was the first one to see what was being designed and what the project looked like. Then I showed it to the architect, and it played a significant role in helping them envision the project.

[TJS]: We're very interested in the iterative process with the architect. Does your service mediates in the production of the project?

[IAM]: Yes, especially in competitions where there isn't much time to develop ideas or think about them. It's a ping-pong game. They give you some initial ideas with plans, and the game unfolds based on what you return. However, it's very different from other types of projects. In real estate developments, we are more like a production tool.

[TJS]: I find it fascinating that your work is not just the post-production of competitions but that you also participate in the project's production. Ultimately, I understand that you make decisions that are part of the competition.

[IAM]: In a competition, the information we receive from the client is not always complete. We usually use these gaps to fill them with our imagination. Our background in architecture helps us speak the same language and understand all the technicalities. You grasp the references they work with, and if there aren't detailed things, you know what is coherent and what is not.

Show Me The Project

Una breve conversación con Ignacio Alvarez Monteserín

En la actualidad, el peso de las imágenes en los concursos de arquitectura es indiscutible. Generalmente, la producción de estas imágenes es un servicio que se externaliza y consume un alto porcentaje de los recursos. Hablamos con el arquitecto Ignacio Avarez Monteserín, director del estudio de visualización Show Me The Project, para profundizar en el papel que desempeñan en este proceso.

Fig 02. Museo de Prehistoria y Arqueología de Cantabria por Mendoza Partida Arquitectos / Imagen: Show Me The Project

[Toni Cañellas, Javier Martínez y Silvia Muñoz]: ¿En cuántos concursos has colaborado en tu carrera?

[Ignacio Alvarez Monteserín]: En los 15 años que llevo trabajando en esto habré colaborado en unos 300 concursos.

[TJS]: ¿Y cuántos de ellos han resultado ganadores?

[IAM]: Es difícil decirlo, pero creo que alguno más que 40.

[TJS]: En tan sólo 15 años eso es mucho más de lo que un estudio de arquitectura habitualmente podría realizar. ¿Crees que tu formación como arquitecto ha influido? ¿Cómo fue el proceso hasta especializarte?

[IAM]: De una forma bastante natural y casi por intereses personales. A mí lo que me gustaba de la arquitectura, sobre todo, era dibujar e inventarme espacios y cachivaches, no necesariamente edificios. La inmediatez de hacer un fotomontaje me atraía mucho más que desarrollar un proyecto a largo plazo. Me lo pasaba muy bien y además descubría cosas nuevas. Posteriormente, a nivel profesional, estuve en un par de estudios y era el único que sabía manejar el modelado 3D y Photoshop. Me resultaba súper gratificante porque era el primero en descubrir qué es lo que se estaba diseñando y qué aspecto tenía el proyecto. Luego se lo mostrabas a los arquitectos y les ayudabas mucho, yo creo que era un papel muy importante para que ellos proyectaran.

[TJS]: Nos interesa mucho el proceso iterativo que tiene tu trabajo con los arquitectos. ¿Sentís que vuestra herramienta media en la producción del proyecto?

[IAM]: Sí, sobre todo en concursos que no tienen mucho tiempo para desarrollarlo o pensarlo. Es como un partido de ping-pong. Ellos te lanzan unas primeras ideas con unos planos y con lo que tú le devuelvas se va construyendo la partida. Sin embargo, es muy diferente en otro tipo de proyectos. En una promoción inmobiliaria somos más bien una herramienta de producción.

[TJS]: Me parece muy bonito este escenario en el que tu trabajo no es sólo la postproducción de un concurso, sino que también participas de la producción del proyecto. Al final, entiendo que tomais decisiones que forman parte del concurso.

[IAM]: En un concurso, la información que nos llega por parte del cliente no siempre está completa. Normalmente aprovechamos todos estos vacíos para completar o con nuestro propio imaginario. En ese sentido, la formación como arquitecto

Fig 03. Low Carbon, Low Impact Head Office for Housing Association por Waugh Thistleton Architects / Imagen: Show Me The Project

Fig 04. Estadio San Carlos de Apoquindo por IDOM / Imagen: Show Me The Project

On the other hand, it seems that the image has to show absolutely everything and indicate the entrance to the building, the programs inside, and so on. Images are crucial for visualizing the competition, but the entire project description shouldn't rely solely on them.

[TJS]: Do you feel that there is an effort to make the image an excellent product and that this is detrimental to the quality of the plans or the project itself?

[IAM]: Yes, absolutely. But it's a social phenomenon. It's Instagram. We're used to seeing five images per second. Now, at least, I don't have the patience I used to have to sit down, look at a floor plan, and think about how to enter a building. Many clients take advantage of the image to convey absolutely everything they have in mind. I would like to be part of competition juries and see how decisions are made. I imagine that they make a first cut with the images and then focus on the plans. But anything you can blur in the images benefits the project. Because if the jury fills in what you haven't shown them with their own desires, in the end, the jury is playing with the project and what they want to see. If you provide everything in a hyper-closed manner, you leave little room for them to imagine the project's potential.

[TJS]: So, do you think images should be easily digestible, that is, quickly understandable and able to simplify projects?

[IAM]: Yes. But that's caricaturing. You're showing the label so that when people see it, they can categorize the project. I want to believe that if a project is very complex, the image doesn't have to reduce it to a caricature. Still, it can be an exciting image that also enhances that complexity and presents it in some way. In other words, projects should not be simplified now for immediate understanding. But there are indeed architectural trends that favor simplicity and succeed in their ease of communication. We all want to have three diagrams that simplify everything we have thought.

[TJS]: To achieve compositional clarity, are there cases in which the characteristics of the project are modified?

[IAM]: Yes, especially in terms of spatial dimensions. If you have a bathroom and want it to look like a palace, you start pushing back walls. I don't know; this happens every day. Most of the time, spaces and scales are altered. You can also touch specific keys of the viewer it and try to evoke certain emotions through the ambiance (lights, characters, etc.).

[TJS]: Do these modifications or inputs you provide influence the built project?

[IAM]: Not always; it rarely happens. But on occasions, you see the finished building and get surprised because something was executed literally. For example, a texture we get from somewhere else becomes part of the facade. Or even there is a specific case where we designed a spatial structure, and a 3Ds Max tool solved the intermediate structural diagonals for us. Ultimately, that geometry that a button randomly created is now constructed.

[TJS]: Your role can be decisive in developing the project. Once it's finished, where do you stand? What is your position?

[IAM]: In many cases, we're not even mentioned in the credits of the projects. It is widely assumed that when a photograph is included in a publication, the photographer's name is credited, but for renderers... It strikes me as odd because, in magazines showcasing projects, there are floor plans, sections, and images. But on Instagram, they only post images and still don't tag us. It's surprising. I don't mean to say we're never mentioned, but very few do. Sometimes I think these fears arise because there will be doubts about who did the project, how much belongs to them, and how much does not. Perhaps they see us as competition against the architect? I don't think so; we're not.

(Translation by the authors)

Fig 05. Nuevo Edificio de uso administrativo para la Administración General de Estado por Cruz y Ortiz Arquitectos + Ulargui Arquitectos / Imagen: Show Me The Project

→ pag. 114-117

Fig 06. Nuevo Hospital Universitario de La Paz por Burgos & Garrido Arquitectos + MAPA AC Arquitectos / Imagen: Show Me The Project

ayuda a que hables el mismo lenguaje y puedas entender todos los tecnicismos. Entiendes las referencias con las que trabajan y si hay cosas que no te han detallado, sabes qué es coherente y qué no. Por otro lado, parece que la imagen tiene que enseñar absolutamente todo, que se tenga que entender por dónde se entra al edificio, qué programas hay... Creo que las imágenes son muy importantes para ver el concurso, pero no debería recaer toda la descripción del proyecto en las imágenes.

[TJS]: ¿Sientes que hay un esfuerzo por que la imagen sea un producto excelente y que ello está yendo en detrimento de la calidad de los planos o del propio proyecto?

[IAM]: Sí, totalmente. Pero yo creo que es algo social. Es Instagram. Estamos acostumbrados a ver cinco imágenes por segundo. Ahora, yo por lo menos, no tengo la paciencia que tenía antes para sentarme a ver una planta y pensar por dónde se entra al edificio. Muchos clientes aprovechan esa imagen para contar absolutamente todo lo que tienen pensando. No tengo ni idea, pero me gustaría poder estar en tribunales y ver cómo se toman las decisiones. A veces me imagino que harán una criba con las imágenes y luego ya se centrarán en los planos que hayan pasado el corte. Pero pienso que todo lo que puedas difuminar en las imágenes va en beneficio del proyecto. Porque si el jurado completa con sus deseos lo que no le enseñas, al final el tribunal está jugando con él y con lo que quiere ver. Si se lo das todo hiper cerrado, le dejas poco margen a que se imaginen el potencial del proyecto.

[TJS]: ¿Entonces piensas que las imágenes deben ser fácilmente digeribles, o sea, de rápida comprensión y que puedan simplificar los proyectos?

[IAM]: Sí. Lo que pasa que eso es caricaturizar. Parece que entonces lo que estás haciendo es enseñar mucho la etiqueta para que cuando lo vean puedan catalogar un proyecto.
Yo quiero pensar que, si hay un proyecto muy complejo, la imagen no tiene por qué reducirlo a su caricatura, sino que puede ser una imagen interesante que también favorezca esa complejidad y la enseñe de alguna forma. O sea, no creo que ahora se deban simplificar los proyectos para que sea más inmediata su comprensión. Pero sí que es verdad que hay corrientes arquitectónicas que lo favorecen y tienen éxito en su facilidad de comunicación. Todos queremos tener tres esquemas que simplifiquen todo lo que hemos pensado.

[TJS]: Para ganar en claridad compositiva, ¿son muchos los casos en los que se alteran las características del proyecto?

[IAM]: Sí, sobre todo en cuanto a la dimensión de los espacios. Si tienes un cuarto de baño y quiero que se vea eso como un palacio, empiezas a tirar paredes para atrás. No sé, esto sucede todos los días. Sobre todo eso, se alteran los espacios y las escalas. También puedes tocar otras teclas de la persona que está viendo e intentas llevarle hacia alguna emoción a través de la ambientación (luces, personajes, etcétera.)

[TJS]: Estas modificaciones o inputs que aportáis, ¿acaban influyendo en el proyecto construido?

[IAM]: No siempre, pasa pocas veces. Pero en alguna ocasión ves el edificio acabado y te sorprendes porque han ejecutado algo de manera literal. Una textura que conseguí de algún lado acaba formando parte de la fachada. O incluso, hay un caso concreto en el que diseñamos una estructura espacial y una herramienta de 3Ds Max nos solucionó las diagonales intermedias. Al final, esa geometría que hizo un botón de manera aleatoria ahora está construida.

[TJS]: Nosotros pensamos que vuestro papel puede llegar a ser determinante en la elaboración del proyecto. Una vez finalizado, ¿dónde quedáis? ¿Cuál es vuestra posición?

[IAM]: En muchas ocasiones a nosotros ni siquiera nos ponen en los créditos de los proyectos. Está algo muy asumido que cuando se pone una fotografía en una publicación se pone el nombre del fotógrafo, pero de lo renderistas... A mí me llama mucho la atención, porque si enseñan un proyecto en revistas existen plantas, secciones e imágenes. Pero en Instagram, solo ponen imágenes y no te etiquetan. Me parece sorprendente. Tampoco quiero decir que en ocasiones no se nos mencione, pero son muy pocos los que lo hacen. A veces pienso que estos miedos surgen porque se va a dudar sobre quién ha hecho el proyecto, cuánto es suyo y cuánto no. ¿Quizás nos vean como una competencia hacia el arquitecto? No lo creo, no lo somos.

Madrid in Open Competition: Projects and Debates?

Architectural competitions can—and should— allow for more open and transparent access to professional commissions, which requires approaching these competitions as a tool and not as a simple administrative process. Each competition needs clearly defined objectives (and, in turn, format) to increase its effectiveness and success. However, as Bruno Latour argues, if the environmental and energy crises have moved into the conflicts between urban, territorial, and consumption models, strategically planned and organized open competitions can also serve as tools for advancing and opening the challenges facing architecture today, bringing them to the forefront and understandably presenting them. Thus, open competitions can also pose questions in addition to solving problems. This article examines several common open competition formats, analyzing them to reveal the critical role their organization and management play, working from the assumption that this costly and time-consuming process is worthwhile and that it relates directly to outcomes most of all.

Cities are spaces where architecture renders heterogeneous forces, not always explicit, visible in its diverse equilibriums, and which, given the nature of our social system, engage in open and vital conflicts and debates. Might not architectural competitions be the right format for engaging and bringing these debates to light in a proactive way? In short, is not the open competition a means not only to bring architecture into the public sphere but also to make public what architecture can bring to the table?

Public competitions are effective in at least two ways. First, because they kick-start a predictably complex project not as a solution to a problem, but as a way of thinking about a problem through the lens of architecture and its resources. Second, because they deploy and raise the visibility of problems in a broader context of critical reflection in which diverse stakeholders participate. They would be necessary if only for these two reasons alone.

However, no consensus exists on open competitions and their procedures, nor on their merit, effectiveness, or format. It is difficult to compensate work that is generally unpaid with the simple argument about transparency and equal opportunities when there is also no organizational model to ensure the success of these time-consuming processes. But it is also true that the statistics speak for themselves: to cite just one example, of the 15 Spanish Architecture Prizes awarded by the Higher Council of Architects Associations (CSCAE for its acronym in Spanish), 65% of the projects were launched through open competitions.

The question becomes, then, not whether open competitions are useful or even necessary, but how to design and manage them so that they fit the specifics of different scenarios. To answer this question, I will analyse three open competitions in Madrid that have already been awarded, which have been chosen to represent three very different models and potential formats: on the one hand, the public housing competition launched by the Municipal Housing and Land Company of Madrid (EMVS for its acronym in Spanish) in the Carabanchel and Barajas neighbourhoods, managed by the COAM's Competitions Office in 2022; on the other, the two-phase competition for the remodelling of Plaza de España, organised by the Sustainable Development Department of the City Council under Manuela Carmena with the collaboration of the COAM, launched in 2016 and recently executed; and, finally, the invitation-only public competition launched by Spanish state-owned railway infrastructure manager Administrador de Infraestructuras Ferroviarias (ADIF) under the Ministry of Transport, Mobility and Urban Agenda for the extension of the Chamartín station as part of the Madrid Nuevo Norte private development project, which was awarded in December 2022.

Madrid a concurso: ¿proyectos y debates?

Luis Rojo

Los concursos de arquitectura pueden y deben permitir un acceso más abierto y transparente a los encargos profesionales, pero para ello deben entenderse como una herramienta y no como un simple proceso administrativo. Definir claramente los objetivos —y, por tanto, el formato de cada concurso— es necesario para incrementar su eficacia y éxito. Pero, tal y como afirma Bruno Latour, si las crisis medioambiental y energética se han trasladado a los conflictos entre modelos urbanos, territoriales y de consumo —planteados y organizados estratégicamente—, los concursos pueden ser, además, herramientas para anticipar y abrir los debates a los que se enfrenta la arquitectura hoy, visibilizándolos y exponiéndolos de modo legible. Así pues, además de resolver problemas, los concursos también pueden hacer preguntas. Este texto reflexiona sobre algunos formatos de concurso habituales, analizándolos con el objeto de exponer la importancia de su organización y gestión, toda vez que asumamos que este procedimiento costoso y trabajoso compense y, sobre todo, que guarde relación directa con sus resultados.

«In many ways, metaphors of politics are moving into metaphors of architecture, largely because of the ecological crisis». [Ghosn, Rania; Jazairy, El Hadi y Ramos, Stephan; «The Space of Controversies: An interview with Bruno Latour», en Turan, Neyran y Ramos, Stephen (eds.), *New Geographies 0: «Design, Agency, Territory»* (Marzo 2009), Harvard University Graduate School of Design, Cambridge (MA.), pág. 122.

Las ciudades son campos de fuerzas heterogéneas no siempre explicitas que la arquitectura hace visibles en sus diversos equilibrios y que, dada la naturaleza de nuestro sistema social, entran en conflictos y debates abiertos y necesarios. ¿No sería el concurso de arquitectura un formato adecuado para acometer y visibilizar esos debates, para anticiparlos? En definitiva, ¿no es el concurso un medio para hacer no solo arquitectura pública, sino para hacer público lo que la arquitectura puede aportar y hacer?

Los concursos públicos son eficaces al menos de dos maneras. Primero, porque inician la andadura de un proyecto previsiblemente complejo no como la solución a un problema, sino como reflexión sobre un problema a través de la arquitectura y de sus recursos. Segundo, porque despliegan y visibilizan los problemas en un escenario de reflexión crítica más amplio en el que participan diversos agentes. Aunque sólo fuera por estas dos razones, serían necesarios.

Sin embargo, no hay consenso en torno a los concursos y sus procedimientos, ni sobre su bondad o efectividad como tampoco en cuanto a su formato. Es difícil compensar un trabajo generalmente no remunerado con tan solo el argumento de la transparencia y la igualdad de oportunidades cuando, además, tampoco hay un modelo de organización que asegure el éxito de sus laboriosos procesos. Pero también es cierto que la estadística es tozuda: de los 15 Premios de Arquitectura Española concedidos por el Consejo Superior de Colegios de Arquitectos (CSCAE), el 65% de los proyectos se iniciaron por medio de concursos, por citar sólo un ejemplo.

La pregunta no sería, por tanto, si los concursos son útiles o incluso necesarios, sino como darles forma y gestionarlos para que se ajusten a la especificidad de cada escenario.

The competition format and management substantially determine the resulting architectural proposals submitted

Fig 01. Glitch (31 viviendas con protección pública en arrendamiento en el Ensanche de Carabanchel) | Juan Mateos

→ pag. 42-45

While the EMVS competitions in the southeast of Madrid represent the architectural scale of public housing within the restricted context of urban planning, the Plaza de España intersection in the historic center brings the conflicts over environmental and mobility models in an urban center into sharp focus. The transformation of the Chamartín station, on the other hand, scales the problem in the north of Madrid to the territorial and also to the ideological, insofar as it introduces privatization models that are also involved in the city's design and development.

In their triangulation—south-east, center, and north of the city—these three projects, each the result of different calls for tenders, have been chosen as case studies because they provide a comprehensive overview of the complex scope that open competitions cover, as well as of the diverse roles that they are assigned to play. I also chose these three because their strategic location in Madrid reveals how each of the different urban management policies is associated with an open competition format: engaged in a contested modern discourse on growth in the north, standardized social housing under context-free city planning in the south-east and, in the center, heated circular political debates that use architecture as a tool.

The south-east axis: on propositional capacity

The first of these is an open competition calling for proposals—although perhaps the more precise word is resolutions—for social housing in the southeast of the city within a standard urban planning scheme. Here, the architects are working with a problem whose rules and parameters are rigidly predetermined by urban planning and social housing regulations, both of which are paradoxically outdated in time and space. (To use a simile, the development of this type of public housing development resembles the chess games which, along with other activities, are printed in newspapers and let the reader reproduce a game that has already been solved and played by others).

The shape, size, and surface area assigned to the building site in the urban plan, coupled with the ideological decisions that underlie the regulations and the irrevocable public housing taxonomy—alignment rather than a setback, the definition of 'ground floor' and how it should be used, 12 meters of regulatory width for all housing or taxonomical categories (corridor, hallway, bedroom, open kitchen, and workspace)—along with measurement parameters that essentially amount to 'normalization', beg the question: what if it is impossible to set a building apart by scale in architecture? Are not potential designs substantially predetermined when someone decides at once the width of the street and the width of the kitchen?

In this type of open competition, participants are not asked to reflect critically or propose solutions for contemporary housing in the context of a specific urban situation: they are asked to prove their understanding of a technique. The architects are limited to representing, through normalized layouts, a project that has essentially already been designed. And insofar as so many unspoken logics and techniques converge around them (as though they were part of the solution and not part of the problem) their function as an open competition is limited. Architects are brought in as experts in a regulated, even standardizing system, asked to represent a model of the city and a model of housing in the abstract context of the regulation, yet unable to offer a reflection on either one or the other. In short, their role is ultimately limited to being able to validate a closed system in which, paradoxically, how we live our private lives and how we design and use public space, is a discussion that is neither envisaged nor contemplated.

The south-west axis: debates on environment and mobility models

Involving participatory processes and public consultation, the competition to transform Madrid's Plaza de España was an attempt to switch up not only the format but the very concept of open competition itself. To that end, it is broken down into technical specifications and a public survey—in which more than 26,600 people participated—on the potential or necessary transformations of the square and its surroundings.

Para contestar a esta pregunta, propongo analizar tres concursos realizados en Madrid, ya fallados, elegidos por representar tres modelos y formatos posibles, bien diferenciados: de una parte, el concurso de viviendas públicas de la Empresa Municipal de la Vivienda y Suelo de Madrid (EMVS) en Carabanchel y Barajas, gestionado por la Oficina de Concursos del COAM durante el año 2022; de otra, el concurso en dos fases para la remodelación de la Plaza de España, organizado por el Área de Gobierno de Desarrollo Sostenible del ayuntamiento de Manuela Carmena con la colaboración del COAM, iniciado en 2016 y ejecutado recientemente; y, finalmente, el concurso público por invitación realizado por el Administrador de Infraestructuras Ferroviarias (ADIF) del Ministerio de Transportes, Movilidad y Agenda Urbana para la ampliación de la Estación de Chamartín en el contexto del proyecto de promoción privada Madrid Nuevo Norte, fallado en Diciembre del 2022.

Si los concursos de la EMVS en el sureste de Madrid representan la escala arquitectónica de la vivienda pública en el rígido contexto del planeamiento, el nudo de la Plaza de España en el casco histórico visibiliza los conflictos abiertos en torno a los modelos ambientales y de movilidad en un centro urbano. Por su parte, la transformación de la Estación de Chamartín escala el problema en el norte de Madrid a lo territorial y, también, a lo ideológico, en tanto que nos introduce en aquellos modelos de privatización que están a su vez presentes en la concepción y en el desarrollo de la ciudad.

En su triangulación —sureste, centro y norte de la ciudad—, estos tres proyectos, resultado de sendas convocatorias, han sido elegidos como casos de estudio porque proporcionan una visión panorámica del complejo territorio que cubren los concursos, así como de las diversas funciones que se les encomiendan. También, porque su estratégica localización sobre el territorio de Madrid desvela cómo las distintas políticas de gestión urbana van asociadas, cada una de ellas, a un formato de concurso: empeñados en el norte en un contestado discurso moderno sobre el crecimiento, viviendas sociales normalizadas en un planeamiento sin contexto en el sureste y, en el centro, encendidos debates políticos circulares que instrumentalizan la arquitectura.

El vértice sureste: sobre la capacidad propositiva

El primero de ellos es un concurso para proponer —aunque la palabra correcta quizás sea resolver— viviendas de protección pública en el sureste de la ciudad dentro de un planeamiento urbanístico estándar. En este modelo, los arquitectos trabajan con un problema cuyas reglas y parámetros están rígidamente predeterminados por una normativa urbanística y de Vivienda de Protección Oficial (VPO); ambas paradójicamente desfasadas en el tiempo y el espacio. (Si se me permite el símil, el desarrollo de este tipo de promociones de vivienda pública se asemeja a las partidas de ajedrez que, junto a otros pasatiempos, publican los periódicos y que permiten al lector reproducir una partida ya de antemano solucionada y jugada por otros).

La forma, dimensión y superficie adjudicada a la parcela en el planeamiento, en combinación con las decisiones ideológicas que subyacen en las normativas y la irrevocable taxonomía VPO —manzana mejor que bloque, alineación que no retranqueo, definición de lo que es una 'planta baja' y como ocuparla, 12 metros de ancho normativo para todas las viviendas, categorías funcionales (pasillo, vestíbulo, dormitorio, cocina abierta o espacio de trabajo)—, sumado a una estandarización de las medidas que alcanza las características de una 'normalización', nos obligan a formular una pregunta: ¿y si no es posible diferenciar por escalas en arquitectura, y cuando alguien decide el ancho de la calle y el ancho de la cocina, los proyectos posibles estarían sustancialmente predeterminados?

En este tipo de concurso no se solicita a los participantes una reflexión crítica o propositiva sobre la vivienda contemporánea en el marco de una situación urbana específica: se solicita demostrar el conocimiento de una técnica. Los arquitectos se ciñen a representar, a través de configuraciones normalizadas, un proyecto iniciado con anterioridad. Y en tanto que sobre ellos convergen tantas lógicas y técnicas no explicitadas —como si no formaran parte del problema— su función como concurso es limitada. Los arquitectos son convocados literalmente como técnicos en un sistema reglado, incluso normalizador, solicitándoseles representar un modelo de ciudad y un modelo de vivienda en el contexto abstracto de la norma, pero sin poder proponer una reflexión sobre lo uno o lo otro. En definitiva, su papel se resume en poder confirmar un sistema cerrado sobre el que paradójicamente —cómo vivimos nuestra vida privada o como concebimos y usamos el espacio público— no se prevé ni concibe un debate.

El vértice suroeste: debates en torno a los modelos ambientales y de movilidad

Al incluir procesos participativos y de consulta pública, el concurso de transformación de la Plaza de España supuso un intento de cambiar no sólo el formato, sino el concepto mismo del concurso. Para ello, éste se desdobla en un pliego de condiciones técnicas y una encuesta ciudadana —en la que participan más de 26.600 personas— sobre las transformaciones posibles o necesarias de la plaza y su entorno. A continuación, se desarrollaron dos fases consecutivas, donde un jurado 'técnico' eligió primero cinco propuestas que, desarrolladas en una segunda fase, fueron reducidas a dos y presentadas a votación pública. La ganadora de esta votación, «Welcome Mother Nature», fue elegida por el 63,5% de los votos, frente a los 36,5% del segundo.

Con independencia tanto del éxito de este proceso especifico como del resultado construido de la propuesta ganadora, debe entenderse como un esfuerzo por cambiar el modelo, buscando mecanismos de apertura a la discusión ciudadana. Lo que es un hecho es que el concurso de la Plaza de España pone sobre la mesa tres debates distintos, aunque complementarios. Por un lado, un debate sobre la movilidad en el casco histórico; por otro, un debate sobre la conceptualización de la ciudad como infraestructura y no como problema de forma; y, por último otro debate de igual interés a los anteriores sobre la naturalización del espacio como consecuencia de la crisis medioambiental.

This was followed by two consecutive phases; first, an 'expert' jury picked five proposals, which, in a second phase, were then shortlisted to two and put to a public vote. The winner, "Welcome Mother Nature", was selected by 63.5% of the votes, compared to 36.5% for the runner-up.

Regardless of both the success of this specific process and the outcome of the winning proposal, both should be understood as an effort to change the model, seeking to find ways to open it up to public discussion. The fact is that the Plaza de España competition brings three distinct but complementary debates to the table. On the one hand, a debate on mobility in the historic center; on the other, a debate on the design of the city as an infrastructure and not as a matter of form; and, finally, another equally relevant debate on the naturalization of spaces as a consequence of the environmental crisis.

Thus, the competition seeks to involve citizens as participants, questioning to a certain extent the authority of institutions and experts to make decisions on their own. This is a substantial paradigm shift not only in terms of the conceptualization and organization of open competitions but also in terms of how we think about architecture and the management of the city. A change that places the concept of 'expert' authority at the heart of the debate, sparking negotiations with architects, engineers, and institutions.

Meanwhile, and concerning the second of the aforementioned debates, here the urban center is not seen as a problem of form or morpho-typological layout—which was the case in the Urban Plans common in the late 20th century—but as a complex system of infrastructures that coexist at different levels and speeds, and which need to be re-balanced according to the proposed urban mobility model.

Finally, as a result of its conflicting and complex nature, this new balance seeks to sublimate the project into an image of the natural trapped in its virtual representation. It is the recurring metaphorical image of the forest that obscures the complex artificiality of the supporting structure of tunnels, infrastructures, and underground facilities which, on the contrary, lack an outer image, an exteriority. And while the purpose behind the environmental awareness under debate is to understand nature as the primary infrastructural support—whose laws must be incorporated into urban planning—the cross-section of the city in Plaza de España pushes for differentiation. Above, the construction of an image of nature; below, a modern machine.

The northern axis: test run of the global city

While the Plaza de España competition provides an opportunity to visualize social and political debates about 21st-century Madrid as a public infrastructure, the competition for the transformation of the Chamartín station represents the opposite model. Integrated into the Madrid Nuevo Norte project, a test run for the privatization of the conceptualization, design, and management of the city more akin to the AZCA business district (AZCA is an acronym for "Mixed Association for Compensation of the A Block of the Commercial Area of the Avenue of the *Generalísimo*") than to the spirit and tools of Madrid's defunct 1997 Urban Plan, the capacity to evade the public and collective sphere and scrutiny has permeated the competition's procedures and objectives, but also the outcome of its architecture.

Above, the construction of an image of nature; below, a modern machine

Fig 02. Remodelación de Plaza España, Madrid
Estudio Guadiana y Porras La Casta Arquitectos

[Fotografía: Imagen Subliminal
(Miguel de Guzmán + Rocío Romero)]

→ pag. 81-87

La forma y gestión del concurso determina sustancialmente el resultado de la arquitectura que se recibe en las propuestas

Así pues, el concurso quiere señalar a los ciudadanos como partícipes, cuestionando hasta cierto punto la autoridad de las instituciones y los técnicos para tomar decisiones de modo autónomo. Este es un cambio de paradigma sustancial no sólo en la conceptualización y organización de los concursos públicos sino, también, en el pensamiento de la arquitectura y la gestión de la ciudad. Un cambio que sitúa el concepto de la autoridad 'técnica' en el centro del debate, iniciando una negociación con arquitectos, ingenieros e instituciones

Por su parte, y en relación con el segundo de los debates mencionados, el centro urbano no se plantea aquí como un problema de forma ni de configuración morfo-tipológica —tal y como ocurría en los Planes Generales del final del Siglo XX—, sino como un sistema complejo de infraestructuras que coexisten en distintos niveles y velocidades, y que deben ser requilibradas en función del modelo urbano de movilidad propuesto.

Finalmente, debido a su conflictividad y complejidad, este nuevo equilibrio intenta sublimar la intervención en una imagen de lo natural atrapada en su representación virtual. Es la recurrente imagen metafórica del bosque que oculta la compleja artificialidad del soporte de túneles, infraestructuras y construcciones subterráneas que, por el contrario, carecen de imagen, de exterioridad. Y aunque el propósito derivado de la conciencia medioambiental a debate es entender la naturaleza como el soporte infraestructural fundamental —cuyas leyes deben integrarse en lo urbano— en la Plaza de España la sección de la ciudad insiste en la diferenciación. Arriba, la construcción de una imagen de lo natural; debajo, una máquina moderna.

El vértice norte: ensayos de la ciudad global

Si el concurso de la Plaza de España permite visualizar debates sociales y políticos en torno al Madrid del siglo XXI como infraestructura pública, el concurso para la transformación de la Estación de Chamartín representa el modelo contrario. Integrado en la operación Madrid Nuevo Norte, un ensayo de privatización en la conceptualización, diseño y gestión de la ciudad más parecido al complejo de AZCA que al espíritu y las herramientas del extinto Plan General de Madrid, la capacidad para evadirse del ámbito y escrutinio de lo público y colectivo ha impregnado los procedimientos y objetivos del concurso, pero también la arquitectura de su resultado.

La gestión por invitación a empresas consultoras asociadas con estudios de arquitectura internacionales, su envoltorio y protección con la terminología de la eficacia logística de redes y *Hubs* de transporte, junto con la supuesta neutralidad técnica de la ingeniería —otra idea moderna en discusión—, han hecho de este concurso algo no sólo ajeno a la ciudad y sus habitantes —a pesar de su escala e impacto—, sino que su resultado, adjetivado y filtrado con la terminología de la economía global ha emergido finalmente como una arquitectura genérica en una ciudad que podría ser Madrid u otra.

Tanto los pliegos del concurso como las propuestas intentan equilibrar los objetivos de la funcionalidad ferroviaria, la polivalencia e, incluso, una lógica afín a la 'dinámica de flujos'[1] con la integración en un entorno urbano en el que hasta ahora la Estación ha sido una isla. Sin embargo, la trabazón con el entorno es un problema de negociación en múltiples escalas, -siendo en sección aún mas necesario que en planta, ya que la estación está elevada sobre la cota de su perímetro en cualquier punto-, si se quiere que la nueva estación se configure como un espacio público y con cierta centralidad en el entorno. Una negociación a múltiples bandas, como un sistema de consultas y e intercambios con otros agentes -ni técnicos ni políticos- que ciertamente podría haber sido incluido en el formato del concurso. Una negociación que, para no usar jerga técnica, llamaremos simplemente el diseño de la ciudad

El modelo de concurso a debate

Lo más significativo del debate sobre los posibles modelos de los concursos de arquitectura y su adecuación a la naturaleza del problema sobre el que se hace la consulta es la sospecha, más que plausible, de que la forma y gestión del concurso determina sustancialmente el resultado de la arquitectura que se recibe en las propuestas; ya sea de la ciudad (vivienda pública), de las infraestructuras (espacio urbano) o del concepto de naturalización (nuevo desarrollos como Madrid Nuevo Norte), como hemos visto.

En general, sabemos que la formulación de la pregunta —es decir, la descripción del problema que se pretende acometer— predispone y condiciona las respuestas, las soluciones aportadas. Sin necesidad de entrar a valorar los proyectos o las soluciones propuestas —no es el propósito de esta reflexión—, la cuestión no es si los concursos de arquitectura son una buena herramienta para mejorar la calidad de la arquitectura, el pensamiento de la ciudad y del territorio o los cambios de paradigma sobre lo artificial y lo natural; lo importante es entender cada concurso como un instrumento concreto, definido para un fin concreto, de modo que su formato y gestión se ajuste al problema al que se enfrenta su objetivo, su contexto y sus medios.

1. Página Web de ADIF, Proyecto Chamartín. https://www.adif.es/proyecto-chamartin

Fig 03. Parque Central de Madrid Nuevo Norte, 2022
WEST 8 + Porras Guadiana Arquitectos

The by-invitation management structure focused on consultancy firms affiliated with international architectural studios, packaged and protected in the terminology of logistical efficiency of transport networks and hubs, together with the alleged technical neutrality of engineering —another modern idea under debate—have made this competition not only alien to the city and its inhabitants (despite its scale and impact), but its outcome, characterized by and filtered through the terminology of the global economy, has ultimately materialized as a generic architectural design for a city that could be Madrid or any other place.

Both the competition specifications and the bids seek to balance the objectives of railway functionality, versatility, and even a logic similar to 'fluid dynamics'[1] as a way to integrate the station, until now an island, into the urban fabric. However, interweaving the station into its surroundings is a question of negotiation on multiple scales—even more necessary in terms of cross-section than in terms of layout, since every point of the station is elevated above the level of its surroundings—if the new station is to be designed as a public space with a certain degree of centrality within the surrounding area. A multi-faceted negotiation, such as a system of consultations and exchanges with other stakeholders (neither technical nor political), could have certainly been included in the competition format. A negotiation which, for the sake of not using technical jargon, we will simply call the design of the city.

The competition model under debate

The most significant part of the debate on the potential models of architectural competitions and their alignment with the nature of the problem in question is the more than plausible suspicion that competition format and management substantially determine the resulting architectural proposals submitted, be it for the city (public housing), infrastructures (urban space) or the concept of naturalization (new developments such as Madrid Nuevo Norte).

In general, we know that the question (that is, the description of the problem to be solved) biases and conditions the answers and the solutions provided. Without assessing the projects or the proposed solutions (which is not the purpose of this article), the question is not whether architectural competitions are a useful tool for improving the quality of architecture, the way we think about the city and the territory, or the shifts in the paradigm of the artificial and the natural; the crux of the matter is understanding each competition as a specific tool, designed for a specific purpose so that its format and management is aligned to the problem addressed by its purpose, context, and resources.

As we have seen, this is the case of open competitions for public housing and their regulatory parameters expressed in standard dimensions. In reality, these are produced on a single scale: the actual scale of things. Therefore, when regulations exhaustively set the sizes of (all) things, they are operating on a real scale, a scale of 1:1. It does not prescribe models or systems to work from and refer to, but defines shapes, objects, boundaries, and volumes. In these particular cases, one could argue that the type of competition determines and at least partially predicts the outcome, just like the debates and issues that emerge and are brought to the surface through each competition are conditioned by its format and management.

However, a competition that aims to find specific solutions to a specific problem—EMVS housing, for example, where the current Belgian Open Oproep model can serve as an example with demonstrated effectiveness[2]—should not have the same format, management, and remuneration as other types of equally necessary competitions/instruments that can advance and spark debates on modern ways of life, harnessing architecture as the vehicle to do so, but in a space that moves beyond the technical.

In terms of the competition for the Chamartín station, even though ADIF failed to leverage the architectural competition's capacity to explore potential responses instead of simply providing an image for a masterplan, the homogeneity of the virtual images received, together with the terminological contradictions in explaining the proposal (such as describing a transport logistics 'machine' as a smart 'ecosystem'), forces us to reflect on the loss of (yet another) opportunity because the competition was not formulated differently.

1. ADIF website, Chamartín Project. https://www.adif.es/proyecto-chamartin
2. A two-stage competition model used in Belgium since 2000. The first phase is open to European architects and involves the submission of a CV and description of intentions for each project. The second phase, the outcome of a technical selection, is by invitation for five teams and is remunerated. Competitions or open calls are held regularly, involving a wide range of projects proposed to the *Vlaams Bouwmeester* (Flemish government architect) by city councils, cities, and institutions, formatted and managed in a standardized way by this technical office.

Como se ha visto, tal es el caso de los concursos de vivienda pública y sus parámetros normativos expresados en dimensiones estándar. Lo cierto es que éstas se producen en una sola escala: la escala real de las cosas. Por tanto, cuando la normativa anticipa exhaustivamente las dimensiones de (todas) las cosas, realmente está operando en la escala real, a escala 1/1. No establece modelos o sistemas de trabajo y referencia, sino que define formas, objetos, límites y volúmenes.

En estos casos puede afirmarse que el tipo de concurso determina y anticipa, al menos parcialmente, el resultado, como también que los debates y problemas que se manifiestan y visibilizan en cada convocatoria están condicionados por el formato del concurso y su gestión.

Con todo, no debe tener la misma forma, gestión y remuneración aquel concurso que busca soluciones específicas a un problema concreto —las viviendas de la EMVS, para las que el actual modelo belga Open Oproep puede servir de ejemplo con eficacia comprobada[2]—, como otro tipo de concursos/instrumentos, igualmente necesarios, capaces de anticipar y abrir debates sobre las formas de vida contemporáneas, aprovechando la arquitectura como el medio para ello, pero en un espacio ampliado más allá de lo técnico.

En el caso del concurso para la Estación de Chamartín, a pesar de que ADIF no se haya sentido tentado por la capacidad del concurso de arquitectura para explorar respuestas posibles y no únicamente para proporcionar una imagen a un *masterplan*, la homogeneidad de las imágenes virtuales recibidas, junto con las paradojas terminológicas para explicar la propuesta (como lo es el describir una 'máquina' logística de transporte como un 'ecosistema' inteligente), nos obliga a reflexionar sobre la pérdida de una oportunidad (otra más) por no haber formulado el concurso de otro modo.

Y, aunque tanto el concurso de transformación de la Plaza de España como el de la Estación de Chamartín operan aparentemente en mundos disciplinares e ideológicos opuestos, ambos han evitado exponer o profundizar en la controversia, latente y actual, entre los espacios peatonales y los sistemas de circulación logísticos y de transporte (coches o vagones, túneles o vías de tren). Y, en lugar de problematizar un modelo urbano de movilidad y su economía, se han confiado a vieja superposición directa del diagrama abstracto de la logística, el movimiento y los flujos bajo una ciudad representada con los atributos del imaginario natural. Una vez más, el exceso de confianza depositada en la falacia tecno-utópica por la que la ciudad puede ser un jardín construido encima de una máquina.

El concurso es un instrumento, no un fin en sí mismo

Por tanto, si bien los concursos de arquitectura han demostrado su validez en muchas ocasiones y contextos, la decisión sobre el tipo de concurso, su gestión y organización es estratégica y, por tanto, capaz de anticipar el éxito del proceso de consulta, o su fracaso. El concurso como procedimiento de selección no es bueno, ni malo o efectivo. Depende de cuál sea su propósito y objetivo y, como consecuencia, de cómo se organice. El concurso es un instrumento, no un fin en sí mismo.

En síntesis, debemos volver a lo enunciado al principio del texto, en particular a la diferenciación entre la solución de un problema con los medios convencionales de la arquitectura —planeamiento, diseño, construcción—, y la capacidad de la arquitectura para identificar, visibilizar y exponer un problema relevante. Como tal herramienta, el concurso puede proporcionar una colección de soluciones posibles y alternativas a un problema específico, aunque ésta será más eficaz cuanto mejor y más claro esté definido el marco operativo del problema. Por otro lado, también puede ocurrir que sólo facilite la representación del problema tal y como ha sido enunciado, su imagen. Y, finalmente, existe una tercera opción: el concurso como medio para definir problemas y localizarlos en lugares y contextos concretos, tanto contextos físicos como culturales.

De hecho, podríamos construir a vuelapluma un listado (o varios) con propuestas de concursos —ganadoras o no, construidas o tan sólo dibujadas— que fueron capaces de traducir y expresar, a través de la arquitectura como medio, debates de gran trascendencia; pensando, quizás también, en la pertinencia de una lista —también a futuro— de Madrid. En 1971, por ejemplo, la propuesta del Beaubourg en París (y la construcción del centro Pompidou) abrió el debate sobre cultura y sociedad de consumo. También en París, en 1989, el concurso de la Biblioteca Nacional de Francia anticipó el cambio en los medios y soportes materiales que terminaría por consolidar la sociedad de la información. La imagen líquida de la Terminal de Yokohama puso de manifiesto en 1995 la potencia de los medios digitales y paramétricos y la propuesta en 2001 de Field Operations para la recuperación del Fresh Kills Landfill, en Nueva York, señaló la irrupción de la crisis medioambiental en la arquitectura y del nuevo imaginario natural. Y estos son solo algunos.

2. Modelo utilizado en Bélgica desde el año 2000, un concurso en dos fases. La primera fase es abierta para los arquitectos europeos y se presenta currículo y descripción de intenciones para cada proyecto. La segunda fase, fruto de una selección técnica, es por invitación de 5 equipos y remunerada. Los concursos u *Open Calls* se hacen regularmente, incluyendo proyectos muy diversos propuestos al *Vlaams Bouwmeester* (arquitecto del gobierno flamenco) por ayuntamientos, ciudades e instituciones, formateados y gestionados uniformemente por esta oficina técnica.

And, although both the Plaza de España and Chamartín Railway Station competitions seem to operate in opposing disciplinary and ideological worlds, both have refrained from exposing or delving into the latent and ongoing controversy that exists between pedestrian spaces and logistical and transport systems of circulation (cars or train carriages, tunnels or train tracks). And, instead of challenging an urban model of mobility and its economics, they have instead relied on the traditional direct superimposition of the abstract diagram of logistics, movement, and flows under a city represented through a natural worldview. Once again, overconfidence has been placed in the techno-utopian fallacy that the city can be a garden built on top of a machine.

Thus, while architectural competitions have proved their worth on many occasions and in a wide range of contexts, the decision on the type of competition and its management and organization is strategic and, therefore, can predict the success or failure of the consultation process. The competition as a selection procedure is neither good, bad nor effective. That depends on its purpose and objective and, accordingly, on how it is organized. The competition is an instrument, not an end in itself.

In short, returning to what was stated at the beginning of this article, specifically to the differentiation between solving a problem using the conventional means of architecture—planning, design, construction—and the capacity of architecture to identify, bring to light, and expose a relevant problem. As such, open competitions can provide a set of potential solutions and alternatives to a specific problem, although the better and clearer the operational framework of the problem is defined, the more effective the competition will be. On the other hand, open competitions may only make it easier to represent the problem as it has been formulated, its image. And then there is a third option: competition as a way to define problems and place them in specific locations and contexts, both physical and cultural.

The competition is an instrument, not an end in itself

We could construct a list (or several) with competition proposals—winning or not, built or simply in the design phase—that managed to translate and express, through architecture as a medium, highly transcendental debates; perhaps also thinking about belonging on a future list like this for Madrid. In 1971, for example, the Beaubourg proposal in Paris (and the construction of the Pompidou Centre) opened the debate on culture and consumer society. Also in Paris, in 1989, the competition for the Bibliothèque Nationale de France foreshadowed the change in resources and material supports that would eventually lead to the information society. The fluid image of the Yokohama Terminal in 1995 underscored the power of digital and parametric media, and Field Operations' proposal in 2001 to restore the Fresh Kills Landfill, in New York, signaled the emergence of the environmental crisis in architecture and the new natural worldview. And these are just a handful of examples.

Fig 04. Sur lle pavés... la nature (Paso sobre las vías del tren, reurbanización de su ámbito inmediato y reordenación del entorno de la estación de Fuenlabrada Central) | Pedro Pitarch | Imagen: Rafael Zarza - RZ Graphics

→ pag. 46-49

PLAZA ESPAÑA

RIU

¿'Ciudad análoga' o infraestructura?

Eduardo Prieto

Tras un complejo y desalentador proceso extendido a lo largo de tres décadas, el distrito Madrid Nuevo Norte y el concurso para el proyecto de la nueva Estación de Chamartín confirman la histórica condición infraestructural y territorial del paseo de la Castellana, al mismo tiempo que ponen de manifiesto las carencias de ciertos modelos de gestión del suelo público.

En 1978, Antón Capitel repasaba en las páginas de *Arquitecturas Bis* la historia del Paseo de la Castellana, y lo hacía a la luz de una tensión que sirve para definir en general al urbanismo contemporáneo: la que se da entre la voluntad formalista y utópica de la ciudad 'análoga' o ciudad de los arquitectos, y la tendencia inconsciente y pragmática de la ciudad 'real' o ciudad del capital. El profesor Capitel asumía esta dialéctica para denunciar que los intentos de dar forma arquitectónica al nuevo Madrid habían resultado en fracasos. Primero, el fracaso de la utopía lírica y autocrática del Plan Bidagor, cuya inanidad fue directamente proporcional a su ambición. Y después el de la vanguardia asociada a la revista *Nueva Forma,* cuya aspiración a recuperar el arte y la cultura para la ciudad fue desbaratada por las fuerzas 'inconscientes' que en la década de 1960 ya habían transformado Madrid en una urbe desarrollista, una urbe del capital.

Pasadas más de cuatro décadas, las reflexiones de Capitel siguen resultando pertinentes, aunque lo sean no tanto porque convaliden la mencionada tensión entre 'lo análogo' y 'lo pragmático' cuanto porque evidencian que, en el caso de Madrid, esa tensión estuvo desde el principio impostada, fue una falsa tensión.

Desde su *floruit* desarrollista, la gran avenida de la ciudad nunca ha sido un eje de edificios, sino de infraestructuras. Tampoco es una calle, ni siquiera un 'paseo' —nadie 'pasea' por el Paseo de la Castellana—, pues se trata en rigor de un pragmático eje urbano y territorial de comunicación y servicios. La Castellana está hecha de edificios en la medida en que un edificio pueda estar hecho de ladrillos o de otros materiales: de manera física, no conceptual. Y así, más allá de verse como un *collage* de partes arquitectónicas, la principal avenida madrileña ha de entenderse mejor como una suerte de 'cinta de transporte' urbano —si optamos por la metáfora mecánica—, o de 'columna vertebral —si se prefieren las analogías naturales— o incluso de 'río' —si se uno se ciñe a la connotación hídrica de la palabra 'avenida—.

De las tres metáforas, la del río es acaso la más precisa, por dar cuenta del origen de la Castellana. La posibilidad de crear una gran avenida en el borde oriental de la ciudad dependió en buena medida del hecho de que tal borde no se urbanizara hasta el siglo XVIII, habida cuenta de que por él discurrían el Valnegral y la Fuente Castellana que al cabo daría nombre al 'paseo': dos arroyos que abastecían de agua de riego a su entorno y que probablemente formaron parte también del sistema de *qanat*s musulmanes. Perdida su condición hídrica a finales del siglo XIX —o cuando menos soterrada—, el paseo de la Castellana fue convirtiéndose en una rambla de corrientes humanas cuyo caudal no dejó de crecer debido al uso del coche, hasta el punto de que el paseo acabara deviniendo en avenida primero y después en implícita autopista.

Desde las visionarias propuestas de Zuazo y Jansen (1929) hasta los últimos planes de ordenación urbana de Madrid (de 1985, 1997 y 2015), pasando por el intento de construir una Castellana anacrónicamente 'análoga' a través del ya citado Plan de Bidagor (1941), todos los documentos de planeamiento de la capital han partido de la premisa —o mejor del hecho consumado— de que la Castellana es una avenida de circulación fundamentalmente rodada. Por ello, resulta difícil resistirse a la tentación de tratarla menos como avenida que como *strip* o canal que se percibe en marcha y a cierta velocidad, y cuya razón de ser sería ligar una serie de acontecimientos visuales, de fragmentos arquitectónicos. Así considerada, la Castellana se presentaría como el fruto de la creatividad del capital, de cierto pintoresquismo espontáneo y eficaz a la hora de funcionar como 'pegamento' urbano.

‘Analog city’ or infrastructure?

After a complex and disheartening process lasting over three decades, the Madrid Nuevo Norte district and the design competition for the new Chamartín Station confirm the historical significance in terms of urban infrastructure and land-use of Paseo de la Castellana, while highlighting the flaws inherent to certain models of public land management.

In the pages of a 1978 issue of the journal *Arquitectura Bis*, Antón Capitel re-examined the history of Paseo de la Castellana, and he did so in the light of a conflict that can be seen to define contemporary urban planning in general: the conflict between the formalist and utopian desire for the ‘analogous’ city, or architects’ city, and the inadvertent and pragmatic trend of the ‘real’ city, or city of capital. Professor Capitel took this form of reasoning to condemn the fact that attempts to give architectural form to the new Madrid had resulted in failure. First in the form of the poetic and autocratic utopia of the Bidagor Plan, whose inanity was directly proportional to its ambition. This was followed by the avant-garde associated with *Nueva Forma* magazine, whose aspiration to revive art and culture for the city was thwarted by ‘reckless’ forces which by the 1960s had already turned Madrid into a metropolis that echoed the prevailing policies of Franco’s government that encouraged unbridled economic development, known as *desarrollismo* (‘developmentalism’); it had become a metropolis of capital.

More than four decades have passed, and the reflections made by Capitel continue to be relevant, albeit not so much for validating the previously described conflict between the ‘analogous’ and the ‘pragmatic’ as for demonstrating that, in the case of Madrid, that conflict had been fabricated from the very beginning; it was a conflict of fiction. Since its *desarrollista* heyday, the city’s grand thoroughfare has never been an axis of buildings, but of infrastructure. It is not a street; nor is it even a *paseo* (‘promenade’) – nobody promenades along Paseo de la Castellana – because, strictly speaking, it is a pragmatic urban and spatial axis for communication and services. Paseo de la Castellana is made of buildings insofar as a building can be made of bricks or other materials: in a physical, but not conceptual sense. As such, beyond its image as a collage of architectural parts, Madrid’s primary thoroughfare can better be comprehended as a sort of urban ‘conveyor belt’ – if we are to choose a mechanical metaphor – or backbone – if one prefers natural analogies – or even a ‘river’ – in reference to the channel formed by its course.

Of the three, the river metaphor is perhaps the most accurate as it takes into account the origins of Paseo de la Castellana. The possibility of creating a wide avenue on the eastern edge of the city largely depended on the fact that this edge would not be developed until the eighteenth century, owing to the presence of two streams, the Valnegral and Fuente Castellana, the latter recalled by its name. Both streams provided irrigation for the land around it and were probably also a part of the *qanats*, the systems of channels and tunnels that were built in Moorish times. Having lost its watercourse status in the late nineteenth century – as a result of the streams being covered over – Paseo de la Castellana was gradually turned into a channel along which an ever-growing stream of humans flowed, thanks to the motor car, to the point where the initial promenade would end up becoming an avenue, and then a motorway under a different name.

From the visionary designs by Zuazo and Jansen (1929) to the most recent master plans for the city of Madrid (from 1985, 1997 and 2015), by way of the attempt to construct an anachronistically ‘analogous’ Paseo de la Castellana in the previously mentioned Bidagor Plan (1941), all the planning documents for the capital began with a premise – or better yet, a fait accompli – that Paseo de la Castellana would essentially be a thoroughfare for motor traffic. For this reason, it is difficult to resist the temptation to treat it less like an avenue and more like a strip or channel that is perceived to be in motion and at a certain speed, and whose reason for existence would be to link a series of visual events, or architectural fragments. Considered in this light, Paseo de la Castellana could be presented as the fruit of the creativity of capital, with a certain picturesque, both spontaneous and effective, while functioning like an urban ‘adhesive’.

Backbone

Paseo de la Castellana is a river that channels all kinds of flows, but it is also a backbone that gives consistency to a series of disparate neighbourhoods. Contrary to what might be expected, this structural function was a late discovery. Neither the Castro Plan of 1860, nor the subsequent town plans, such as that designed by Ibáñez de Ibero (1876), associated the avenue with any particular function other than that of a peripheral promenade, a mere prolongation of the Salón del Prado, modern-day Paseo del Prado, the tree-lined and landscaped promenade built for the enjoyment of what Castro referred to as ‘aristocratic neighbourhoods’. It was not until the plan laid out by Emilio Valverde (1900) that we find Paseo de la Castellana turned, potentially, into a north-south axis, by means of its extension in the final decades of the nineteenth century with the aim of connecting it to what was then known as the Camino de Francia, the old highway connecting Madrid to the north of Spain. However, this intervention consisted more of expanding a piece of infrastructure rather than actual urban expansion. In order to become the structural axis of Madrid, Paseo de la Castellana would have to wait until 1933, when within the framework of the Zuazo-Jansen Plan, and under the orders of Indalecio Prieto, then minister of public works, the Hipódromo de la Castellana, the racecourse of Madrid that had turned the avenue into a cul-de-sac, was demolished and development began on what would, after 1939, be renamed Avenida del Generalísimo [after the victorious General Francisco Franco, changed back to Paseo de la Castellana in 1980].

Columna vertebral

El Paseo de la Castellana es un río que canaliza flujos de toda laya, pero también es una columna vertebral que da consistencia a un conjunto de barrios disímiles. Contra lo que pueda pensarse, esta función vertebradora fue un descubrimiento tardío. Ni el Plan Castro de 1860 ni la planimetría subsiguiente, como la de Ibáñez de Ibero (1876), asociaron a la avenida con ninguna función fuera de la de un paseo de borde, mera prolongación del salón del Prado construida para el disfrute de lo que Castro denominaba 'barrios aristocráticos'. Hay que esperar al plano de Emilio Valverde (1900) para encontrar a la Castellana convertida, potencialmente, en un eje norte-sur merced a la prolongación realizada en las últimas décadas del siglo XIX con el objetivo de conectarla con el llamado Camino de Francia. Pero esta intervención consistió más en la ampliación de una infraestructura que en una ampliación en verdad urbana, de manera que, para ser el eje estructurante de Madrid, la Castellana tuvo que esperar a 1933, cuando, en el marco del Plan Zuazo-Jansen, y a instancias de Indalecio Prieto, se demolió el Hipódromo de la Castellana que hasta entonces había hecho las veces de fondo de saco del paseo, y comenzó a urbanizarse lo que, a partir de 1939, se llamaría la 'Avenida del Generalísimo'.

Con ello se sentaron las bases para que la Castellana pudiera asumir una de las funciones primordiales que iba a desempeñar enseguida: la absorción de los muchos pueblos y caseríos que desde siempre habían rodeado a Madrid, y también de los asentamientos más o menos informales que habían comenzado a brotar a finales del siglo XIX, tanto por el sur como por el norte de la ciudad. En 1929 Zuazo y Jansen vieron en la ampliación de la Castellana una herramienta eficaz de integración urbana; idea en el que profundizó el propio Zuazo en su Plan Regional de Madrid, finalizado en los últimos meses de la Guerra Civil y que influyó en el Plan de Bidagor. La Castellana pasó a ser la fibra territorial que permitió coser a las tramas geométricamente claras y constructivamente consolidadas del Ensanche los retazos agrícolas de pueblos como Chamartín de la Rosa y Hortaleza y los retales de arrabal como Tetuán y Cuatro Caminos, así como algún pedazo suelto de difícil clasificación, como la Ciudad Lineal.

La condición de la Castellana como pegamento urbano no hizo sino acentuarse durante el desarrollismo franquista y las primeras décadas de la democracia. Ni siquiera la consolidación de la plaza de Castilla en los noventa por medio del presunto cierre monumental del eje urbano, pudo frenar su crecimiento. Por el contrario, la construcción de los cuatro rascacielos entre 2004 y 2009 confirmó la función conglomerante de la Castellana al prolongar *de facto* el eje hasta su encuentro con la M-30, de tal modo que pudiera incorporarse a la trama urbana el *patchwork* de islas urbanas, dotaciones dispersas y zonas baldías que quedaban desperdigadas entre los poblados chabolistas de la Ventilla (que se reabsorbieron mediante la creación del barrio de la avenida de Asturias) y la inmensa playa ferroviaria de la Estación de Chamartín.

Utopías del ferrocarril

El caso de Chamartín —en el que enseguida profundizaremos— no hace sino recordar la condición espontáneamente pintoresca de la Castellana en cuanto 'arteria' o 'río' infraestructural. La principal calle de Madrid no es solo el *strip* que liga episodios arquitectónicos muy diferentes, y el pegamento territorial que consolidó el *patchwork* de los alrededores de Madrid: es sobre todo una corriente inmensa y entrópica que va arrastrando todo tipo de objetos en su fluir y al que se abren esas dos 'riberas' o frentes urbanos que la dotan de su —siempre un tanto precaria— dimensión arquitectónica. Una corriente que, además, resulta doble, pues por debajo del caudal de calzadas, aceras, árboles, coches y edificios se extiende el caudal de las infraestructuras: las inmensas redes —metro, ferrocarril, agua, alcantarillado— que calan el subsuelo de la gran avenida. Puede decirse que el río visible de la Castellana tiene su *pendant* imprescindible en una especie de río subterráneo que arrastra los fluidos variopintos y crecientes de la ciudad moderna.

De todas estas redes subterráneas, solo la de ferrocarril puede asociarse de manera genuina con el paseo de la Castellana. Ya el Plan de Zuazo y Jansen de 1929 —asumido en parte por los planes de Indalecio Prieto para transformar la capital— concibió la Castellana como un eje ferroviario enterrado y de unos siete kilómetros de longitud cuyos dos polos serían la Estación de Atocha levantada en 1892 y la nueva estación que se planteaba construir en Chamartín como alternativa a la del Norte. Postergado por la guerra y las carestías de las dos primeras décadas del Régimen de Franco, el proyecto solo pudo materializarse en 1967, con la construcción del edificio de Corrales y Molezún y un 'túnel de la risa' *in nuce* que trajo consigo tanto los nuevos apeaderos de Recoletos y Nuevos Ministerios cuanto los enlaces directos con la línea Madrid-Zaragoza en Coslada y la línea Madrid-Irún en Las Matas. Con esta intervención, que a su manera materializaba lo planeado durante la II República, la Castellana subterránea se convirtió en el elemento de conexión territorial de la ciudad con la circunvalación ferroviaria. Advenía así el reparto de flujos del Madrid contemporáneo.

Acrecentada por los proyectos ferroviarios, la posición estratégica y territorial de la principal calle de Madrid no ha hecho sino acentuarse. En 1992, con ocasión de la Exposición Universal de Sevilla y la creación de la nueva red de AVE, Rafael Moneo inauguró la ampliación de la vieja Estación del Mediodía o Atocha. Obra fundamental para estructurar la ciudad, la de Atocha fue una difícil empresa que, allende de su vocación cívica y simbólica —mucho mayor que la de la lacónicamente funcionalista Chamartín de Corrales y Molezún—, dio cuenta con su gran escala del inmenso trazado subterráneo que ya tenía por entonces la Castellana y que se iría completando con las muchas ramificaciones de la línea ferroviaria que se han ido acometiendo desde los noventa, entre ellas la duplicación del 'túnel de la risa' —conectado a la Estación de Sol— y la construcción de un tercer túnel, el del AVE, que unirá las estaciones situadas en los dos extremos del eje más caudaloso y entrópico de Madrid.

This laid the groundwork that would enable Paseo de la Castellana to take on one of the primary roles it would subsequently perform; integration of the many villages and hamlets that had surrounded Madrid since time immemorial, and also the more or less informal settlements that had begun to spring up at the end of the nineteenth century at both the southern and northern fringes of the city. In 1929, Zuazo and Jansen saw the extension of Paseo de la Castellana as an effective tool for urban integration, an idea that was further developed by Zuazo in his Regional Plan for Madrid, which was completed in the final months of the Spanish Civil War and whose influence could be seen in the Bidagor Plan. Paseo de la Castellana became the spatial thread that would stitch together all the geometrically defined and consolidated developments of the nineteenth-century urban expansion district, the remnants of farming villages, such as Chamartín de la Rosa and Hortaleza, and the remnants of neighbourhoods that had spring up on the fringes of the old city, such as Tetuán and Cuatro Caminos, together with certain odd areas that were difficult to classify, such as Ciudad Lineal.

The role Paseo de la Castellana played as an urban adhesive was only accentuated during the period of Franco's *desarrollismo* policies and the early decades of Spain's newly reinstated democracy. Not even the consolidation in the 1990s of Plaza Castilla, the square that was designed as a monumental termination for the urban axis, could restrain its growth. On the contrary, the construction of four high-rise towers between 2004 and 2009 confirmed the adhesive function of Paseo de la Castellana by the de facto prolongation of the axis until its meeting with the M-30 ring road, in such a way that it was able to incorporate into the urban fabric the patchwork of urban islands, dispersed public amenities, and wastelands scattered between the shanty towns of La Ventanilla (which were reabsorbed through the creation of the neighbourhood of Avenida de Asturias) and the immense rail yards belonging to Chamartín Station.

Railway utopias

The case of Chamartín – which we will explore in this section – brings to mind the spontaneously picturesque notion of Paseo de la Castellana as an infrastructural 'artery' or 'river'. Madrid's main street is not only the strip that connects very different architectural events, and the spatial adhesive that consolidated the existing patchwork surrounding Madrid; it is above all an immense and chaotic stream that sweeps along all manner of objects in its flow, and facing which are those two 'banks', urban frontages that give it its – always somewhat uncertain – architectural dimension. It is also a double stream, because under the channel of streets, pavements, trees, cars and buildings is a channel of infrastructure: enormous networks – metro, railway, water, sewers – that penetrate the subsoil of the great thoroughfare. The visible river that is Paseo de la Castellana has its essential counterpart in the form of an underground river that sweeps along all the diverse and expanding fluids of the modern city.

Of all these underground networks, only the railway can genuinely be associated with Paseo de la Castellana. The 1929 Zuazo and Jansen Plan – partly integrated into the ambitions of Indalecio Prieto to transform the Spanish capital – had already conceived of Paseo de la Castellana as an underground railway axis some seven kilometres in length between the hubs of Atocha Station, built in 1892, and the new station that was planned to be built in Chamartín as an alternative to Estación del Norte (North Station). Postponed by the war and shortages of the first two decades under the Franco regime, the project could only be materialised in 1967 with the construction of the building by Corrales and Molezún, together with, to be succinct, a 'laughable' tunnel that brought with it both the new intermediate stations of Recoletos and Nuevos Ministerios, and direct connections with the Madrid-Zaragoza line at Coslada, and the Madrid-Irún line at Las Matas. With this intervention, which made the plans dating from the Second Republic a reality of sorts, the underground Paseo de la Castellana formed an element of spatial connection between the city and the ring of railway lines around it. It was the origin of the distribution of flows in contemporary Madrid.

Enhanced by the railway projects, the strategic and spatial position of Madrid's main thoroughfare has only gained in prominence. In 1992, coinciding with the International Exposition in Seville and the creation of Spain's new high-speed railway network, was the opening of the new extension to the former Estación del Mediodía (South Station), later renamed Atocha, designed by Rafael Moneo. An essential public works project for structuring the city, the Atocha Station extension was a difficult undertaking which, beyond its civic and symbolic aspect – much greater than that of the laconically functionalist Chamartín Station by Corrales and Molezún – brought to light with its large scale the immense underground infrastructure that Paseo de la Castellana had, which would be completed with the many branches that had been added since the 1990s, the doubling of the 'laughable' tunnel – connected to Sol Station – and the building of a third tunnel, that of the high-speed railway that would connect the stations located at both ends of Madrid's busiest and most disorderly axis.

The Madrid Nuevo Norte district as a symptom

However, beyond Atocha and the successive enlargements of the underground infrastructure, the intervention that confirms the significance in spatial terms and that of railway infrastructure of Paseo de la Castellana is the covering over of the Chamartín railway yards to build a new district, Madrid Nuevo Norte (New North Madrid), MNN, and a new station. It is the most ambitious and complex project to be undertaken in Madrid since the 1960s, and probably one of the most disheartening. Over the course of twenty-five years, 327 hectares of one of the edges of Madrid would be restructured for the purpose of integrating into the urban fabric a traditionally marginalised fragment of the city whose strategic location was enticing. Its appeal lay as a gateway with which to balance the city's north, with regard to both transit and land use and public amenities, as well as providing space for a large park, or 'green lung' as politicians like to say, in the area. This massive operation – Operation Chamartín was actually one of the names given to the undertaking during its more than thirty years of difficult gestation – would be financed by the capital gains derived from the change of zoning and ownership of the land, all of this sparing the city council from having to make unacceptable investments, given that the main players in the development operation are privately owned.

Owing to its complexity and, especially, to its outcome, the story of the intervention is one of crisis in the model of urban land management. While public consortiums or concessions that allowed public land to be developed by private investors in exchange for a fee would have been the traditional route, Operation Chamartín – initially associated with a competition held in 1993 whose architectural part had been entrusted to Ricardo Bofill – was devised as a very different model: the public land was rezoned to be sold off by a company that took on the bulk of the investment and financially compensated the owner of the land, Adif, the state-owned railway infrastructure manager. As it was largely unprecedented, this model sowed the seeds of discord because it entailed a conflict of interest from the very outset.

El Distrito Norte como síntoma

Pero, más allá de Atocha y de las sucesivas ampliaciones de los trazados subterráneos, la intervención que confirma el sentido ferroviario y territorial de la Castellana es el soterramiento de las playas de Chamartín para dar pie a un nuevo barrio —MNN, Madrid Nuevo Norte— y a una nueva estación. Se trata del proyecto más ambicioso y complejo que se va a llevar a cabo en Madrid desde la década de 1960, pero probablemente también uno de los más desalentadores. A lo largo de veinticinco años, se reconvertirán 327 hectáreas de uno de los extremos de Madrid, con el propósito de integrar en la trama urbana un fragmento de la ciudad tradicionalmente marginado pero atractivo por su situación estratégica. Atractivo en cuanto puerta de acceso que quiere equilibrar la ciudad por su parte septentrional, tanto en lo que toca a la circulación cuanto a lo que atañe a los usos y dotaciones, además de acomodar en la zona un gran parque o 'pulmón verde', por utilizar la expresión que gusta tanto a los políticos. Esta gran operación —'Operación Chamartín' fue de hecho uno de los nombres que ha recibido el empeño a lo largo de sus más de treinta años de dificultosa gestación— se financiará con las plusvalías derivadas del cambio de uso y titularidad del suelo; todo ello sin que las Administraciones tengan que embarcarse en inversiones inasumibles, dado que los principales agentes de la operación inmobiliaria son privados.

La historia de la intervención da cuenta, por su complejidad y sobre todo su desenlace, de la crisis del modelo de gestión del suelo urbano. Si tradicionalmente se había optado por consorcios públicos o concesiones que permitían la explotación del suelo público por parte de los inversores privados a cambio de un canon, en la operación Chamartín —ligada en primera instancia a un concurso convocado en 1993 y cuya parte arquitectónica se encomendó a Ricardo Bofill—, se pensó en un modelo muy distinto: el suelo público quedaba desafectado para convertirse en objeto de comercialización por parte de una sociedad mercantil que asumía la mayor parte de la carga inversora y compensaba económicamente a la entidad propietaria del suelo, Adif. En buena medida inédito, este el modelo traía consigo la semilla de la discordia, pues implicaba desde el principio un conflicto de intereses: el de los promotores privados, con su voluntad de conseguir la mayor edificabilidad posible para hacer rentable la operación; y el interés de las entidades públicas —en este caso el Ayuntamiento de Madrid—, preocupadas por que una parte considerable de esa nueva edificabilidad se dedicara a vivienda social y quedara enmarcada en sus planes urbanísticos. Si a este conflicto se suman los cambios de Gobierno, la redacción de planes generales, las crisis económicas y los peculiares devenires de los agentes privados, el resultado no ha dejado de ser el previsible: un proceso que ha ido languideciendo a lo largo de treinta años y que solo en última instancia, durante la alcaldía de Manuela Carmena, se salvó por el pragmatismo de creer que, a esas alturas, hacer algo era mejor que no hacer nada.

Es cierto que el proyecto aprobado reducía la edificabilidad al tiempo que aseguraba la construcción de más vivienda protegida y más zonas verdes, amén de hacerse eco de las

Fig 01. Imagen de la propuesta ganadora de UNStudio, B720 y Esteyco para la nueva Estación de Chamartín.

inquietudes contemporáneas por la movilidad. Pero no es menos cierto que la preocupación cuantitativa —verdadero *leitmotiv* del proceso— ha arrumbado a un segundo lugar la cuestión del sentido urbano y formal que se le debía dar a la operación, no en vano el último o penúltimo episodio de la historia del eje más importante de Madrid. Un sentido que no se puede asimilar al simple compromiso entre los agentes implicados, ni al pacto entre los intereses privados y lo públicos, pues concierne a la pregunta fundamental de si, en lo que toca a una operación que va a definir durante siglos la huella de trescientas hectáreas de suelo urbano, el hecho de que se haga algo —de que se haya encontrado una salida honrosa a una situación estancada— resulta suficiente.

Abundando en al asunto cívico, no deja de sorprender la desproporción entre el tiempo que consumía la distribución cuantitativa y económica —parte del león de Madrid Distrito Norte— y la relativa rapidez con que, conforme se parecía llegar a un acuerdo, se lanzaban imágenes del proyecto. Dar forma a una ciudad no es asunto fácil, y, como hemos visto, la Castellana, en cuanto eje de circulación y consolidación territorial, se ha mostrado siempre escurridiza a la planificación. Pero esto no debería haber quitado para que, en los cientos de hectáreas del suelo ferroviario de Chamartín —un entorno bien acotado y ligado a una sola operación—, se hubiera dado un debate público sobre el diseño, sobre la forma urbana. Esto, sin duda, habría exigido más tiempo —un recurso al parecer inasumible en un proceso que ha consumido ya tres décadas—, y habría pasado por convocar concursos abiertos —algo prescindible cuanto los gestores del suelo son privados—, pero habría ayudado, cuando menos, a atenuar la falta de carácter del proyecto que va a llevarse a cabo.

The interest of the private developers, with their sights set on the highest possible building density and floor area ratios to make the operation profitable, contrasted with those of the public entities involved – Madrid City Council in this case, concerned because a considerable proportion of the new construction had been earmarked for social housing and were already defined in its town plans. Added to this conflict were changes of government, drawing up of master plans, economic recessions and the particular fate suffered by the private developers, leading to a result that was only too predictable: a process that languished for thirty long years, and was only saved recently, under the mayoralty of Manuela Carmena, by the pragmatic belief that, at this stage of the game, it was better to do anything at all than nothing at all.

It is true that the approved project reduced building density while ensuring the construction of more affordable housing and provided more green spaces, in addition to reflecting contemporary concerns regarding mobility. However, it is no less true that the quantitative concern – the actual core reason for the entire process – had pushed into second place the aspects of urban and formal meaning that should have been given to the operation, decidedly the last or penultimate episode of the history of Madrid's most important axis. This meaning cannot be assimilated into the simple compromise between the players involved, or to the deal between private and public interests, because it concerns the basic question of whether, in what is destined to be an operation to define for centuries the imprint of three hundred hectares of urban land, the fact that something is to be done – for which an honourable solution had been found to a situation that had been festering for so long – would be enough.

Elaborating on the civic issue, it is highly surprising to compare the disproportion between the time it took to decide on the quantitative and economic terms – the lion's share of the MNN district project – and the relative speed with which, the closer it seemed that an agreement would be reached, images of the project were released. Giving shape to a city is no easy task, and as we have seen, Paseo de la Castellana as an axis for transit and spatial consolidation has always shown itself to be evasive where planning is concerned. But this should not have removed the opportunity for public debate on the design, the urban form in particular, of the hundreds of hectares of Chamartín railway land, a highly delimited area linked to a single operation. This, without a doubt, would have necessitated more time – a resource it seems is unacceptable in a process that has dragged on for three decades now – and would have involved calls for open design competitions – somewhat superfluous when the developers are private – but it at least would have helped to play down the lack of character of the project to be executed.

On the other hand, the MNN project cannot be more implicitly aware of its limitations as the consideration it had been given right from the very start was less of a statement than it was a sum of corrections. First was the correction of building densities to create complexity and urban life, whose result was an eclectic combination of types and layouts that aimed to mimic the image – but not the real structure – of 'successful' cities. Then came the correction of land uses, in order to avoid the ominous zoning of modern town planning, but by making the effort depend more on a quantitative mixture than a convincing urban form. And, finally, came the correction of urban models based on motor vehicles, asphalt and hard surfaces by means of a series of strategies – green spaces, public mobility – that respond to sustainability criteria that have ultimately become so convenient for both politicians and companies. The result is a design with a relevant theme, but whose formal aspects do not seem to go further than bringing a certain longitudinal order – a five-kilometre-long urban island – a certain profile in terms of heights – thirteen towers rising over one hundred metres in height are to be built, the tallest building in Spain among them – and a land use aspect that achieves a large percentage of 'green'. All of this with an image of contemporary Manhattanism, most likely of great appeal to the public at large because it is a pleasant and sustainable one.

Quantitative pressures hindered the slow, qualitative reading of this difficult part of the city and its relationship with Paseo de la Castellana, Madrid's spatial axis. Is it appropriate that the new district should depend on a street of dubious scale and nature, Calle de Agustín de Foxá, which will run along the five-hundred-metre façade of the new station and then for several more kilometres before dying in the form of a cul-de-sac? Is a pleasant Manhattanised downtown the character this part of the city needs? Can the urban disconnect be resolved with such weak mechanisms as those of this project? Is it not true that the picturesque layout of closed blocks and high-rises mistakes density for compactness? Is it reasonable that an intervention that removes the railway yard should be turned into a de facto island? Is it worthwhile to cover over the tracks to create a park that, at the moment, has no character other than being a green and decorative strip on the map of Madrid? Should better use not have been made of the linear structure of the enclave to turn it into a corridor for wildlife and services that could connect the future Metropolitan Forest with Paseo de la Castellana to reinforce the spatial meaning of this avenue?

These are questions that the developers of MNN will most likely be able to answer, although, unfortunately, the actual project will not be able to do so. In any case, these questions can also be raised in light of the recent awarding of the new Chamartín Station project, for the most ambitious building-infrastructure to be undertaken by the different public administrations for the next twenty years. Likerwise the result of a period marked by administrative and economic complexity, the competition was held with the best intentions by Adif, an entity whose long experience in these types of facilities led to a demanding list of functional, structural, constructive and environmental specifications which ultimately were of little use for the designs, save certain exceptions, could successfully cater to the complex urban situation of the station setting.

A place as marked by the imprint of the railway as this, and urban development so devoid of character as that of the MNN project required that the new Chamartín Station coordinate its nature as a major piece of infrastructure with that of an architecture that could bring true urban order to its surrounds. Taking the exacting technical and sustainable agendas of the competition into account could not guarantee that most of the designs would actually deal with the issue of the design of the city, nor could it guarantee their understanding of the strength that the urban form could have when it came to saving this fragment of Madrid from entropy, given its susceptibility. In this sense, the competition would have been an excellent opportunity to give character to an urban enclave that lacks any and seems fated never to have any. The question then is whether, considering the results that are insufficient in terms of urban planning, a more profound debate would not have been necessary regarding what a station such as Chamartín might mean in such a difficult setting: a debate that could have taken something of the form of a 'competition contest'.

The imprint of urban planning decisions remains patent in cities for centuries, which begs the question whether this tremendous responsibility should not contribute to other ways of acting and thinking that are more parsimonious, but also more fruitful. What is implicitly the culmination of Paseo la Castellana – the spatial avenue of Madrid – would have needed an architecture of order, an 'analogous' architecture that would corroborate and at the same time shake up the pragmatic and spatial nature that has always been a feature of Paseo de la Castellana: backbone, urban adhesive and grand infrastructure of the capital and of capital.

El resultado es una propuesta que, si en lo temático resulta pertinente, en lo formal no parece ir más allá de crear cierto orden extendido —cinco kilómetros de isla urbana—, cierto perfil en altura —se construirán trece rascacielos de más de cien metros, entre ellos el más alto de España— y cierto plano de suelo que consigue un buen porcentaje de mancha 'verde'. Todo ello pasado por la imagen, probablemente atractiva para el gran público, de cierto manhattanismo contemporáneo, por amable y sostenible.

Un proyecto, el de MNN, que, por otro lado, no puede ser más implícitamente consciente de sus limitaciones, pues se ha planteado desde el principio menos como una aserción que como una suma de correcciones. En primer lugar, la corrección de las densidades edificatorias para crear complejidad y vida urbana, cuyo resultado ha sido una ecléctica combinación de tipos y tramas que pretende remedar la imagen —que no la estructura real— de las ciudades 'exitosas'. La corrección, después, de los usos, para evitar la ominosa zonificación del *planning* moderno, pero haciendo depender el empeño más de una mezcla cuantitativa que de una forma urbana convincente. Y por último la corrección de los modelos de ciudad basados en el automóvil, el asfalto y los pavimentos duros, mediante una serie de estrategias —zonas verdes, movilidad pública— que responden a los criterios de esa sostenibilidad que ha acabado siendo tan socorrida tanto para los políticos como para las empresas. El resultado es una propuesta que, si en lo temático resulta pertinente, en lo formal no parece ir más allá de crear cierto orden extendido —cinco kilómetros de isla urbana—, cierto perfil en altura —se construirán trece rascacielos de más de cien metros, entre ellos el más alto de España— y cierto plano de suelo que consigue un buen porcentaje de mancha 'verde'. Todo ello pasado por la imagen, probablemente atractiva para el gran público, de cierto manhattanismo contemporáneo, por amable y sostenible.

Las premuras cuantitativas han impedido una lectura pausada, cualitativa, de esa difícil parte de la ciudad y de su relación con la Castellana, eje territorial de Madrid. ¿Es adecuado que el nuevo distrito dependa de una calle de dudosa escala y condición, la de Agustín de Foxá, que discurrirá a lo largo de la fachada de quinientos metros de la nueva estación y luego por varios kilómetros para morir en una suerte de fondo de saco? ¿Es el manhattanismo de un *downtown* amable el carácter que necesita esta parte de la ciudad? ¿Se puede resolver la anomia urbana con mecanismos tan lábiles como los de este proyecto? ¿No es cierto que la distribución pintoresquista de manzanas cerradas y rascacielos confunde la densidad con la compacidad? ¿Resulta razonable que una intervención que elimina las playas del ferrocarril quede convertida *de facto* en una isla? ¿Merece la pena soterrar las vías para dar pie a un parque que, de momento, no tiene más carácter que la de ser una extensión verde y decorativa en el plano de Madrid? ¿No debería haberse aprovechado la estructura lineal del enclave para hacer de él un corredor ecológico y de servicios que pudiera conectar el futuro Bosque Metropolitano con la Castellana y reforzar así el sentido territorial de esta avenida?

Son preguntas que los promotores de MNN seguramente podrán responder, aunque lamentablemente no lo pueda hacer por sí mismo el proyecto, y que en cualquier caso se pueden formular también al calor de la reciente adjudicación del proyecto de la nueva Estación de Chamartín, el edificio-infraestructura más ambicioso que van a acometer las Administraciones públicas en los próximos veinte años. Fruto asimismo de unos tiempos marcados por la complejidad administrativa y económica, el concurso se convocó con los mejores propósitos por parte de Adif, entidad cuya larga experiencia en este tipo de dotaciones se tradujo en un exigente pliego de requisitos funcionales, estructurales, constructivos y medioambientales que a la postre no han servido para que las propuestas, salvo excepciones, pudieran atender con éxito a la compleja situación urbana del entorno de la estación.

Un lugar tan determinado por la huella ferroviaria, y un urbanismo tan falto de carácter como el de MNN, requerían que el nuevo Chamartín matizara su condición de gran infraestructura con la de una arquitectura que instalara un verdadero orden urbano a su alrededor. Dar cuenta de las exigentes agendas técnicas y sostenibles del concurso no ha sido garantía para que la mayor parte de las propuestas hayan afrontado en verdad la cuestión del diseño de la ciudad, ni para que hayan entendido la fuerza que la forma urbana puede tener a la hora de salvar de la entropía a un fragmento tan dado a ella como es este de Madrid. El concurso constituía, en este sentido, una excelente ocasión para dotar de carácter a un enclave urbano que ni lo tiene ni parece que lo vaya a tener, y la pregunta es si, habida cuenta de unos resultados urbanísticamente insuficientes, no habría sido necesario un debate más profundo sobre qué puede significar una estación como la de Chamartín en un entorno tan difícil: un debate que podría haber tomado la forma de una suerte de 'concurso del concurso'.

Las huellas de las decisiones urbanas quedan impresas en las ciudades durante siglos, y la cuestión aquí es si esta responsabilidad mayúscula no debería propiciar otros modos de hacer y de pensar más parsimoniosos, pero también más fecundos. El remate implícito de la Castellana —la avenida territorial del Madrid— habría necesitado una arquitectura de orden, una arquitectura 'análoga', que corroborase y al mismo tiempo pusiera en crisis la condición pragmática y territorial que siempre ha tenido la Castellana: columna ósea, pegamento urbano y gran infraestructura del capital y de la capital.

Fig 01. Concurso de conceção para a elaboração do Projeto do conjunto habitacional na Avenida de Belo Horizonte, em Setúbal. | Ignacio Senra y Elisa Sequeros

A dislocated talk

We believe it is important that architecture should begin with dialogue, where architects and other professionals can share our experience. We have drawn on the experience of the following Madrid-based architecture firms that have succeeded in expanding their practice into the world outside Spain. Each firm was sent a form with a series of questions through which to build an offshore conversation, both in form and content. Austria, Belgium, Colombia, Italy, Portugal and Switzerland serve as case studies to provide a comprehensive ideal of the ecosystem of design competitions and how there are other models for practising the profession by means of this format.

[Toni, Javi y Silvia]: In the countries where you have expanded your firm's presence, do you consider design competitions to be the base for the practice of the profession?

[NOM_SWI]: In Switzerland they're essential for the evolution of thinking on architecture and urban planning, and they greatly influence the quality of the built environment. Not only that, but competitions in architecture and urban planning in Switzerland are internationally renowned for the exemplary way in which public contracts are awarded.

[CAA_BEL]: In Belgium, competitions are also an essential pillar for practising the profession. Public works projects are very important in terms of volume, but private sector projects are also often subjected to open competitions, given that building rights, permits, building density, and even land ownership may be impacted by public quality control.

[ABP_AUS]: Quality control of public sector projects is essential in design competitions in Austria. This country has a long tradition of architectural design competitions, which is directly related to the importance of the public sector in housing construction. For instance, almost 50 per cent of homes in Vienna are social housing to a certain degree. In these cases, Vienna's "housing fund" buys up a large amount of land, which it makes available to certain types of "public interest" developers and cooperatives to construct social housing. These have to compete with a project, and they're chosen according to predominantly qualitative criteria. All homes that are built or retrofitted rely on project competitions, which prioritise the quality of the designs.

[ENT_COL]: It can't be said that architectural design competitions are the base for the architectural profession, but they do evidence a level of quality in the country's architecture. The architect's profession in Colombia is somewhat different to that of Spain, given that there are fewer professional competences there. In Colombia, the architect is commissioned with the architectural design and is responsible for this and coordinating the other technical disciplines associated with a construction project whose responsibilities lie with these engineers and not with the architect. Nor do architects have any civil or criminal liability at the project management stage, which is for the construction company.

[TJS]: However, in the case of Italy and Portugal, the importance of competitions in the practice of the profession is similar to that found in Spain, isn't it?

Una conversación deslocalizada

Toni Cañellas, Javier Martínez y Silvia Muñoz

Consideramos relevante que la arquitectura parta del diálogo, donde arquitectos y otros profesionales podamos compartir nuestra experiencia. Hemos contado con la experiencia de los siguientes estudios de arquitectura madrileños que han sido capaces de desarrollar su práctica fuera de las fronteras españolas. A cada uno de ellos se les hizo llegar un formulario con una serie de preguntas que han construido esta conversación deslocalizada, tanto en forma como en contenido. Austria, Bélgica, Colombia, Italia, Portugal y Suiza nos sirven como casos de estudio para tener una idea global del ecosistema de concursos y cómo existen otros modelos de ejercer la profesión a través de este formato.

Fig 02. Ecole de Copet | NOMOS

Invitados

[ABP_AUS]	Arenas Basabe Palacios en Austria
[CAA_BEL]	Carlos Arroyo Architects en Bélgica
[ENT_COL]	estudio_entresitio en Colombia
[FRPO_ITA]	FRPO Rodríguez & Oriol en Italia
[ISES_POR]	Ignacio Senra y Elisa Sequeros en Portugal
[NOM_SWI]	NOMOS en Suiza

[Toni, Javi y Silvia]: En los países donde habéis desarrollado vuestra práctica, ¿consideráis que los concursos son la base del ejercicio de la profesión?

[NOM_SWI]: En Suiza son fundamentales para la evolución de las reflexiones sobre la arquitectura y el urbanismo y tienen una gran influencia en la calidad del medio construido. No solo eso, sino que los concursos de arquitectura y urbanismo en Suiza son reconocidos internacionalmente por su carácter ejemplar en la adjudicación de contratos públicos.

[CAA_BEL]: En Bélgica, también los concursos son un pilar básico en el ejercicio de la profesión. La obra pública es muy importante en volumen, pero también la privada es frecuentemente objeto de concurso público, pues los derechos de construcción, licencias, edificabilidad, o incluso la titularidad de los terrenos, pueden estar condicionados al control de calidad público.

[ABP_AUS]: El control de calidad de lo público es fundamental en los concursos de Austria. Este país tiene una amplia tradición en concursos de arquitectura, directamente relacionada con la importancia que asume el sector público en la producción de la ciudad. Por ejemplo, casi un 50% de las viviendas de Viena gozan de algún tipo de protección. En estos casos, el "fondo de viviendas" de Viena adquiere gran cantidad de suelo, que pone a disposición de cierto tipo de promotoras y cooperativas "de interés público" para la producción de vivienda social. Éstas tienen que concursar con un proyecto, y son elegidas por criterios predominantemente cualitativos. Todas las viviendas que se construyen o rehabilitan lo hacen por medio de concursos de proyectos, que priorizan la calidad de las propuestas.

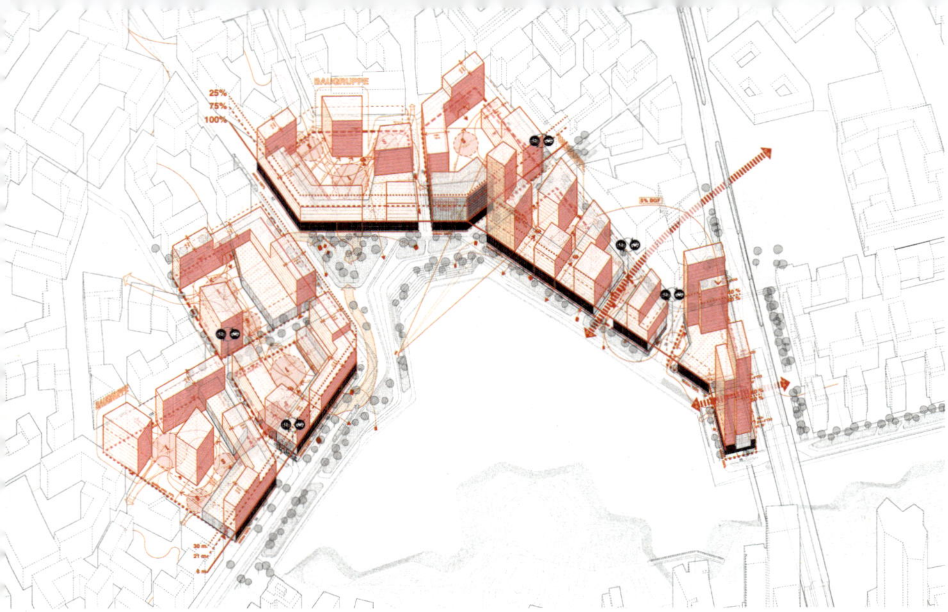

Fig 03. Städtebaulicher Wettbewerb Quartier Seeterrassen arenas basabe palacios arquitectos

[FRPO_ITA]: In actual fact, our Italian experience has been very brief – two competitions – but, paradoxically, very successful: one win out of two attempts. In Italy it's an important part of practising the profession. Italian firms often take part, and it's reasonable to say that they enhance the practice, without a doubt; but we wouldn't be so bold to say that they're the base for the practice. Milan is a special place that brilliantly combines Mediterranean poetics with Central European precision. We've known it for years, and it has been undergoing a profound revitalisation in recent years. As part of this process, many urban regeneration operations have been put in place as a result of architectural design competitions with results of a medium to high quality, although uneven. As always, everything depends on having a good jury.

[ISES_POR]: The ideas competition (*concençao*) is still an omnipresent part of the practice in Portugal. However, our participation in architectural design competitions in Portugal have focused on housing projects organised by IHRU, a state government entity that develops social and affordable rental housing. These competitions are open to any European architect.

[TJS]: Let's speak about formats. What is the general structure taken by competitions?

[FRPO_ITA]: They work in a very similar way to how they're held in Spain. Our experience was with a two-stage open competition. In our case, the first stage – which is unremunerated – had 58 entries, and they only announced the projects that made it through to the finals, whose average quality was good. Seven were shortlisted for the final stage, organised by Milan City Council and the Teatro alla Scala via the *concorrimi.it* website.

[ISES_POR]: In Portugal it's somewhat different from how they do it here [in Spain]. Currently, tenders aren't allowed for design and build projects: by law, they have to be two separate tenders. Depending on the volume of construction, they give between three and six prizes, and the first prize is associated with the design contract for the specific building project. It's also unusual to find the practice of auction-style tenders where the lowest architect's fees are part of the process and quite often determines the choice of design in many cases. However, there's a draft law on public procurement that will allow, as has occurred in Spain, a design and build project to be awarded to a single company or joint venture, leaving the drafting of the project to the construction company.

[ENT_COL]: Architectural design competitions in Colombia work in a very similar way to how it's done in Spain. There are open and closed, and public and private competitions, with or without remuneration. In our case, we've taken part in a number of different open competition for public projects and were lucky to win first prize for the Museum of National Memory of Colombia (2015) and a third prize for the New District Cinematheque in Bogotá (2014), both in collaboration with Pacheco Estudio de Arquitectura as a local partner.

[NOM_SWI]: There are three types of procedures in Switzerland. Competitions can be open, ensuring a simple and efficient process, by selection, with a detailed study of all the merits of each interested firm, or by invitation. Each development company, whether public or private, defines the appropriate procedure and the number of selection stages. Competitions by selection and by invitation restrict the number of designs, which guarantees remuneration for all candidates.

[ABP_AUS]: In Austria, both for urban planning and construction, it's very common to have two-stage competitions, but in this case, the aim of this format is to reduce the unremunerated workload for the architecture firms. The first stage generally requires a single panel to be produced, with pre-defined content, and you aren't even allowed to include overly elaborate material, such as realistic renderings. A varying number of candidates make it through to the second, remunerated stage, where the submissions tend to be a lot more extensive (between three and five panels in DIN A0 size). There tend to be a large number of main prizes and consolation prizes, sometimes as many as there are finalists. These competitions are often preceded by a qualifying stage in which technical and economic worthiness criteria are established, and as a rule, they require each team to partner with a landscape design firm.

[ENT_COL]: No se puede decir que los concursos de arquitectura sean la base de la profesión arquitectónica, pero sí que evidencian un nivel de la calidad de la arquitectura en el país. La profesión de arquitecto en Colombia es algo distinta a la de España puesto que las competencias profesionales son allí menores. En Colombia, el arquitecto se encarga del diseño arquitectónico siendo responsable de esto y de coordinar las demás disciplinas técnicas asociadas a un proyecto constructivo cuyas responsabilidades son de éstos técnicos y no del arquitecto. No tiene tampoco responsabilidad civil y penal en la fase de dirección de obra, que recae en la empresa constructora.

[TJS]: Sin embargo, en el caso de Italia y Portugal, la relevancia de los concursos en el ejercicio de la profesión es similar al de España ¿no es cierto?

[FRPO_ITA]: En realidad, nuestra experiencia italiana es muy breve -dos concursos- pero, paradójicamente, muy exito[SA]: una victoria de dos intentos. En Italia es una parte importante del ejercicio de la profesión. Los estudios italianos participan con frecuencia, así que es razonable decir que fomentan el ejercicio de la profesión, sin duda, pero no nos atrevemos a decir que sea la base del ejercicio. Milán es un lugar especial que combina de forma brillante la poética mediterránea con la precisión centroeuropea. Lo conocemos desde hace años y en los últimos tiempos está revitalizándose profundamente. En este proceso, se han puesto en marcha muchas operaciones de regeneración urbana a través de concursos de arquitectura con resultados de calidad media-alta, aunque desigual. Como siempre, todo depende de un buen jurado.

[ISES_POR]: El concurso de ideas (*concençao*) es una figura todavía muy presente en la práctica en Portugal. Sin embargo, nuestra participación en concursos de arquitectura en Portugal se ha centrado en proyectos de vivienda organizados por el IHRU, un organismo público a nivel estatal que promueve vivienda protegida y de alquiler asequible. Estos concursos son abiertos para cualquier arquitecto europeo.

[TJS]: Hablemos de formatos ¿Cuál es la estructura general que siguen los concursos?

[FRPO_ITA]: El funcionamiento es muy similar a cómo se procede en España. Nuestra experiencia ha sido con un concurso abierto en dos fases. En nuestro caso, la primera fase —no remunerada— tuvo 58 participantes y solo se dieron a conocer los proyectos finalistas, que eran de una buena calidad media. Con siete clasificados para la fase final, organizado por el Ayuntamiento de Milán y el Teatro olla Scala a través de la plataforma *concorrimi.it.*

[ISES_POR]: En Portugal es algo diferente a cómo se hace aquí. El proyecto de arquitectura no puede licitarse actualmente junto a la ejecución de la obra: proyecto y obra han de ser por ley dos licitaciones independientes. Dependiendo del volumen de la obra se conceden entre 3 y 6 premios y el primer premio tiene asociado el contrato de proyecto para la obra en cuestión. Tampoco es usual la práctica de licitaciones tipo subasta en las que la baja de honorarios del arquitecto entra en juego y determina en muchos casos la elección de una propuesta. Sin embargo, existe una ley en tramitación de contratación pública que permitirá, como ya ha ocurrido en España, la adjudicación de proyecto y obra, a una única empresa o a una unión entre empresas, dejando en manos de la constructora la redacción del proyecto.

[ENT_COL]: Los concursos de arquitectura en Colombia funciona de una forma muy parecida a como lo hacen en España. Los hay abiertos y restringidos, públicos y privados, con remuneración económica o sin ella. En nuestro caso hemos participado en varios concursos abiertos de obra pública con la fortuna de haber ganado el primer premio en el Museo Nacional de la Memoria de Colombia (2015) y un tercer puesto para la Nueva Cinemateca Distrital de Bogotá (2014), ambos en colaboración con Pacheco Estudio de Arquitectura como socio local.

[NOM_SWI]: En Suiza hay tres tipos de procedimientos. Los concursos pueden ser abiertos, asegurando un proceso simple y eficiente, por selección, analizando de manera pormenorizada los méritos de cada estudio interesado, o por invitación. Cada entidad promotora, pública o privada, define el procedimiento adecuado, así como el número de fases de selección. Los concursos por selección y por invitación limitan el número de propuestas, asegurando una remuneración a todos los participantes.

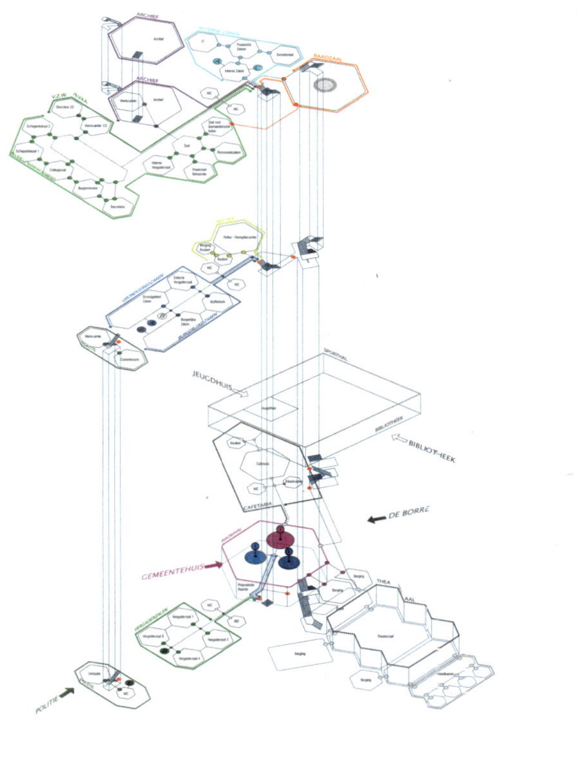

Fig 04. Open Oproep OO1820 - Centro administrativo municipal de Bierbeek
Carlos Arroyo Architects

[CAA_BEL]: Competition formats are quite varied in Belgium, depending on the institutions holding them and the aims of the project, but the two typical extremes in other places are practically non-existent here: there are hardly any competitions for the lowest financial proposal, and there are no unremunerated ideas competitions.

In Flanders, the government architecture agency releases a packet of two-stage competitions every six months: the *Open Oproep* [Open Call]. The pre-qualifying stage is based on ideas reflected in a portfolio of precisely three projects, which can include unrealized projects, including a degree project if it's relevant to the theme of the competition. Only specific built project experience is required for very large-scale projects, as long as it is five times less important than that of the project up for competition, in order to support the growth of firms. When it comes to holding the actual competition, the agency makes a selection of ten firms, from which the client institution shortlists five to compete, with remuneration. After the submission, there's an oral presentation that can usually be attended by all the teams with transparency. This system is very useful for small municipalities, teaching institutions, social service agencies, etc., which don't have their own structure with which to deal with this operation. Since its creation in 1999, the *Vlaams Bouwmeester* [Flemish Government Architect] has overseen an average of 30 competitions each year, and currently has 16 people on their staff.

[TJS]: From what we have seen, there is very strong institutional protection for the profession in Belgium...

[CAA_BEL]: Architects' fees tend to be fixed within a range of highs and lows, and the financial proposal carries little weighting. Rates are guided by the professional association of architects, which also sets the minimum salaries in firms, which work with a mechanism equivalent to our collective bargaining agreements. The costs for producing architectural projects are benchmarked by law.

[TJS]: We see that the competition format in Belgium is managing to encourage the professional practice through the release of a large number of public competitions, and in turn is able to protect architects from the abusive practices implicit in the traditional public competition format.

Is it possible for this protection to not only apply to architects, but to be extended to all stakeholders, such as cities, developers and future inhabitants? In this case, the competition itself would act as a space for negotiation, although this would require an overhaul of the traditional format.

[CAA_BEL]: The most sophisticated competition format I've taken part in in Brussels is what's known as the participative competitive dialogue. First the developers are pre-qualified, and then they must choose architecture firms from a pool that has also been pre-qualified separately. Each team that is formed designs a project as far as stage three (somewhat above the executive project), for which they are remunerated. Each stage is presented to a broad committee, with intermediate mechanisms for public participation. During this process there is no judging or voting, only and exchange of ideas and reports. The final decision is made by a small committee, comprising the city, the *BmA* agency and an external figure.

[TJS]: Therefore, in this case, the competition is not about the design of the object, but the design of the actual process.

[ABP_AUS]: In the last decade we've seen a boom in collaborative processes to define urban projects of certain importance that have always been associated with architectural design competitions, whether as a tool to select the candidate teams, or as a tool to conclude the discursive and negotiated process with a single project.

[TJS]: For this reason, we believe it is very necessary to associate the definition of projects of an urban nature to collaborative processes. However, at the end of this entire process, there will always be a jury responsible for deciding which proposal is the most appropriate. How are juries formed?

[ABP_AUS]: There are always two parts to the jury in and Austrian competition: A group of "experts in the discipline" (*Fachbeirat*), which usually includes architects and landscape architects of renowned prestige, and another of "experts in the object" of the competition (*Sachbeirat*), which usually includes representatives from politics, land owners, or those associated with the specific competition programme.

Fig 05. Concorso internazionale di progettazione Magnifica Fabbrica | FRPO + Walk + SD Partners

→ pag. 110-113

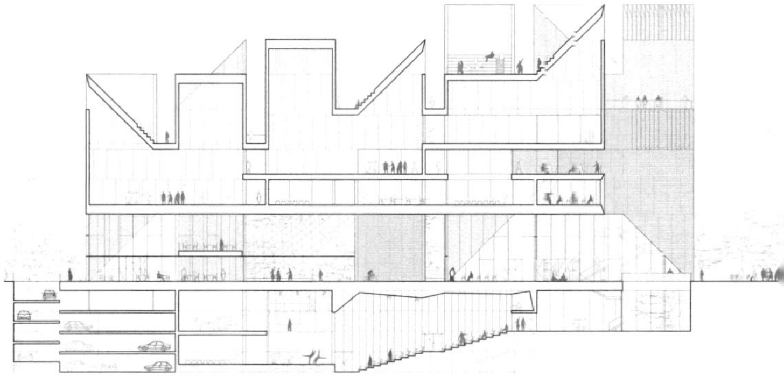

Fig 06. Museo Nacional de la Memoria de Colombia
estudio_entresitio

[ABP_AUS]: En Austria, tanto en urbanismo como en edificación son muy frecuentes los concursos en dos fases, pero en este caso el objetivo de este formato está destinado a reducir el trabajo no remunerado de los estudios de arquitectura. Por lo general en la primera fase se pide la elaboración de un único panel, con contenido predefinido, e incluso con la prohibición de incluir materiales demasiado elaborados, como visualizaciones realistas. Un número variable de participantes accede a una segunda fase remunerada, cuya entrega suele ser bastante más extensa (entre tres y cinco paneles tamaño DIN-A0). Suele haber un número alto de premios y menciones, a veces tantos como finalistas. Estos concursos van a menudo precedidos por una fase de cualificación, en la que se establecen unos criterios de solvencia técnica y económica, y exigen por regla general la participación en el equipo de un estudio de paisajismo.

[CAA_BEL]: En Bélgica los formatos de concurso son muy variados, en función de las instituciones convocantes y de los objetos del proyecto, pero los dos extremos habituales en otros lugares son aquí prácticamente inexistentes: no hay apenas concursos por oferta económica a la baja, y no hay concursos de ideas sin remuneración.

En Flandes, la agencia de arquitectura del gobierno lanza semestralmente un paquete de concursos de dos fases: *Open Oproep*. La fase de pre-cualificación es en base a ideas reflejadas en un portafolio de exactamente tres proyectos, que puede incluir proyectos no realizados, incluso un proyecto fin de carrera, si es relevante al tema de concurso. Solo para proyectos muy grandes se pide una experiencia construida específica, siempre que esta sea cinco veces menos importante que la del objeto de concurso, para auspiciar el crecimiento de las oficinas. Curatorialmente, la agencia selecciona 10 oficinas, de las que la institución cliente elige cinco que competirán con remuneración. Tras la entrega hay una presentación oral que normalmente pueden presenciar todos los equipos con transparencia. Este sistema es muy útil para pequeños ayuntamientos, instituciones docentes, agencias de servicios sociales, etc., que no tengan una estructura propia para esta función. Desde su fundación en 1999 el *Bouwmeester* de Flandes ha gestionado una media de 30 concursos al año; actualmente tiene 16 personas en nómina.

[TJS]: Por lo que vemos en Bélgica existe una fuerte protección institucional a la profesión...

[CAA_BEL]: Los honorarios de arquitectura suelen estar fijados con una horquilla de máximos y mínimos, y la oferta económica tiene poco peso. Los baremos están orientados por el colegio de arquitectos que también regula los salarios mínimos en las oficinas, actuando por un mecanismo equivalente a nuestros convenios colectivos. Los costes de producción de los proyectos de arquitectura están referenciados por ley.

[TJS]: Parece que en Bélgica el formato de concurso es capaz de fomentar el ejercicio de la profesión a través del lanzamiento de muchos concursos públicos y a su vez es capaz de proteger al arquitecto de las prácticas abusivas implícitas en el formato de concurso público tradicional.

¿Es posible que esta protección no se aplique solo al arquitecto, sino que se extienda a todos los agentes interesados, como la ciudad, los promotores o los futuros habitantes? En este caso, el propio concurso actuaría como espacio de negociación, aunque esto supondría revisar el formato tradicional.

[CAA_BEL]: El formato de concurso más sofisticado en que he participado en Bruselas es el llamado diálogo competitivo participativo. Primero se pre-cualifican las promotoras, que posteriormente deben elegir oficinas de arquitectura entre un pool que se ha pre-cualificado independientemente. Cada equipo así formado desarrolla un proyecto hasta la fase 3 (algo superior a Proyecto Básico), con su remuneración. Cada fase se presenta a una amplia comisión, con mecanismos intermedios de participación ciudadana. Durante este proceso no se juzga ni se vota, sino que se intercambian ideas e informes. La decisión final la toma una comisión reducida, formada por la ciudad, la agencia *BmA*, y una personalidad externa.

[TJS]: Por lo tanto, en este caso, el concurso no habla del diseño del objeto, sino del diseño del propio proceso.

[ABP_AUS]: En la última década han proliferado los procesos colaborativos para la definición de proyectos urbanos de cierta relevancia, que han estado vinculados siempre al concurso de arquitectura, ya sea como herramienta para seleccionar a los equipos participantes, o como herramienta para concluir el proceso discursivo y negociado con un único proyecto.

[TJS]: Por todo esto, consideramos muy necesario que la definición de proyectos de carácter urbanos esté vinculada a procesos colaborativos. Sin embargo, al final de todo este proceso siempre habrá un jurado que será el encargado de decidir qué propuesta es la más adecuada ¿Cómo están compuestos estos jurados?

[ABP_AUS]: El jurado de un concurso austriaco tiene siempre dos partes: Un grupo de "expertos en la disciplina" (*Fachbeirat*), que suele incluir a arquitectos y paisajistas de reconocido prestigio, y otro de "expertos en el objeto" del concurso (*Sachbeirat*), que suele incluir a representantes de la política, de los propietarios del suelo, o relacionados con el programa específico del concurso.

Fig 07. Alicudi Filicudi | NOMOS

[NOM_SWI]: In Switzerland, the main entity that has been overseeing the quality of competitions since 1837 is the SIA, the Swiss Society of Engineers and Architects. It is a private organisation with a public mandate, divided into cantonal sections, whose purpose is to regulate and standardise the practice of all professions in the field of construction. The SIA sets non-binding guidelines, but in practically all cases they are accepted as legal grounds in court-related disputes.

There's a specific committee within the SIA that guarantees compliance with particular rules that are fair and transparent for all players involved. It is the committee for competition and SIA 142/143 parallel study mandates, which drafts and regularly updates the SIA 142 regulation. Among others, it stipulates the composition of juries and must guarantee a technically relevant and independent judgement, and comprises professional members, members freely designated by the project promoter and specialist consultants.

[FRPO_ITA]: In the case of Italy, competitions come with a rather complex structure, with strong anti-mafia and anti-corruption measures. In Italy the profiles of the jury members are published, but the names are concealed until the winners are to be announced and are published prior to the decision. They typically have a mixed composition. In our case, the jury comprised technicians appointed by the administration (*Teatro and Comune*), and by local architects of certain prestige.

[ISES_POR]: The jury for competitions in Portugal is made up of architects, including one member of recognized prestige appointed by the *Ordem dos Arquitectos* [Professional Association of Architects], as well as one engineer and one landscape architect, which, despite not being able to guarantee it, does demonstrate a clear concern for quality architecture. The competition has the *Ordem dos Arquitectos* involved throughout, from drawing up the terms and conditions, to appointing the jury. The jury, which we believe is well paid, does important work by conducting an analysis of each of the proposals entered with a comparative analysis of all the floor plans and an exhaustive report on each of the technical failings or omissions that would justify the potential elimination of one of the designs.

[TJS]: After the a competition has a winner, it is time to build. From your experience, how are the ideas from the competition able to evolve and adapt to the complexity of the local reality?

[ABP_AUS]: In the case of the Vienna "housing fund", architects have access from the very beginning through collaboration with a local developer, which makes it difficult for foreign firms to take part.

[NOM_SWI]: Foreign architects who want to enter public competitions in Switzerland have to obtain REG-B status, which recognises a foreign qualification. Since 2010, we've taken part in some 30 competitions in Switzerland by having to collaborate with a firm located in Geneva, with which we've had a definitive partnership since 2019. Since that time, we've been participating as a single firm, NOMOS, with offices in Geneva and Madrid.

[ENT_COL]: Three months after winning the museum competition, we had our architecture qualifications recognised in Colombia and we got the professional licence that allows us to act under Colombian law. In any case, the Memory Museum project was executed in partnership with the local firm Pacheco Estudio de Arquitectura much like the way we operate in Spain.

However, we would also like to point out that, for us, the effort required for design-only competitions is very worthwhile, whether they are won or not won. We prefer the term "not won" to "lost". Whenever we've entered competitions, in Colombia or elsewhere, we've done so with the ambition to win, with great eagerness and with the desire to discover new things. We have no "secret formula", other than our eagerness, resolve and the resilience that allows us to carry on and not win.

[CAA_BEL]: The overall feeling is very positive in the five projects we built in Belgium. Throughout all of them, we have experienced a strong sense of teamwork among the clients, institutions, contractors, architects, and consultants. An illustrative example: during a meeting with the town fire department, one of the firefighters exclaimed: "I have an idea!" This was followed by a moment of silence, and then he continued, "No, that idea wouldn't work; it wouldn't respect the project concept." I was so struck by this encounter that I stood up and photographed the moment; I had never seen anything quite like it before.

[ISES_POR]: We haven't had to partner with a local company in order to enter a competition, although we may have to do so when it comes to drafting the project and managing the project. The essential difference with Spain are the designation of engineers and their responsibilities. In Portugal, structural and facilities engineers draw up, put their name to and are responsible for their corresponding projects; the architect is only responsible for their coordination.

Fig 08. Städtebaulicher Wettbewerb Quartier Seeterrassen
arenas basabe palacios arquitectos

[NOM_SWI]: Es Suiza, la principal entidad que regula la calidad de los concursos desde 1837 es la SIA -Sociedad Suiza de Arquitectos e Ingenieros-. Es un organismo privado de carácter público, dividido en secciones cantonales, cuyo objetivo es regular y normativizar el ejercicio de todos los oficios en el ámbito de la construcción. La SIA establece recomendaciones de carácter no vinculante, pero en casi todos los casos son base legal en caso de litigio.

Existe una comisión específica dentro de la SIA que garantiza el cumplimiento de determinadas reglas justas y transparentes para todos los actores involucrados. Se trata de la comisión de concursos y mandatos de estudios paralelos SIA 142/143, que redacta y actualiza de forma periódica el reglamento SIA 142. Éste estipula, entre otras cosas, la composición del jurado, debiendo garantizar un juicio técnicamente relevante e independiente, quedando compuesto por miembros profesionales, miembros designados libremente por el promotor y especialistas consultores.

[FRPO_ITA]: En el caso de Italia los concurso están enmarcados en un aparato bastante complejo, con fuertes medidas antimafia y anticorrupción. En Italia se publican los perfiles de los miembros del jurado, pero los nombres se mantienen ocultos hasta la entrega y se publican de forma previa al fallo. La composición es habitualmente mixta. En nuestro caso, el jurado estaba formado a partes iguales por técnicos de la administración (*Teatro y Comune*) y por arquitectos locales de cierto prestigio.

[ISES_POR]: El jurado de los concursos de Portugal está compuesto por arquitectos, incluyendo un miembro de reconocido prestigio designado por la *Ordem dos Arquitetos*, así como un ingeniero y un paisajista, lo cual, aunque no pueda garantizarla, sí que demuestra una clara preocupación por la calidad de la arquitectura. El concurso cuenta con la intervención de la *Ordem dos Arquitetos* en todo su desarrollo, desde la redacción de las bases hasta la designación del jurado. El jurado, suponemos que bien pagado, realiza un trabajo importante, desarrollando un análisis de cada una de las propuestas presentadas con un análisis comparativo de todas las plantas de implantación y un informe exhaustivo de cada uno de los incumplimientos técnicos u omisiones que justificaría el posible descarte de alguna de las propuestas.

[TJS]: Una vez ganado el concurso toca construirlo. Desde vuestra experiencia, ¿cómo las ideas del concurso son capaces de evolucionar y adaptarse a la complejidad de la realidad local?

[ABP_AUS]: En el caso del "fondo de viviendas de Viena" los arquitectos acceden desde un principio mediante la colaboración con un promotor local, lo que dificulta la participación de estudios extranjeros.

[NOM_SWI]: Los arquitectos extranjeros que quieren presentarse a concursos públicos en Suiza deben alcanzar el REG-B, un título que reconoce la equivalencia del título extranjero. Desde 2010, nosotros hemos participado en unos 30 concursos en Suiza teniendo que colaborar con un estudio local ubicado en Ginebra, con el que nos hemos asociado definitivamente en 2019. Desde entonces participamos como un único estudio, NOMOS, con sede en Ginebra y Madrid.

[ENT_COL]: A los tres meses de ganar el concurso del museo convalidamos el título de arquitectos en Colombia y obtuvimos la licencia profesional que nos permite actuar bajo la legislación colombiana. En cualquier caso, este proyecto del Museo de Memoria ha sido desarrollado en asociación con la firma Pacheco Estudio de Arquitectura como socio local, de una forma similar a la que operamos en España.

Sin embargo, también nos gustaría resaltar que para nosotros merece mucho la pena el esfuerzo de los concursos no construidos, ya sean ganados o no ganados. Preferimos el término "no ganados" a "perdidos". Siempre que nos hemos presentado a los concursos, en Colombia o cualquier otro país, lo hemos hecho con ganas de ganar, con mucha ilusión y con afán de descubrir algo nuevo. No tenemos una «fórmula secreta», a no ser la ilusión, constancia y la resiliencia para no ganar y seguir.

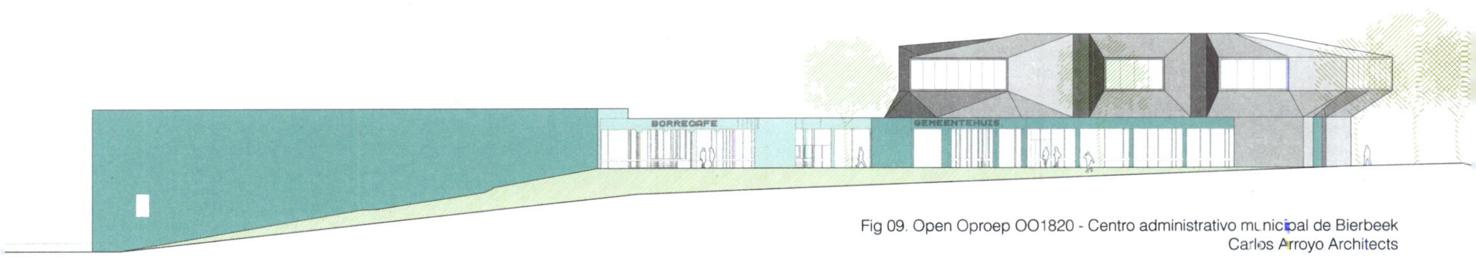

Fig 09. Open Oproep OO1820 - Centro administrativo municipal de Bierbeek
Carlos Arroyo Architects

[FRPO_ITA]: In our case, we won the competition for the *Magnifica Fabbrica del Teatro alla Scala* together with our friend Juan Tur (WALK) and an Italian-Spanish team of architects, engineers and other species. The working process was extremely intense – logically – but very smooth: everybody in the team had a clear-cut role. The role of the Italians was to provide essential local experience, at every level. Our role was to create a good design, a very interesting task that we sometimes overlook too easily.

[TJS]: In short, the competition process has been transformed into a highly complex multidisciplinary approach. However, from the perspective of your international experience, do you believe competitions to be a suitable tool for promoting the architectural quality of the city?

[ABP_AUS]: In general, you could say that competitions in Austria are an effective tool for raising the quality of architecture. In order to foster it, the Austrian Federal Chamber of Architects and Engineer Consultants published a set of standards in 2010 for the organisation of competitions (*Wettbewerbsstandard Architektur*), which is updated every few years. Moreover, their website posts all the public competitions and most of the private ones held in Austria. Finally, they offer certification for competition quality based on those standards.

[FRPO_ITA]: At the moment, Italy has no white paper on competitions as far as we know. But the *concorrimi.it* website (run by the professional association of architects of Milan (*Ordine degli Architetti*) includes a competition organisation model that is becoming a de facto white paper. The website operates via a very effective system –although there's room for improvement – that's increasingly being adopted by more government bodies in Italy. The most interesting thing about *concorrimi.it* is that it lays out an extremely meticulous procedure with proposals remaining anonymous until the end of the process. Even so, we don't believe that this infrastructure guarantees the architectural quality of competition results.

[ENT_COL]: There is no legal framework or white paper for architectural design competitions as such in Colombia aside for the regulations governing public procurement processes, which work in a similar way to ours. In any case, in Colombia, as in Spain, there are different bodies that adequately oversee competitions. The most important is the *Sociedad Colombiana de Arquitectos* (SCA) [Colombian Society of Architects], which manages competitions that uphold the architectural value of designs, and winners are chosen according to very clear terms and conditions and by expert national or international juries of prestige. What's more, prizes come financial remuneration in most cases. This economic initiative as part of the prize helps to encourage participation in competitions, but on no account is it a process that makes the activity of a firm financially viable on its own.

[CAA_BEL]: In Belgium, the regions, large cities and some provinces usually have an architectural agency with commissioning authority, called the *Bouwmeester* in Dutch and *Maître Architecte* in French (bilingual designation: *BmA*), which in addition to calling competitions, organises urban debates, exhibitions and publications. The head of the agency is also chosen by competition, through the presentation of a vision of the future and an action programme. These competition methods have made Belgium an international leader for the quality of its recent architecture while achieving its integration into the local culture. Furthermore, the *BmA* of the Brussels region organises many of its competitions with private players who require the seal of public quality in order to materialise their business opportunities.

Concurso / Competition:
Städtebaulicher Wettbewerb Quartier Seeterrassen
Lugar / Location:
Viena, Austria
Convocante / Organizer:
Wien 3420 Aspern Development AG
Fechas / Dates:
Mayo 2018 (convocatoria),
Noviembre 2018 (fallo)
Estado / State:
Finalistas
Autores / Authors:
Arenas Basabe Palacios Arquitectos
Colaboradores / Collaborators:
Chiara Intreccialagli, Alejandro Fuentes, Benita Tauer, Paula López, Javier Ortiz, Irene Landa, Francisco Balado, Beatriz Alonso, Cristina Vega y Franca Sonntag

Concurso / Competition:
Open Oproep OO1820 - Centro administrativo municipal de Bierbeek
Lugar / Location:
Bierbeek, Bélgica
Convocante / Organizer:
Vlaams Bouwmeester
Fechas / Dates:
Agosto 2009 (convocatoria),
Abril 2010 (fallo)
Estado / State:
Mención especial
Autores / Authors:
Carlos Arroyo Architects SLP
Colaboradores / Collaborators:
Vanessa Cerezo, Carmina Casajuana, Pieter Van Den Berge

Concurso / Competition:
Museo Nacional de la Memoria de Colombia
Lugar / Location:
Bogotá, Colombia
Convocante / Organizer:
Sociedad Colombiana de Arquitectos (SCA Bogotá)
Fechas / Dates:
Mayo 2015 (convocatoria),
Agosto 2015 (fallo)
Estado / State:
1er premio, proyecto en construcción
Autores / Authors:
estudio_entresitio
(María Hurtado de Mendoza Wahrolén, Cesar Jiménez de Tejada Benavides) y Pacheco Estudio de Arquitectura (Felipe Gonzales-Pacheco)
Colaboradores / Collaborators:
Alvar Ruiz Villanueva, María Urigoitia Villanueva, Eduardo Blanes, Carlos Diaz del Rio

Concurso / Competition:
Concorso internazionale di progettazione Magnifica Fabbrica
Lugar / Location:
Milán, Italia
Convocante / Organizer:
Teatro olla Scala y Comune di Milano (Ayuntamiento de Milán)
Fechas / Dates:
Octubre 2021 (convocatoria),
Mayo 2022 (fallo)
Estado / State:
1er premio, proyecto en desarrollo, inicio de obras primera fase: otoño 2023.
Autores / Authors:
FRPO Rodriguez y Oriol (Madrid), WALK Architecture Landscape (Madrid) y SD Partners (Milán).
Colaboradores / Collaborators:
Mecanismo Ingenieria, Studio Gibelli, Luca Stefanutti (Tekser), Wise Engineering, Agroservice, TRM, Cioni Comunicazione.

[CAA_BEL]: En las cinco obras que hemos construido en Bélgica, la sensación es muy positiva. En todas hemos sentido que cliente, instituciones, constructora, arquitectos y consultores trabajábamos en equipo. Un ejemplo: en una reunión con el cuerpo de bomberos para resolver un problema de compartimentos de incendios, uno de los bomberos, dijo: "Tengo una idea!" Siguió un silencio... y continuó: "No, esa idea no vale, no respetaría el concepto" - me levanté e hice una foto de esa reunión, nunca había encontrado nada semejante.

[ISES_POR]: Nosotros no hemos contado con socio local en la presentación al concurso, aunque posiblemente contemos con él en la redacción del proyecto y en la dirección de obra. La diferencia fundamental con respecto a España son las atribuciones y responsabilidades de los ingenieros. En Portugal las ingenierías de estructuras y de instalaciones redactan, firman y son responsables de sus correspondientes proyectos; el arquitecto solamente lo es de su coordinación.

[FRPO_ITA]: En nuestro caso, ganamos el concurso de la *Magnifica Fabbrica del Teatro olla Scala* junto a nuestro amigo Juan Tur (WALK) y un equipo ítalo-español de arquitectos, ingenieros y otras especies. El proceso de trabajo fue extremadamente intenso -lógicamente- pero muy fluido: todos en el equipo teníamos claro nuestro papel. El de los italianos era el de aportar la imprescindible experiencia local, a todos los niveles. El nuestro era el de proyectar bien, esa tarea tan curiosa que a veces obviamos con demasiada facilidad.

Concurso / Competition:
Concurso de conceção para a elaboração do Projeto do conjunto habitacional na Avenida de Belo Horizonte, em Setúbal
Lugar / Location:
Setubal, Portugal
Convocante / Organizer:
IHRU Instituto da Habitaçao e da Rehabilitaçao Urbana
Fechas / Dates:
Junio 2022 (convocatoria), Septiembre 2022 (fallo)
Estado / State:
1er premio, proyecto en proceso de desarrollo
Autores / Authors:
Ignacio Senra Fernández-Miranda y Elisa Sequeros Monzón
Colaboradores / Collaborators:
Jorge Gabaldón, Javier Luque, Bernabeu Ingenieros (Estructura)

Concurso / Competition:
Projet Quai Vernets Îlots A et B Mandat d'étude parallèle de projets sur invitation selon le règlement SIA 143
Lugar / Location:
Ginebra, Suiza
Convocante / Organizer:
Équipe *ENSEMBLE*
Fechas / Dates:
Febrero 2017 (convocatoria), Agosto 2017 (fallo)
Estado / State:
Proyecto no seleccionado
Autores / Authors:
NOMOS Architects

[TJS]: En definitiva, el proceso del concurso se ha transformado en una aproximación multidisciplinar muy compleja. Sin embargo, desde vuestra óptica internacional ¿vosotros creéis que los concursos son una herramienta adecuada para fomentar la calidad arquitectónica de la ciudad?

[ABP_AUS]: En general, se puede decir que los concursos en Austria son una herramienta eficaz para aumentar la calidad arquitectónica. Para fomentarlo, la cámara de arquitectos e ingenieros austriaca publicó en 2010 unos "estándares" para la organización de concursos (*Wettbewerbsstandard Architektur*), que actualiza cada pocos años. Además, gestiona un portal, en el que se recogen todos los concursos públicos y la mayor parte de los privados que se convocan en Austria. Por último, ofrece una certificación de la calidad del concurso, en base a los estándares mencionados.

[FRPO_ITA]: En la actualidad, Italia no tiene un Libro Blanco de concursos, que nosotros sepamos. Pero la plataforma *concorrimi.it* (promovida por el Colegio de Arquitectos de Milán (*Ordine degli Architetti*) ha creado un modelo de organización de concursos que se está convirtiendo en un Libro Blanco de facto. Esta plataforma es un portal con una operativa bastante eficaz —aunque mejorable— que cada vez usan más administraciones públicas en Italia. Lo más interesante de *concorrimi.it* es que establece un procedimiento extremadamente pulcro con el anonimato de las propuestas hasta el final del proceso. Aun así, nosotros creemos que esta infraestructura no garantiza la calidad arquitectónica del resultado de los concursos.

[ENT_COL]: Para los concursos de arquitectura en Colombia no existe un marco legal o libro blanco como tal al margen de las regulaciones para las licitaciones públicos, que pueden funcionar de manera similar a la nuestra. En Colombia, como en España, hay en cualquier caso diversos organismos que gestionan los concursos de una forma adecuada. El más importante es la Sociedad Colombiana de Arquitectos (SCA), que gestiona concursos donde se defiende el valor arquitectónico de las propuestas y los ganadores están avalados por unas bases muy claras y por jurados especializados nacionales o internacionales de prestigio. Además, en la mayoría de los casos los premios tienen remuneración económica. Este aliciente económico como parte del premio es una ayuda que anima a presentarse a los concursos, pero en ningún caso es un proceso que por sí solo haga viable la actividad económica del estudio.

[CAA_BEL]: En Bélgica, las regiones, las grandes ciudades, y algunas comarcas, suelen tener una agencia de arquitectura con poder curatorial, llamada *Bouwmeester* en neerlandés o *Maître Architecte* en francés (mezclado: *BmA*), que, además de convocar concursos, organiza debates urbanos, exposiciones y publicaciones. La dirección de la agencia se adjudica igualmente por concurso, presentando una visión de futuro y un programa de acción. Estos métodos de concurso han convertido a Bélgica en una referencia internacional por la calidad de su arquitectura reciente, consiguiendo a la vez su incorporación a la cultura local. Es más, en la Región de Bruselas la agencia *BmA* desarrolla muchos de sus concursos con agentes privados que necesitan el marchamo de calidad público para conseguir materializar sus oportunidades de negocio.

Awards and competitions

'Café Houellebecq', I

'Café Houellebecq' is designed as an informal yet critical conversation on topical issues that affect the profession. This first issue features Iñaki Ábalos—the true driving force behind these chats—and Eduardo Prieto, who sit down to talk about several specific aspects that affect architectural competitions, the focus of this issue of *Arquitectura.*

[Iñaki Ábalos]: Architecture awards have steadily declined in value over the last decade. And so have public competitions, which are the other side of the coin in terms of the ways that architects who lack contacts can make a name for themselves in the profession.

[Eduardo Prieto]: It's true: prizes and competitions have a lot to do with distributive justice, with elitism that is underpinned by talent and which is determined to give an unproblematic and generally mediocre response to investors' demands.

[IA]: Is there a history of awards?

[EP]: The first architecture prizes, the Prix d'architecture, were awarded by the École de Beaux Arts in recognition of the students with the most outstanding artistic talent and, beyond the prize itself, involved a scholarship—a "pension", it was called at the time—so that the winner could spend time studying in Rome and then return home, enriched, to work in service of his or her country. This economic aspect was suggested by the word 'prize' itself, which etymologically means 'benefit' or 'advantage'. Over the course of the 19th century, this model became more widespread in the context of major exhibitions and was later taken over by the state to award projects involving particular challenges or public significance. The history of prizes and competitions backs this idea of civic elitism.

[IA]: And it suggests that the essence of prizes and competitions is to favour the most talented and to support them morally and financially speaking. In comparison, I'd go so far as to say that today's prizes aren't prizes, but rather punishments. Particularly because the idea of a prize is no longer tied to any economic retribution and is confused with a piece of paper issued by some government official. What's surprising is that the profession has embraced the idea of the award as a bureaucratic credential so naturally. Real awards always serve to advance careers, both through recognition and through financial support.

[EP]: Prizes today tend to shy away from risk, and this is at odds with what they're truly about. Validating the career of a great master or even a highly acclaimed architect through a prize may be recognition of talent, but, to the extent that this talent is recognised after the fact, it doesn't mean much in terms of value. When an institution rewards someone who's already renowned, it is merely rewarding itself: it offers little in exchange for basking in the aura of the prize-winner. The decision may even be made to reward the prize-giver because it has been awarding prizes for many years: it's a kind of caricature.

[IA]: More and more prize-givers are giving awards to themselves, and there are many who are experts in making sure they're in the picture. What makes it even worse is that the proliferation of prizes coincides with a particularly bad time for the profession. The lack of opportunities to build buildings of a certain importance is translating into mediocrity. And it's a tragedy for young people.

[EP]: Prizes have turned conservative. Rather than a commitment to the future, they tend to constitute recognition of the past, which translates into the disproportionate experience that governments require for even small competitions. Against this backdrop, prizes have become ways to disperse risk: their connections with the quest for excellence are increasingly tenuous.

Premios y concursos

'Café Houellebecq', I

Iñaki Ábalos y Eduardo Prieto

Café Houellebecq' se presenta como una conversación distendida y crítica sobre temas de actualidad que afectan a la profesión. Esta primera entrega cuenta con Iñaki Ábalos —verdadero ideólogo de estas charlas— y con Eduardo Prieto para hablar sobre algunos aspectos concretos que afectan a los concursos de arquitectura, tema central de este número de *Arquitectura*.

[Iñaki Ábalos]: Los premios de arquitectura no han dejado de devaluarse a lo largo de la última década. Y también los concursos, que son la otra cara de la moneda en cuanto mecanismos mediante los cuales podían destacar en la profesión los arquitectos que carecían de contactos.

[Eduardo Prieto]: Es cierto: los premios y concursos tienen mucho de justicia distributiva, de elitismo sostenido en el talento y que se resiste a dar una respuesta poco problemática, y en general mediocre, a las exigencias de los inversores.

[IA]: ¿Hay una historia de los premios?

[EP]: Los primeros premios de arquitectura, los Prix d'architecture, los dio la École de Beaux Arts para reconocer a los estudiantes con mayor proyección artística y, más allá del reconocimiento en sí mismo, comportaban una beca —una 'pensión', se decía entonces— para que el premiado pasara una estancia de estudios en Roma y luego volviera, enriquecido, para ponerse al servicio del país. Esta derivada económica se sugería con la propia palabra 'premio', que etimológicamente significa 'beneficio' o 'ventaja'. A lo largo del siglo XIX, este modelo se generalizó al calor de las grandes exposiciones, y más tarde fue asumido por el Estado para adjudicar proyectos de especial dificultad o relevancia cívica. La historia de los premios y concursos refrenda esta idea de elitismo cívico.

[IA]: Y sugiere que la esencia de premios y concursos tiene que ver con favorecer el talento de los mejores y sostenerlos moral y económicamente. Comparado con esto, me atrevo a decir que los premios hoy no son premios, sino castigos. Sobre todo porque la idea de premio ha quedado desligada de cualquier retribución económica y se confunde con un papel que expide algún señor de la Administración. Lo sorprendente es que la profesión haya acatado con tanta naturalidad la idea del premio como acreditación burocrática. Los verdaderos premios sirven siempre para proyectar las carreras hacia adelante tanto por medio del reconocimiento como del apoyo económico.

[EP]: Los premios hoy tienden a evitar el riesgo y esto contradice su esencia. Convalidar la carrera de un gran maestro o incluso de un arquitecto muy reconocido a través de un premio puede ser un acto de reconocimiento al talento, pero, en la medida en que ese talento se reconoce a posteriori, no supone mucha valentía. Cuando una institución premia a una gran figura no hace otra cosa que premiarse a sí misma: da poco a cambio de absorber el aura del premiado. Puede darse incluso el caso de que se decida premiar al organismo premiador porque lleva muchos años premiando: una suerte de caricatura.

[IA]: Cada vez más premios se premian a sí mismos, y hay muchos especialistas en salir en la foto. La cosa resulta sangrante, porque la proliferación de premios coincide con una época especialmente mala de la profesión. La falta de oportunidades para construir edificios de cierta importancia se está traduciendo en mediocridad. Y es una tragedia para los jóvenes.

[EP]: Los premios se han vuelto conservadores. Más que en una apuesta de futuro, tienden a ser un reconocimiento a toro pasado y que se traduce en los currículos desproporcionados que las Administraciones exigen incluso para concursos pequeños. En este marco, los premios se han convertido en disipadores del riesgo: sus vínculos con la búsqueda de la excelencia son cada vez más tenues.

[IA]: The excellence that matters isn't the real one, but the one fabricated by the architectural system. Among the bogus prizes, the worst, in my opinion, are the ones awarded by certain magazines and organisations that create a kind of prize that they make money from by charging registration fees, and which ultimately lead to extremely long lists of prize-winners, so that everyone is happy. These prizes are punishments for the profession and should be considered as such.

[EP]: Eventually, these prizes, which respond to a certain search for consensus, are replacing a dwindling form of critique. The prize now tends to be a pseudo-criticism, a devalued version of criticism: a *kitsch* criticism.

[IA]: You're no longer worried about the fact that another ten, another twenty people have won the same competition along with your project or your book: what you're worried about is ticking the box you need to be able to accredit your CV to the government. What's particularly worrisome is that none of the governments or the organisations that are related to the profession do anything to stop a situation that is turning architects into beggars of artificially awarded merits.

[EP]: Perhaps the worst thing isn't that there's this absurd proliferation of prizes, or that they've lost their value, but that they've created a way of thinking and acting that has also distorted the competitions.

[IA]: Competitions no longer award monetary prizes, nor are they tiered, nor do they allow for adjustments, nor do they favour meritocracy, nor are they a path that is open to young people. It's really hard to compete with companies that are run by skilled professionals who always belong to the economic elite. What was once the profession's more evenly distributed package of commissions has been left in the hands of a few big names.

[EP]: The *lobbies*, the bourgeoisie's family clans, have always tended to divide the pie within the group. The new thing, the serious thing, is that these mechanisms of compensation, of distributive justice, which were the competitions, have been undermined, particularly as far as the public side of things is concerned. And it's also new that work that was traditionally public is now largely private, because joint management consortiums are on the rise. As a result, public competitions are now becoming simply invitations for tenders.

[IA]: Tenders which, above a certain size, are impossible to qualify for without the structure of a large commercial office. It's a self-perpetuating system. Meritocracy has been lost along the way, and the quality of architecture along with it. Public competitions should bring back what it means to be courageous, but also civic responsibility: the willingness of governments, in pursuit of the good of all, to aspire to the best, to be exemplary. We could learn from other countries like France and Belgium, which have managed to come up with imaginative solutions, such as structuring competitions by experience and by scale to make room for all types of professionals in a sensible and tiered way. In these graded systems, if you're young you won't be able to do it all at once (as was formerly the case in Spain) but with talent and tenacity you can have a balanced career working on government projects.

[EP]: But what percentage of the architecture economy today depends on public competitions? I'm afraid that it's negligible for a large part of the sector. Can this economy make a comeback? It doesn't look like it, since the golden age of the nineties and the first two thousand years is gone forever; not just because of the constant economic and professional crises, but above all because Spain, like the rest of Europe, is already built, and even though more public housing may go up in the medium term, there will continue to be restrictions on the type of buildings that most interest architects, namely public endowments. When it comes right down to it, if competitions are not expected to play a major role in quantitative terms, they are still fundamental in qualitative terms: if the government is only going to build a limited amount, what it does build must be exemplary or extremely good, and of course democratic, or rather, meritocratic. What's regrettable is that the current public competition system is not at all aligned with this principle.

[IA]: And the worst thing is that the reason for this isn't always structural, but often personal. Those of us who have competed in many public competitions are familiar with the lack of diligence of some of the government's juries: civil servants who overlook the often excellent competition specifications and judge them with astounding, appalling ease. You can't demand that bidders comply with technical requirements that the government neither follows nor evaluates.

[EP]: And then there is the opposite case: juries which, to avoid risks, or because of a misunderstood technical rigour, pay painstaking, obsessive attention to details and ignore what really matters: the answers to the key questions that a good project should address. An example is the recent competition for the Chamartín train stations, the proposals for which were drawn up by large offices and consultancy firms and gave a detailed response to the railway traffic, construction, deadlines and sustainability listed in the specifications, but failed to answer the perhaps main question: the question of urban design. This should encourage us to think about whether major competitions that leave an indelible mark on urban design for centuries to come and involve spending hundreds of millions of public funds should not, unlike what is often said, go slower: they should be based on a preliminary discussion that raises the most intellectually relevant questions: the competition of the competition.

[IA]: What is this obsession of the Government Contract Law [*Ley de Contratos del Sector Público*] to squeeze economic offers to the point of caricature all about? Is the paper supply for a printer the same as the design of a building?

[EP]: Today, when the state subsidises so many things, would it be unreasonable to think of competitions as a mechanism for cultural support, for the promotion of civic and redistributive justice not only for the smallest studios but also for the newest ones?

[IA]: It all boils down to a problem of intellectual laziness that leads to mediocre results. We shouldn't allow mediocrity in buildings that belong to everyone, and this means having a sensible and civic system of public competitions in place.

[IA]: La excelencia que interesa no es la real, sino la fabricada por el sistema-arquitectura. Entre los falsos premios, los peores a mi juicio son los que convocan ciertas revistas y organismos que crean una suerte de premios que se financian a sí mismos mediante cuotas de inscripción, y que al final dan pie a nóminas amplísimas de premiados, para que todo el mundo se quede contento. Estos premios son castigos a la profesión, y deberían considerarse como tales.

[EP]: Al final estos premios que responden a cierta búsqueda de consenso van ocupando el lugar de una crítica en retroceso. El premio tiende a ser ahora una pseudocrítica, una versión devaluada de la misma: un *kitsch* de la crítica.

[IA]: Ya no te preocupa que, junto a tu proyecto o tu libro, se hayan premiado otros diez, otros veinte, en la misma convocatoria del premio: lo que te preocupa es rellenar la casilla que necesitas para poder acreditar tu currículo ante la Administración. Lo grave es que ninguna de las administraciones o las entidades relacionadas con la profesión hace nada para combatir una situación que está convirtiendo a los arquitectos en mendigantes de méritos artificialmente concedidos.

[EP]: Quizá lo peor no es que exista esta proliferación absurda de premios, ni que estos hayan perdido su valor, sino que han instalado un modo de pensar y de hacer que también ha desvirtuado los concursos.

[IA]: Los concursos ya no dan premios económicos, ni se gradúan, ni admiten ajustes, ni favorecen la meritocracia, ni son un camino abierto a los jóvenes. Es muy difícil competir con empresas que están dirigidas por buenos profesionales que siempre proceden de las élites económicas. El paquete de encargos de la profesión, antes más repartido, ha quedado en manos de unos pocos apellidos.

[EP]: Siempre los *lobbies*, los clanes familiares de la burguesía, han tendido a repartirse endogámicamente el pastel. Lo nuevo, y lo grave, es que se hayan socavado esos mecanismos de compensación, de justicia distributiva, que eran los concursos, sobre todo en lo que toca a la parte pública. Y también es nuevo que la obra que antes era tradicionalmente pública, sea ahora en buena medida privada, pues tienden a proliferar los consorcios de gestión coparticipada. Así las cosas, los concursos tienden a convertirse simplemente en licitaciones.

[IA]: Licitaciones a las que, a partir de cierto tamaño, resulta imposible acceder si no es con la estructura de una gran oficina mercantil. El sistema se alimenta a sí mismo. Por el camino se ha perdido la meritocracia y, con ella, la calidad de la arquitectura. Los concursos públicos deberían recuperar la valentía, pero también la responsabilidad cívica: la voluntad de que la Administración, buscando el bien de todos, aspire a lo mejor, sea modélica. Podríamos aprender de otros países, como Francia o Bélgica, que han sido capaces de dar con soluciones imaginativas, como estructurar los concursos por experiencia y por escala para dar cabida a todo tipo de profesionales de una manera sensata y graduada. En estos sistemas graduables, si eres joven no lo podrás decir todo a la vez (como ocurría en el antiguo sistema de concursos español), pero con talento y perseverancia podrás tener una carrera equilibrada de trabajos con la Administración.

[EP]: Pero, ¿qué porcentaje de la economía de la arquitectura depende hoy de los concursos públicos? Me temo que despreciable para una amplia parte del sector. ¿Podrá recuperarse esa economía? No lo parece, pues la época dorada de los noventa y los primeros dosmil pasó para siempre: no solo por las recurrentes crisis económicas o de la profesión, sino sobre todo porque España ya está hecha, como el resto de países europeos, y aunque es posible que a medio plazo se construya más vivienda social, seguirá habiendo contención en el tipo de edificios que más interesan a los arquitectos, las dotaciones públicas. Con todo, si en lo cuantitativo los concursos no están llamados a ser protagonistas, en lo cualitativo siguen siendo fundamentales: si la Administración va a construir poco, que lo que construya sea ejemplar o muy bueno, y desde luego democrático o, mejor dicho, meritocrático. Lo lamentable es que el sistema actual de concursos se compadezca bien poco con este principio.

[IA]: Y lo peor es que la razón de que esto sea así no siempre es estructural, sino muchas veces personal. Los que hemos concursado mucho sabemos de la falta de diligencia de algunos jurados de la Administración: funcionarios que pasan por alto los muchas veces excelentes pliegos de condiciones de los concursos y los fallan con una facilidad pasmosa, atrabiliaria. No se pueden exigir que los concursantes se ciñan a requisitos técnicos que luego la Administración ni atiende ni valora.

[EP]: Y luego está el caso contrario: jurados que, por evitar riesgos, o en razón de un mal entendido rigor técnico, atienden escrupulosa, obsesivamente, a los detalles y dejan de lado lo importante: las respuestas a las preguntas clave que un buen proyecto debe atender. Un ejemplo sería el del reciente concurso de la Estación de Chamartín, cuyas propuestas, elaboradas por grandes oficinas y consultorías, dieron una respuesta minuciosa al tráfico ferroviario, construcción, plazos y sostenibilidad recogidas en el pliego pero no supieron responder a la pregunta acaso fundamental: la del diseño urbano. Esto nos debería hacer pensar si los grandes concursos que implican huellas urbanas indelebles durante siglos y suponen el gasto de cientos de millones de dinero público no deberían ser, contra lo que suele decirse, más lentos: sostenerse sobre un debate previo que plantease las preguntas intelectualmente más adecuadas: el concurso del concurso.

[IA]: ¿Por qué esa obsesión de la Ley de Contratos por exprimir las ofertas económicas hasta rayar en la caricatura? ¿Es lo mismo el suministro de papel de una impresora que el proyecto de un edificio?

[EP]: Hoy, cuando el Estado subvenciona tantas cosas, ¿sería descabellado pensar en los concursos como un mecanismo de apoyo cultural, de promoción de lo cívico y de justicia redistributiva no solo para los estudios más pequeños sino también para los más jóvenes?

[IA]: Todo se cifra en un problema de pereza intelectual que conduce a resultados mediocres. No deberíamos admitir la mediocridad en los edificios de todos, y esto pasa por tener un sistema sensato y cívico de concursos públicos.

Concorso internazionale di progettazione Magnifica Fabbrica, 2021

International design competition Magnifica Fabbrica, 2021

Fig 01. Imagen de la Torre del Agua
Image of the Water Tower

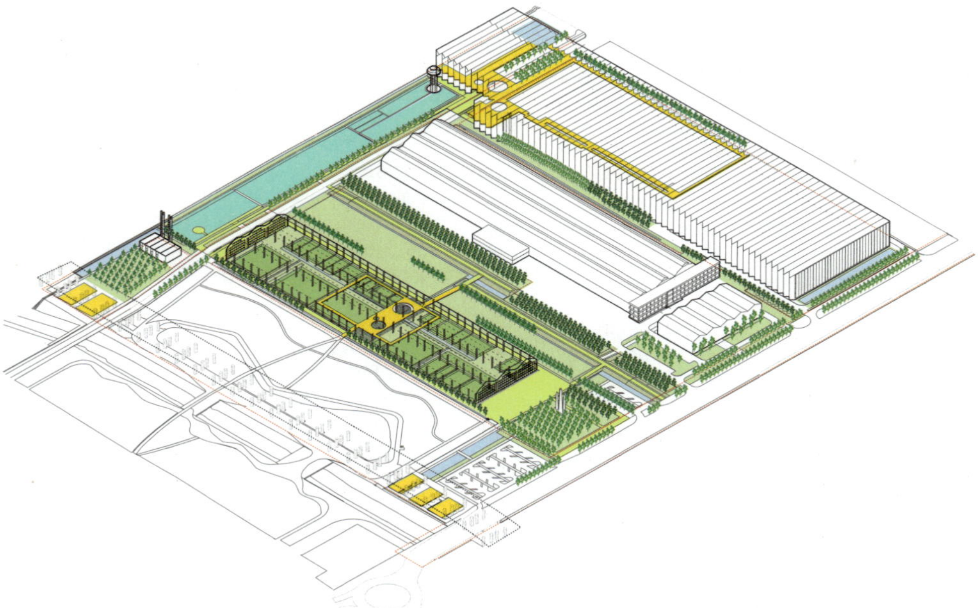

Fig 02. Axonometría general del conjunto
General axonometry of the complex

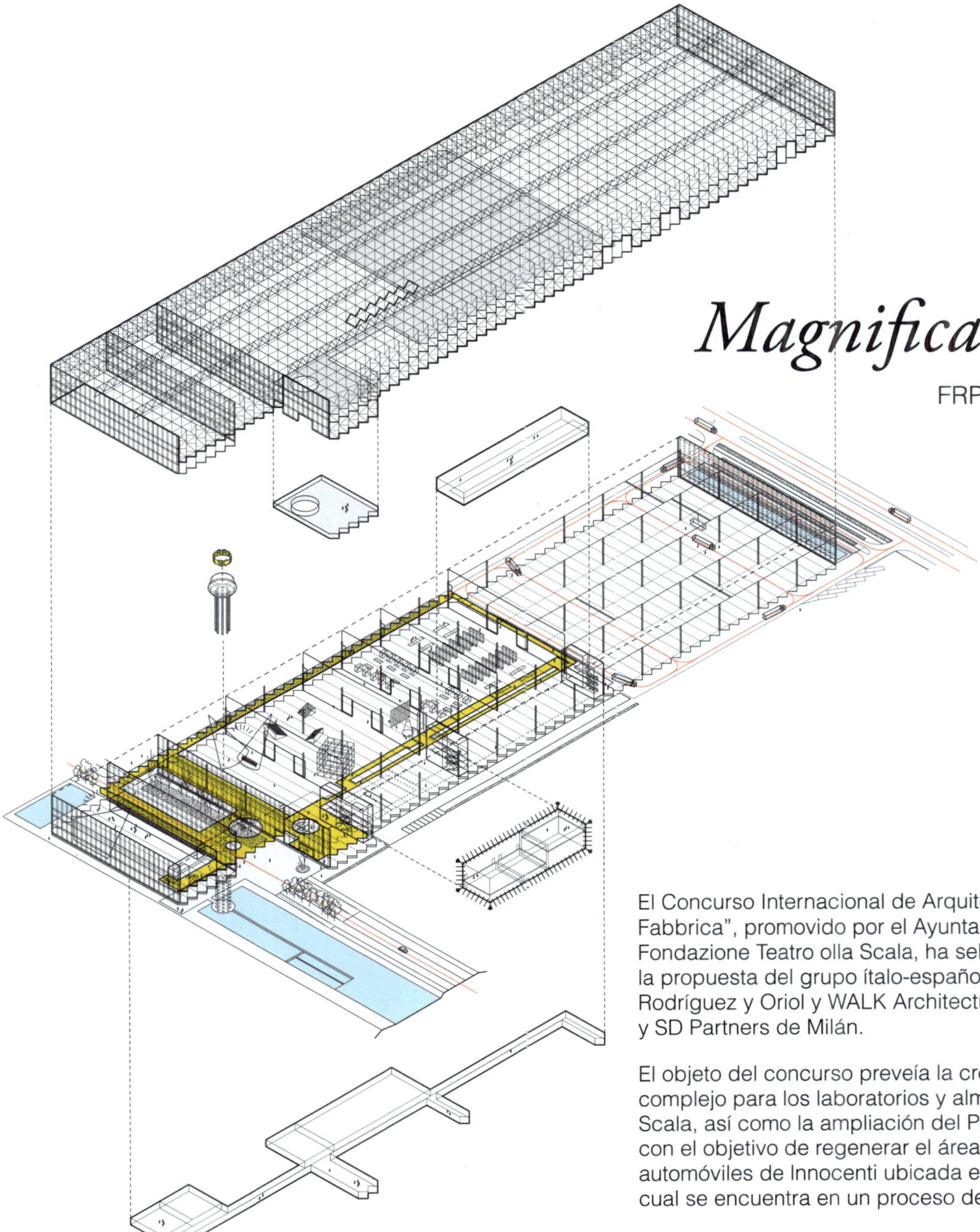

Fig 03. Axonometría de la nueva nave de laboratorios y almacenes
Axonometry of the new laboratory and warehouse building

PRIMER PREMIO:

Magnifica Fabbrica

FRPO, WALK y SD Partners

El Concurso Internacional de Arquitectura "Magnifica Fabbrica", promovido por el Ayuntamiento de Milán junto con la Fondazione Teatro olla Scala, ha seleccionado como ganadora la propuesta del grupo ítalo-español integrado por FRPO Rodríguez y Oriol y WALK Architecture & Landscape de Madrid y SD Partners de Milán.

El objeto del concurso preveía la creación de un nuevo complejo para los laboratorios y almacenes del Teatro olla Scala, así como la ampliación del Parco della Lambretta, con el objetivo de regenerar el área de la antigua fábrica de automóviles de Innocenti ubicada en el distrito de Lambrate, la cual se encuentra en un proceso de regeneración urbana.

Se pretende crear así un nuevo centro cultural, artístico y de producción, concentrando en un único espacio todas las fases del proceso creativo, desde el diseño hasta la producción, al mismo tiempo que se acerca a la ciudadanía al mundo del teatro, ofreciéndola la posibilidad de participar desde el nacimiento y comienzo de los espectáculos.

Además, la ampliación del Parco della Lambretta pretende convertirse en un verdadero hito para el distrito, así como un lugar de esparcimiento y tiempo libre. Incluirá la recuperación e integración en el parque del llamado "Palazzo di Cristallo", un testimonio monumental de arqueología industrial.
(De la memoria del concurso)

Fig 04. Axonometría del Palacio de Cristal
Axonometry of the Crystal Palace

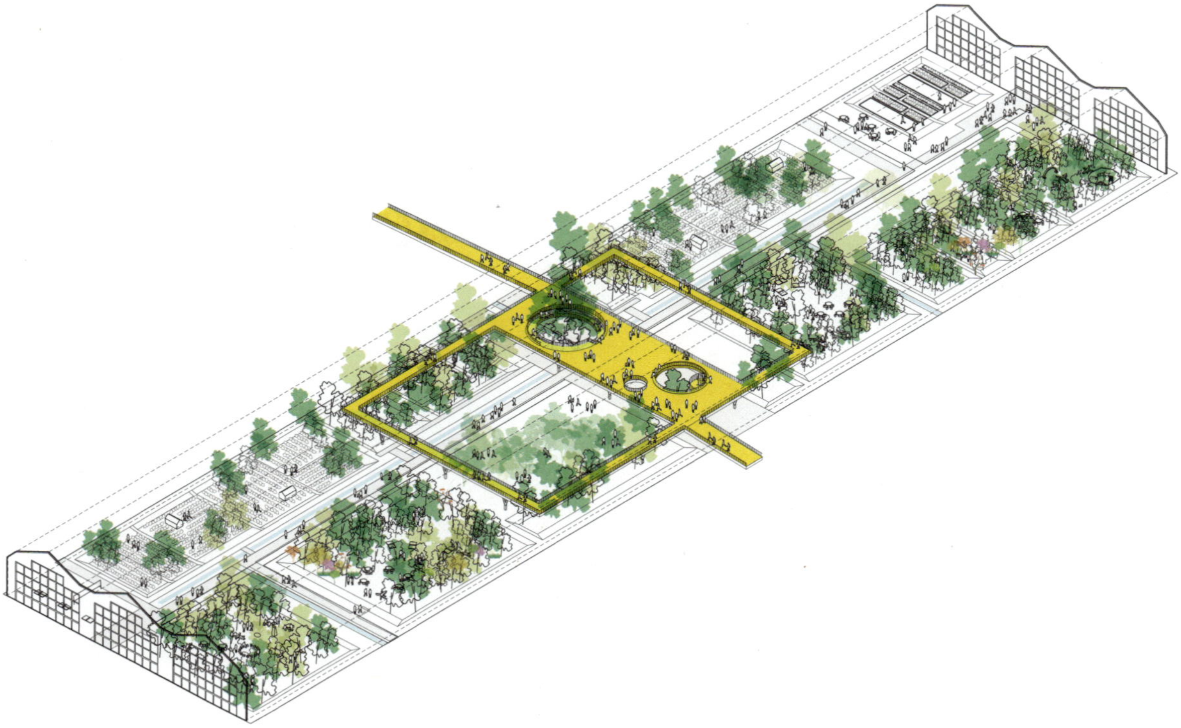

The "Magnifico Fabbrica" International Design Competition, promoted by the Municipality of Milan with the Fondazione Teatro alla Scala, has selected as the winning entry the design proposal of the Italo-Spanish group composed of FRPO Rodriguez y Oriol and WALK Architecture & Landscape of Madrid and SD Partners of Milan.

The competition brief envisages the creation of the new site for the Teatro alla Scala laboratories and warehouses and the expansion of Parco della Lambretta, with the aim of regenerating the area located in the Lambrate district, once occupied by the Innocenti car manufacturer plant and now involved in a urban regeneration process.

The intention is to create a new cultural, artistic and production centre, bringing all the phases of the creative process into close proximity, from design to production, offering the public the chance to take part in the birth of the shows, and to bring citizens closer to the world of theater.

In addition to that, the expansion of Parco della Lambretta is aimed to become a real landmark for the district, as well as a place for gathering and leisure time. It will include the recovery and integration in the park of the so-called "Palazzo di Cristallo", a monumental testimony of industrial archaeology.
(Translation by the authors from the competition report)

Fig 05. Vista aérea general
Aerial view of the entire intervention

Fig 06. Vista interior del Palacio de Cristal
Interior view of the Crystal Palace

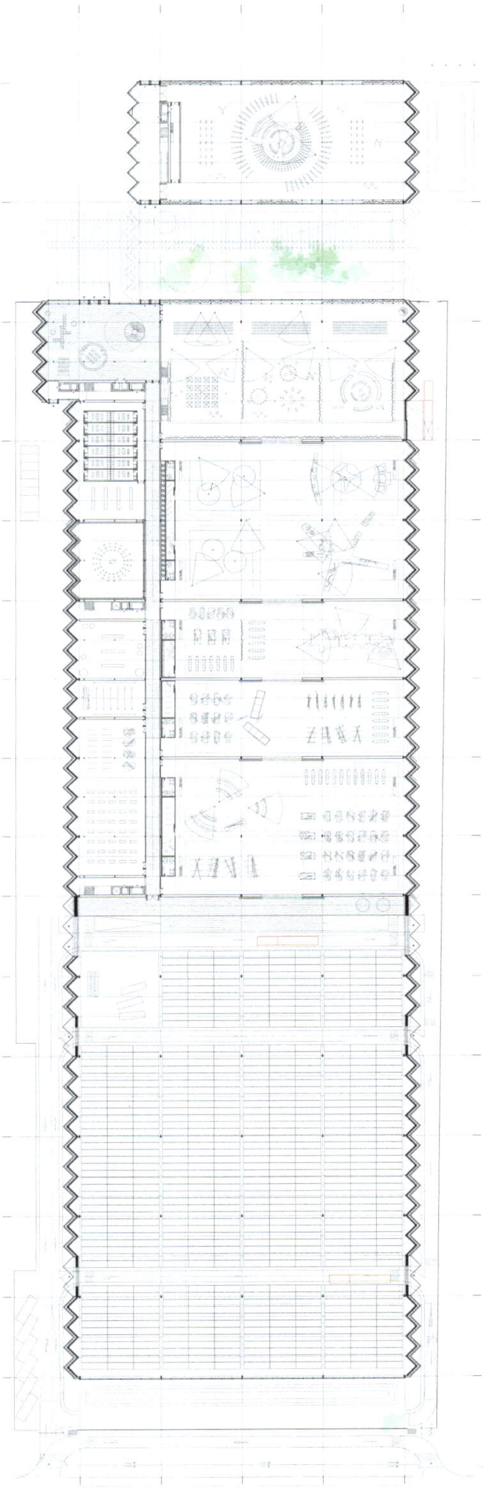

Fig 07. Plantas +00 y +01 de la nueva nave de laboratorios y almacenes
Ground floor and first floor plans of the new laboratory and warehouse building

Nuevo edificio de uso administrativo sito en la calle Padre Damián 52 de Madrid, 2022

New Administrative Building located at 52 Padre Damián Street, Madrid, 2022

Primer Premio / First Prize: *PD52*
Cruz y Ortiz Arquitectos + Ulargui Arquitectos

Primer Accésit / First Runner-up: *Paisajes Capturados*
Aybar Mateos Arquitects + Enero Arquitectura

Primer Accésit / Second Runner-up: *Parque Damián*
Estudio Beldarrain + Ghesa Ingenieria

LEMA:

PD52

Cruz y Ortiz Arquitectos y Ulargui Arquitectos

Fig 01 Imagen del acceso
Access image

Fig 02. Imagen aérea de la parcela
Aerial image of the plot

El solar de concurso se encuentra a medio camino entre dos conceptos de ciudad: por un lado, el configurado mediante grandes bloques y, por otro, el entorno residencial de pequeña escala. El nuevo edificio tiene que responder a esa transición de la escala urbana sin perder la necesaria unidad y capacidad de representación que debe incorporar todo edificio institucional (...). Retrasado de las alineaciones principales, la forma elíptica permite una unidad y continuidad en su fachada sin que, por su tamaño, dicha geometría curva altere la organización funcional de los espacios de trabajo (...). La elipse contiene en su interior un patio rectangular que expresa el orden interior de las oficinas y produce una relación entre la función interior, racional y ortogonal, y lo que podríamos denominar "la forma de la ciudad". La organización en planta queda dividida en 4 sectores que se reconocen en su composición exterior. Como resultado se obtiene una silueta que muestra cuatro volúmenes que se recortan en altura de manera continuada. Por medio de este gesto, se constituye la imagen principal del edificio.
(De la memoria del concurso).

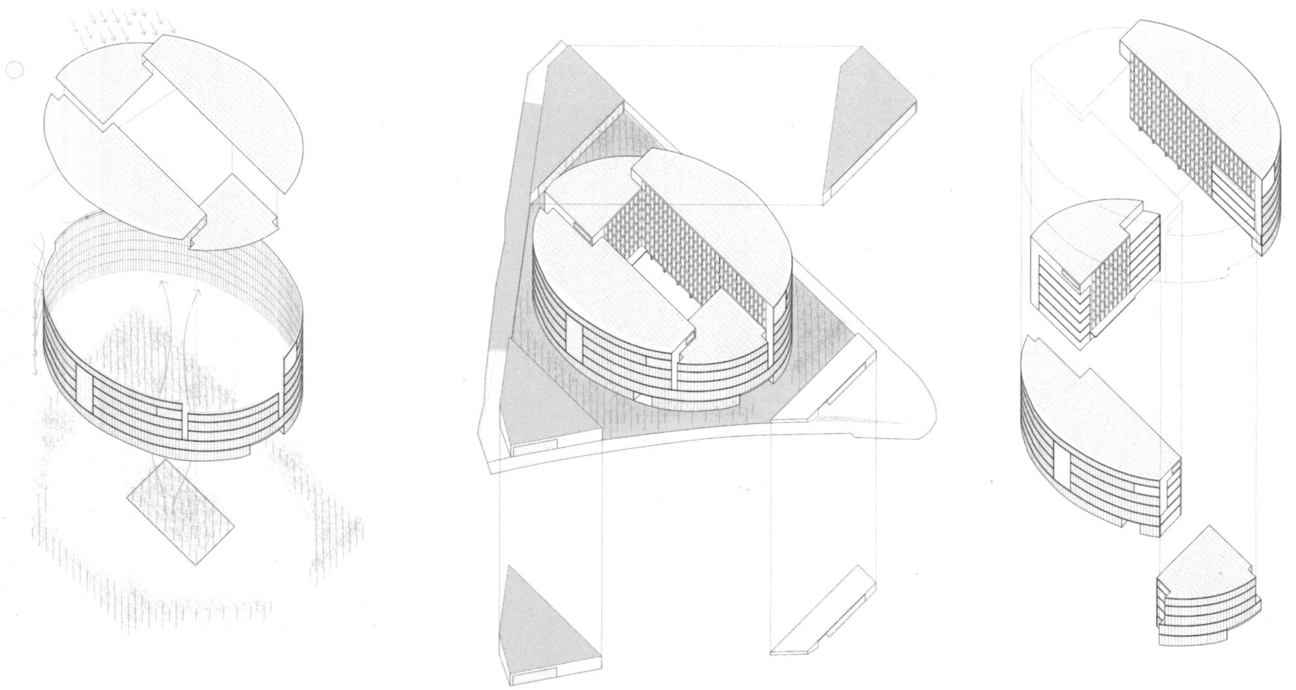

Fig 03. Axonometría
Axonometry

The competition site is located halfway between two urban concepts: on the one hand, the high-density, high-rise city and, on the other, a low-rise residential area. The new building has to respond to this transition in urban scale, without losing the required unity and capacity for representation that must be a feature of all institutional buildings... Set back from the principal alignments of the site, the elliptical form of the building provides unity and continuity for its façade but with a size that does not allow its curved geometry to alter the functional layout of workspaces... The ellipse contains a rectangular courtyard that expresses the internal order of the offices and creates a connection between the rational and orthogonal internal function and what we could call "the shape of the city". The floor plan shows a division into four sectors that are reflected in the external composition. The result is a silhouette of four volumes with a staggered succession of heights. This detail comprises the main image of the building. (From the competition report)

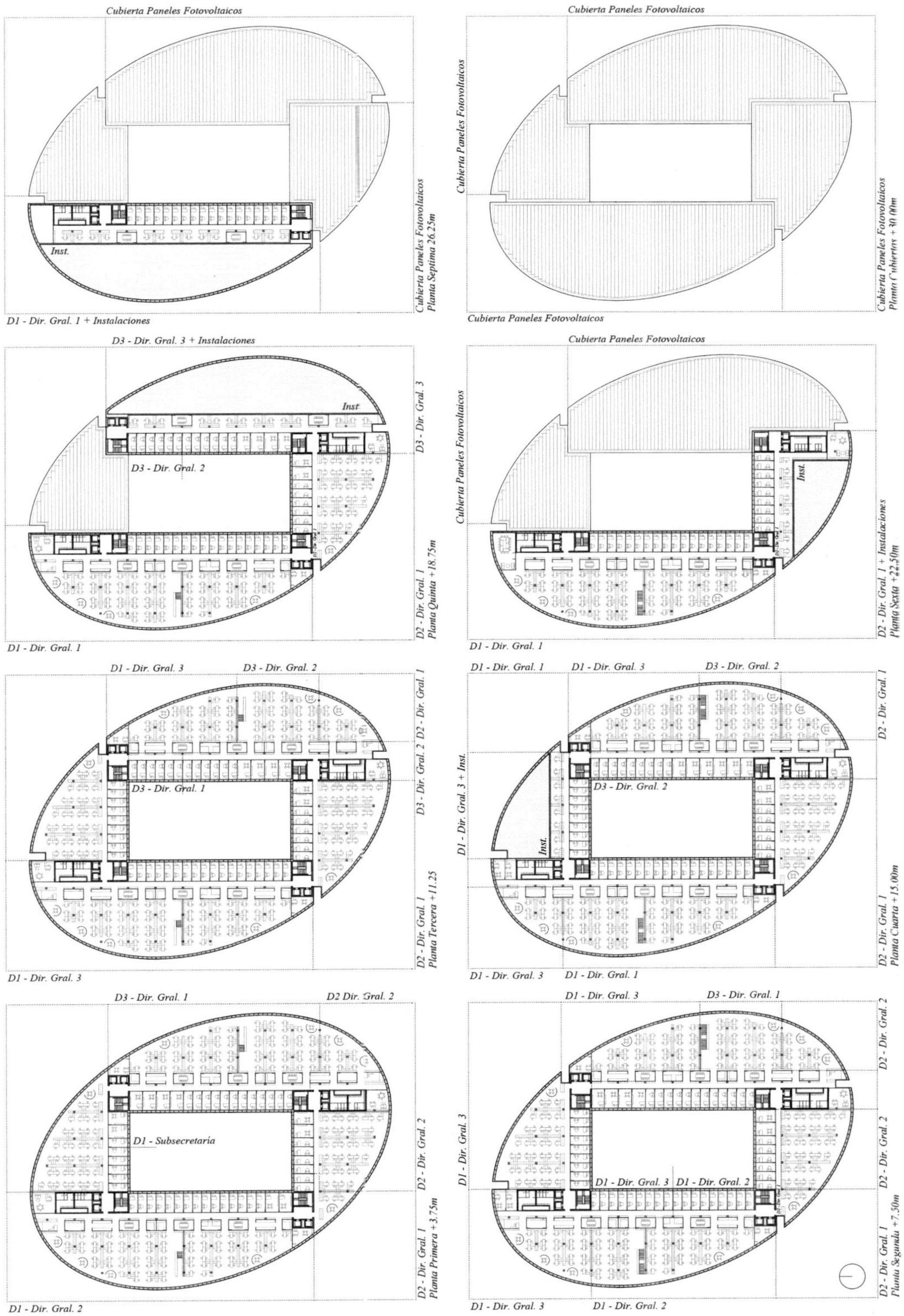

Fig 04. Plantas de la propuesta
Proposal's floorplans

LEMA:

Paisajes Capturados

Aybar Mateos Arquitectos y Enero Arquitectura

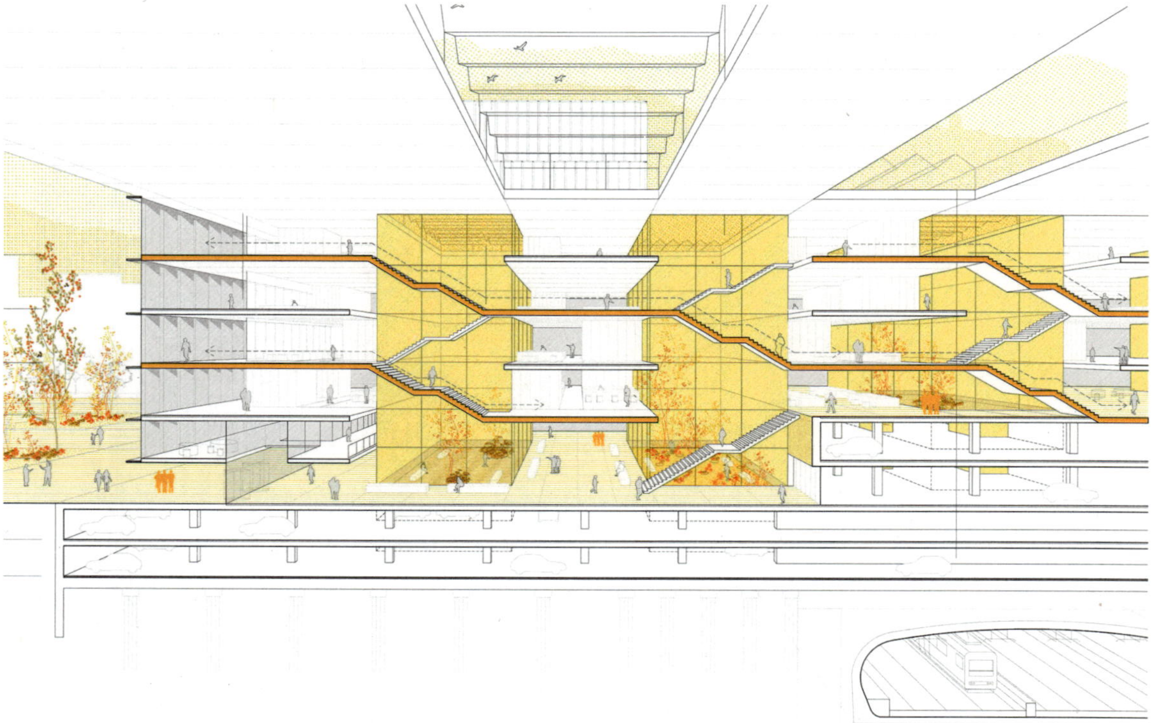

Fig 01. Sección transversal fugada
Cross perspective section

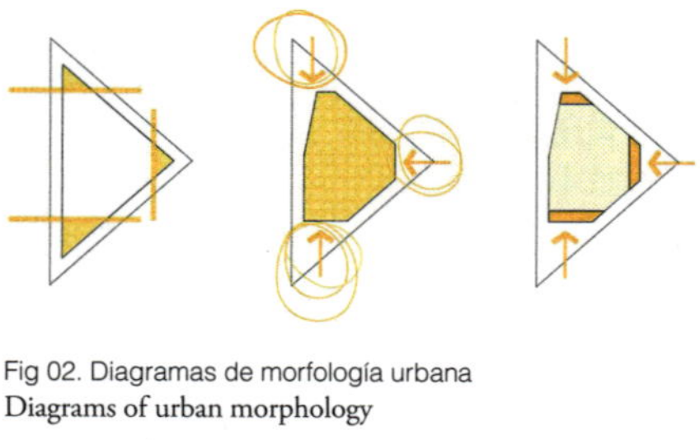

Fig 02. Diagramas de morfología urbana
Diagrams of urban morphology

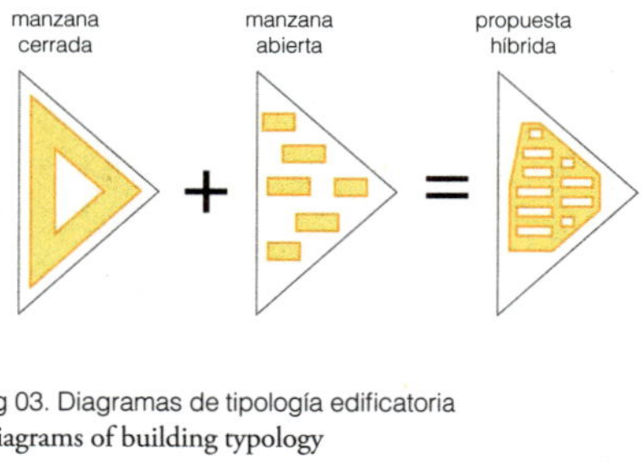

Fig 03. Diagramas de tipología edificatoria
Diagrams of building typology

Fig 04. Imagen del acceso
Access image

Proponemos la creación de un reflejo construido de la condición fragmentada y heterogénea de la ciudad consolidada. La ambición de la operación urbana planteada, reclama un conjunto de respuestas moduladas a cada situación amparadas por un lenguaje común. De este modo podremos dotar de una nueva identidad contemporánea al ámbito como elemento de nexo entre el Barrio de Nueva España y la Plaza de Castilla. En un edificio de carácter vertical los desplazamientos verticales consumen energía de origen eléctrico por los ascensores que puede llegar al 23% del total. En los desplazamientos horizontales y diagonales este consumo de energía es considerablemente menor y en muchos menos casos nulo por el uso del desplazamiento a pie y las escaleras, colaborando además a una actividad física equilibrada en los usuarios del edificio. Al estudiar el ciclo de vida completo del desarrollo urbano, desde la producción y el transporte de los materiales de construcción hasta la energía necesaria para usar y vivir en edificios a lo largo del tiempo, se llega a la conclusión de que las ciudades de gran altura en realidad están produciendo más emisiones totales que las áreas urbanas más bajas, pero más densas. Se propone un edificio profundo que explore la compacidad del volumen, siendo eficaz en su intercambio de energía con el exterior, y puntuando los elementos singulares para relacionarse en escala con los edificios altos del entorno. Se busca así un edificio denso, siendo la diagonal el punto más corto para ir de un punto a otro en el espacio, un sistema de circulación interior tridimensional y reconfigurable en función de la evolución del programa. Aparecen así 4 condiciones aparentemente contradictorias que permiten construir el proyecto y su respuesta conceptual a las diferentes escalas.
(De la memoria del concurso)

Fig 05. Imagen de patio interior
Interior courtyard image

We propose the creation of a reconstructed reflection of a fragmented, heterogeneous and stronger city. The chosen urban design of the complex entails modulated responses to each situation while sharing a common language. This allows us to design a new, contemporary identity for the area and create a point of connection between the Nueva España neighbourhood and Plaza de Castilla. In a vertical-focused building, moving up and down in lifts can take up 23% of the building's total energy consumption. Horizontal and diagonal movements, however, offers greatly reduced and often zero energy consumption as a result of moving by foot and stairs, which also encourages the building's users to engage in balanced physical exercise (...). In reality, tall cities produce more total emissions than shorter but denser urban areas. Therefore, we propose a deep building which explores compact volumes that exchanges energy more efficiently with the world around it, while offering unique elements that put it in its proper context with the tall buildings surrounding it. So, we are aiming for a dense building in which following the diagonal line is the quickest way to get from one space to another, with a three-dimensional interior mobility system that can be reconfigured as the programme advances.
(From the competition report)

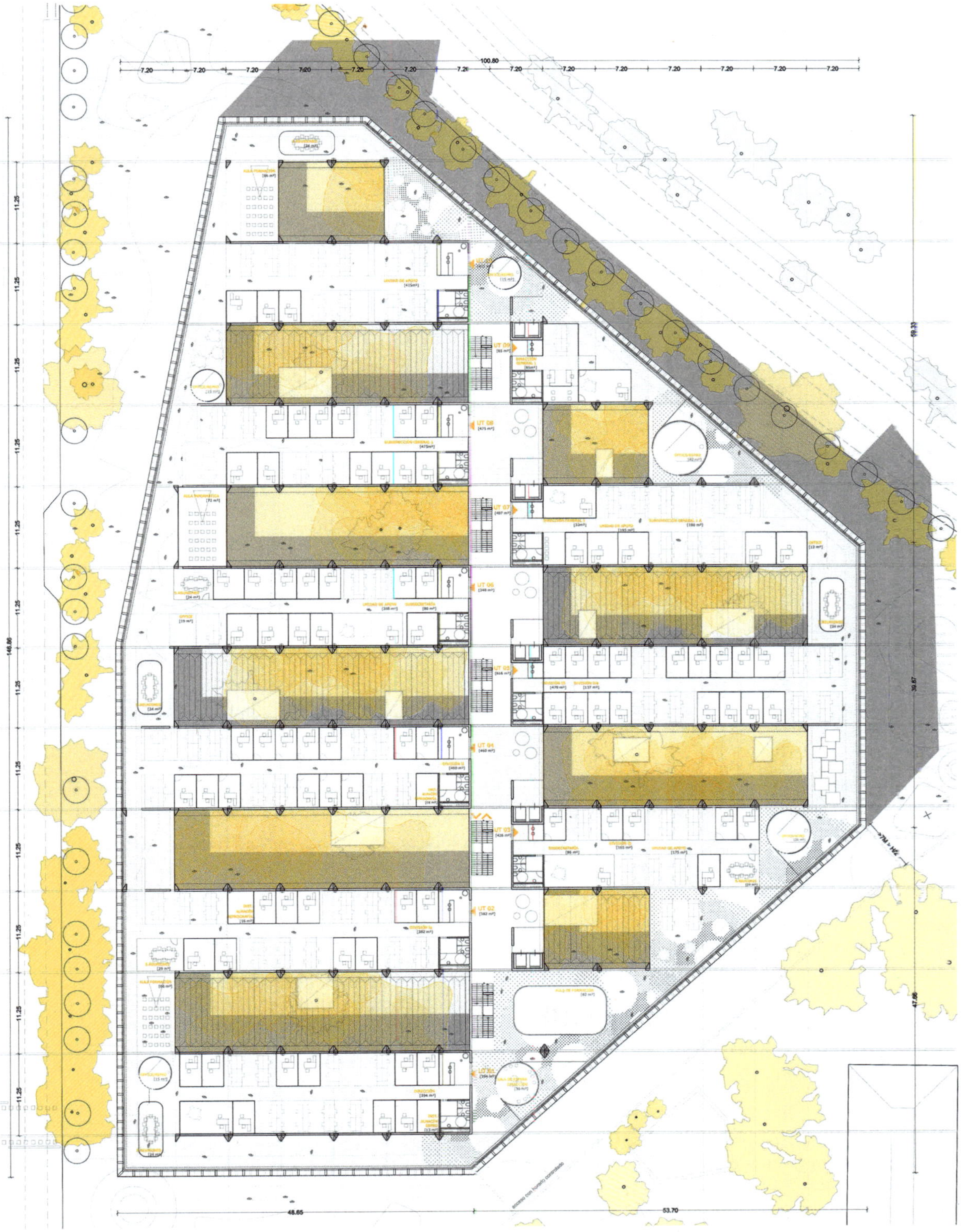

Fig 06.Planta Tipo
Typical floorplan

Deep Learning from Helsinki

Automated generation of competition entries

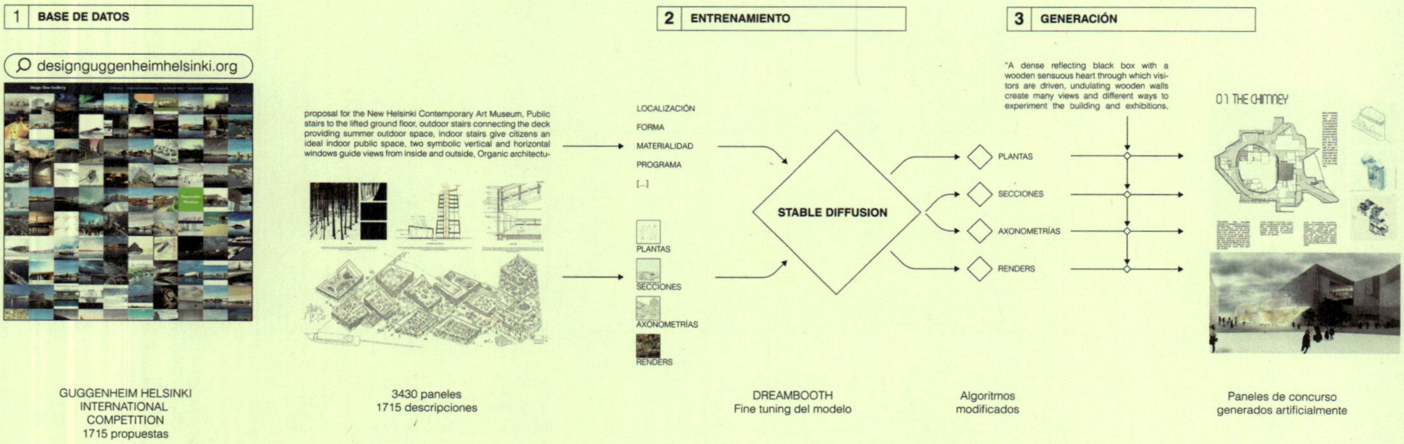

Fig 01. Algoritmo de generación de paneles de concurso
Algorithm for the generation of competition panels

Artificial Intelligence, commonly known as AI, is the technology that allows machines to perform tasks by imitating the intelligent behavior of humans. AI uses algorithms, known as models, which are characterized by their ability to process large amounts of data, detect patterns, establish relationships, and generate responses with new information.

Stable Diffusion is a model that generates images using detailed descriptions in words. It primarily relies on internet images to perform tasks such as drawing architecture. However, its understanding of architecture is limited to formal and aesthetic aspects, disregarding any other discursive content.

Deep Learning from Helsinki proposes the recycling of architectural production that has been discarded in competitions by creating a database that accumulates all that knowledge invested in terms of time, ideas, and resources.

The main source of this database is the international competition for the Guggenheim in Helsinki, from which the 1715 proposals were published, each with its project description.

To achieve this goal, plans, sections, axonometrics, and renders are archived, maintaining the connection with the original description of each project. In this way, artificial intelligence can establish new connections between the drawings of each museum and the abstract ideas inherent in them, such as public space, social components, and spatial sensations.

Once the model has learned from the data, it can generate competition panels solely with a description, without the need to draw a single line. In addition to the text, it can also use another image as a reference to quickly move from sketch to plan and from plan to render in a matter of seconds.

Artificial intelligence models are progressively transforming workflows and rhythms of work and will go beyond mere architectural production. The ability of algorithms to efficiently process information will allow for analyzing the state of architecture at any given moment and studying competitions like the Guggenheim Helsinki to identify relevant patterns and trends.

Before this change occurs, it will be essential to ensure the proper functioning of the algorithm. To achieve this, it is necessary to establish a common architectural criterion in the development of training databases. Once artificial intelligence comprehends the full spectrum of discourses that make up architecture, it will not only increase its productive capacity but also create new lines of thought that only the machine is capable of perceiving.

(Translation by *ChatGPT*)

Deep Learning from Helsinki

Generación automatizada de paneles de concurso

Santiago Gómez y Enrique Villamuelas

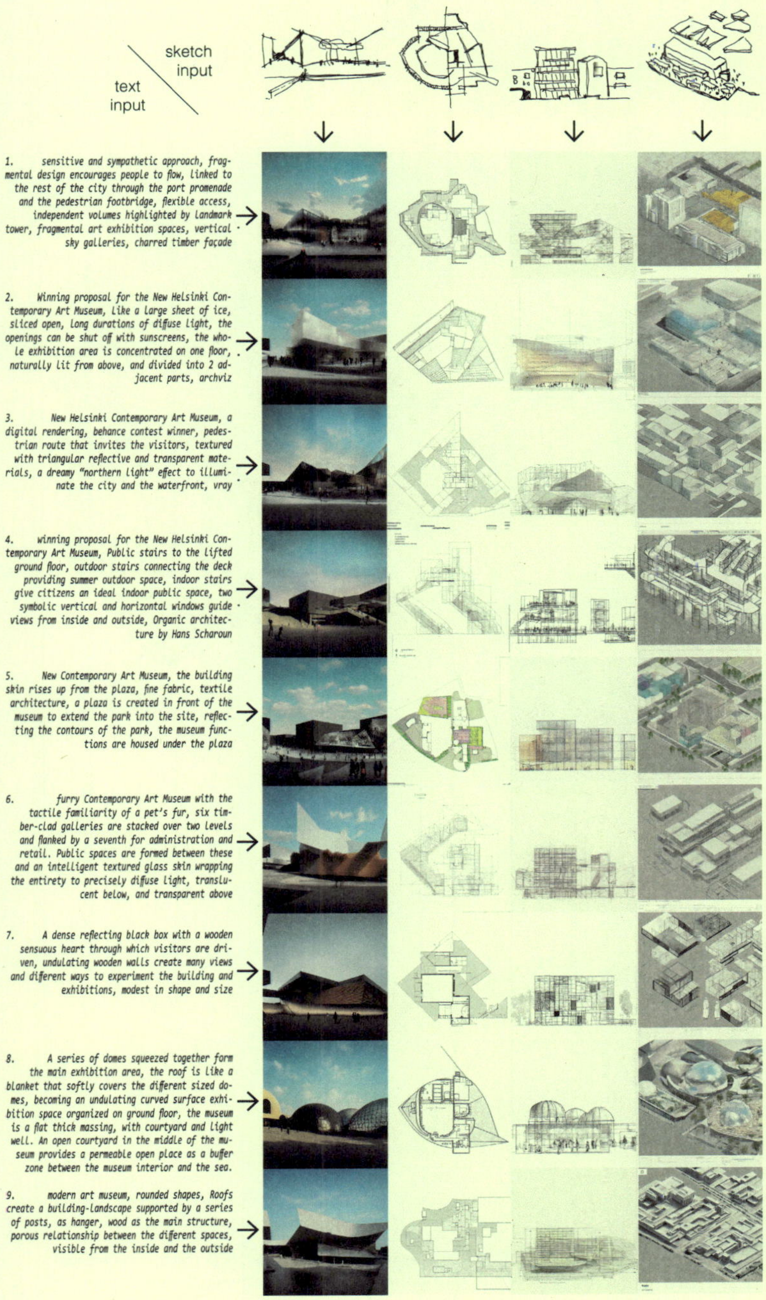

Fig 02. Generación de documentos a partir de croquis y texto
Document generation from sketches and text

La Inteligencia Artificial, comúnmente conocida como IA, es la tecnología que permite a las máquinas realizar tareas imitando el comportamiento inteligente de los humanos. La IA utiliza algoritmos, denominados modelos, que se caracterizan por su capacidad para procesar grandes cantidades de datos, detectar patrones, establecer relaciones y así generar respuestas con información nueva.

Stable Diffusion es un modelo que genera imágenes usando descripciones elaboradas con palabras. Se nutre principalmente de imágenes de internet para realizar tareas como, por ejemplo, dibujar arquitectura. Sin embargo, su comprensión de la arquitectura está limitada a aspectos formales y estéticos que ignoran cualquier otro contenido discursivo.

Deep Learning from Helsinki propone el reciclaje de la producción arquitectónica que ha sido desechada en concursos mediante la creación de una base de datos que acumule todo ese conocimiento en el que se ha invertido tanto tiempo, ideas y recursos. La base de datos toma como fuente principal el concurso internacional del Guggenheim de Helsinki del que se publicaron las 1715 propuestas, cada una con su descripción de proyecto.

Para llevar a cabo este objetivo, se archivan planos, secciones, axonometrías y renders, manteniendo la conexión con la descripción original de cada proyecto. De esta manera, la inteligencia artificial es capaz de establecer nuevas conexiones entre los dibujos de cada museo y las ideas abstractas inherentes a ellos, como el espacio público, el componente social y las sensaciones espaciales.

Una vez que el modelo ha aprendido de los datos, puede generar paneles de concurso únicamente con una descripción, sin necesidad de dibujar una sola línea. Además del texto, también puede utilizar otra imagen como referencia para pasar rápidamente del croquis al plano y del plano al render en cuestión de segundos.

Los modelos de inteligencia artificial están transformando de manera progresiva los flujos y ritmos de trabajo e irán más allá de la mera producción de arquitecturas. La capacidad de los algoritmos de procesar la información de forma eficiente permitirá analizar el estado de la arquitectura en cada momento y estudiar concursos como el Guggenheim Helsinki para identificar patrones y tendencias relevantes.

Antes de que se produzca este cambio, será fundamental asegurar el correcto funcionamiento del algoritmo. Para lograrlo, es necesario establecer un criterio arquitectónico común en la elaboración de bases de datos de entrenamiento. Una vez que la inteligencia artificial comprenda el espectro completo de discursos que conforman la arquitectura, no solo aumentará su capacidad productiva, sino que también creará nuevas líneas de pensamiento que solo la máquina es capaz de percibir.

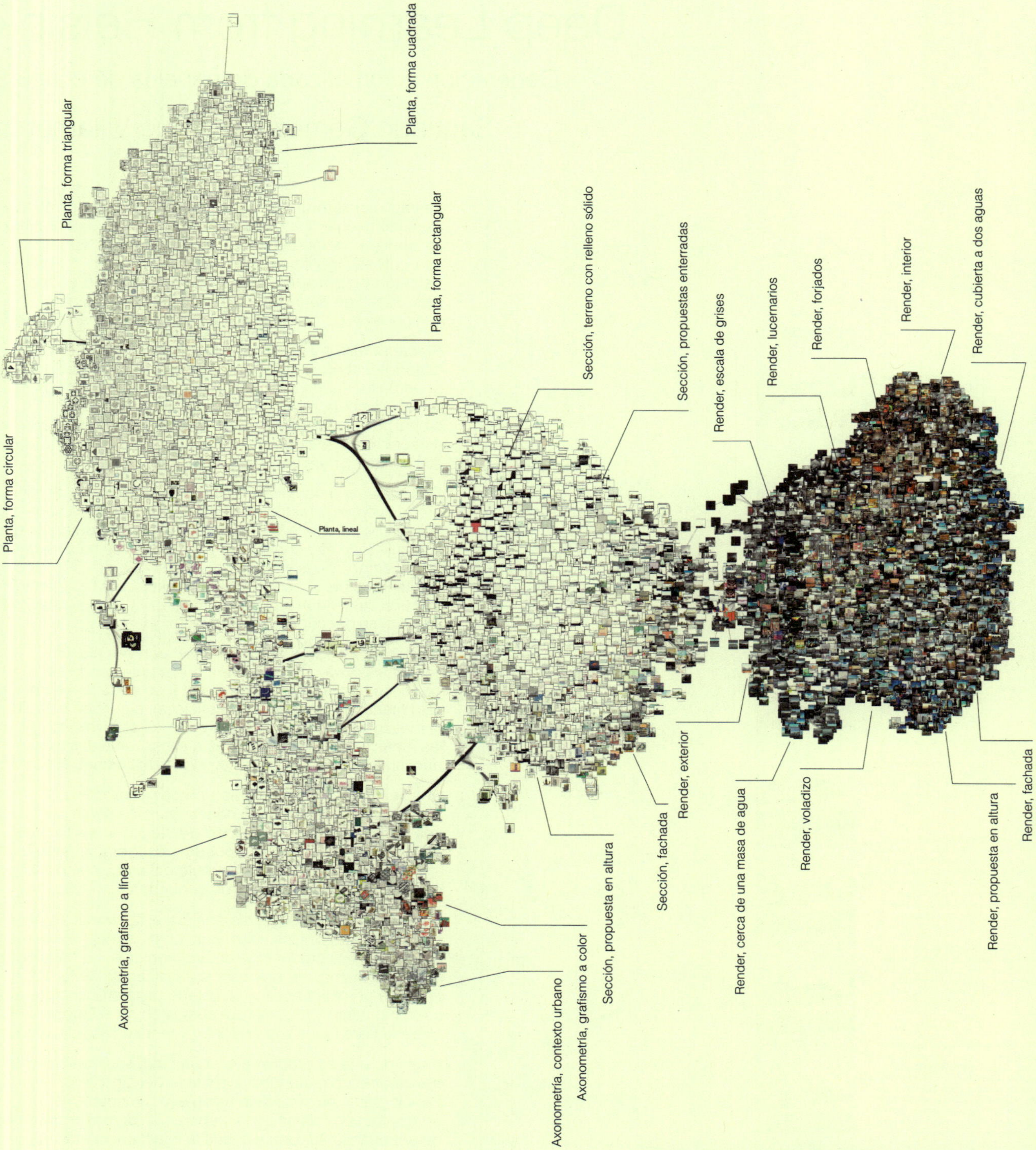

Fig 03. Base de datos del Concurso Internacional Guggenheim Helsinki
Database of the Guggenheim Helsinki International Competition

Fig 04-06. Documentación generada por IA (Inteligencia Artificial)
Documentation generated by AI (Artificial Intelligence)

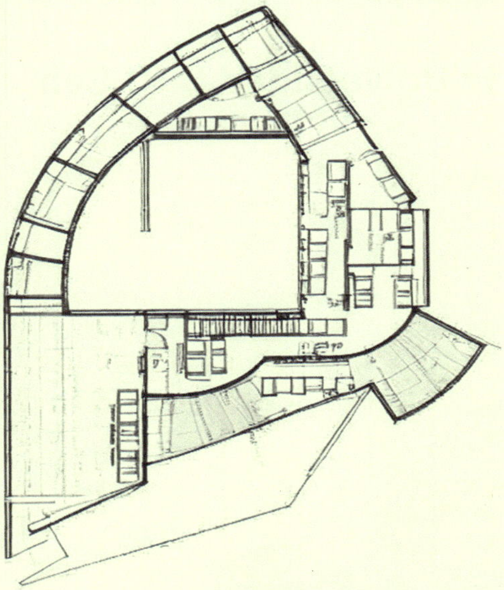

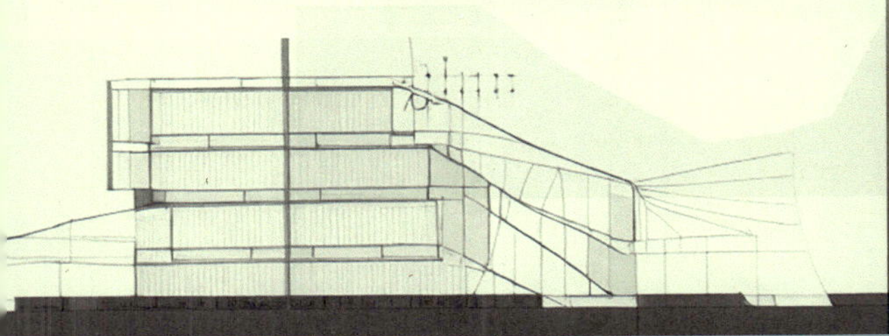

Edificio Docente en el Campus de Moncloa de la Universidad CEU San Pablo en Madrid, 2021

Educational Building at the Moncloa Campus of CEU San Pablo University in Madrid, 2021

Hyperion Ameonna
DL+A Arquitectos Asociados

Dos Mil Ventiuno
Estudio Cano Lasso

Primer Premio / First Prize: *Gradas Puertas Pasillos*
José María Sánchez Arquitectos

Naturgemalde
Langarita-Navarro Arquitectos

Vestíbulo Urbano
Nieto Sobejano Arquitectos

Camino de Damasco
Paredes Pedrosa Arquitectos

Segundo Premio / Second Prize: *Entre Hojas*
Picado de Blas Arquitectos

Pórtico y Patio
TAAs totem arquitectos asociados

LEMA:

Gradas Puertas Pasillos

José María Sánchez

Fig 01. Imagen exterior de fachada
Exterior façade view

Los espacios de circulación y relación entre las aulas son revisados, convirtiéndose en lugares de oportunidad; lugares de encuentro, estudio o reunión. Un gran vacío central conecta las distintas plantas de la propuesta a través de una serie de gradas de madera. De este modo, una concatenación de espacios estanciales permite la relación espontánea entre los alumnos. Las gradas, detonante del proyecto, articulan el resto del programa. Las aulas se concentran en el perímetro. Esta concentración programática intensificará las relaciones de uso haciendo más eficiente la construcción. La consolidación del límite permite liberar la máxima superficie en su interior. La estrategia parte del vaciado del sclar para generar una nueva planta jardín, la cual servirá de espacio de estancia al aire libre para los alumnos, prolongando la vegetación de la parcela colindante. De esta forma, se genera un anillo perimetral de espacio exterior público, un segundo anillo en el que se organiza el programa y, al interior, el vacío central de la grada.
(De la memoria del concurso)

Fig 02-04. Vistas interiores de la zona de gradas
Interior views of the grandstand area

The spaces for transit and interaction between classrooms have been redesigned, turning them into places of opportunity; places for encounter, study and meeting. The large void of a central atrium connects the different floors of this design through a series of stadium-like wooden terraces. This concatenation of common spaces allows for spontaneous interaction between students. The terraces, the spark behind the project, structures the remainder of the programme. The classrooms are concentrated around the perimeter. This programmed concentration will intensify the relationship between uses by making construction more efficient. The consolidation of the perimeter allows the maximum interior surface area to be freed up. The strategy is based on the hollowing out of the site to create a new garden level, which will serve as an outdoor common space for students and an extension of the vegetation of the adjacent plot. This way, a perimeter ring of public exterior space is created, with a second ring in which the program is laid out and, inside, the central terraced atrium. (From the competition report)

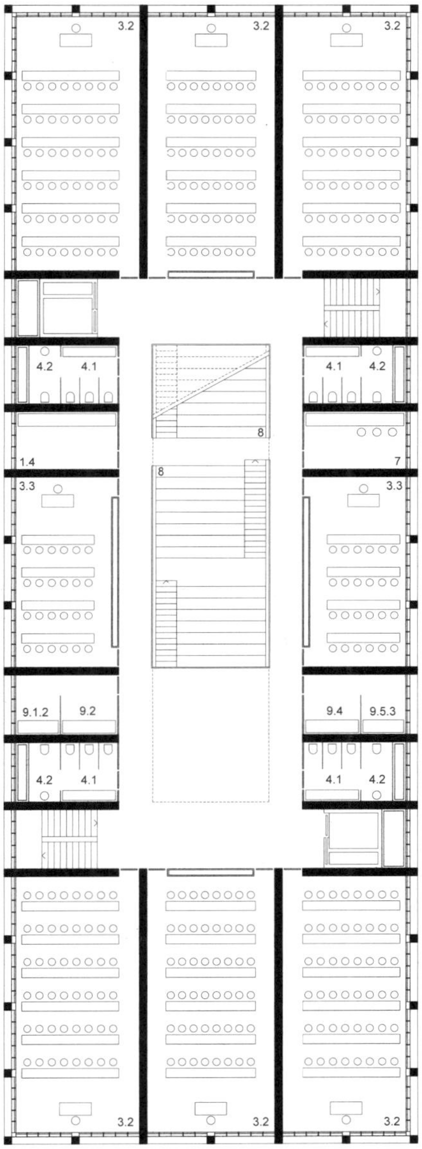

Fig 05. Planta segunda
Second level floorplan

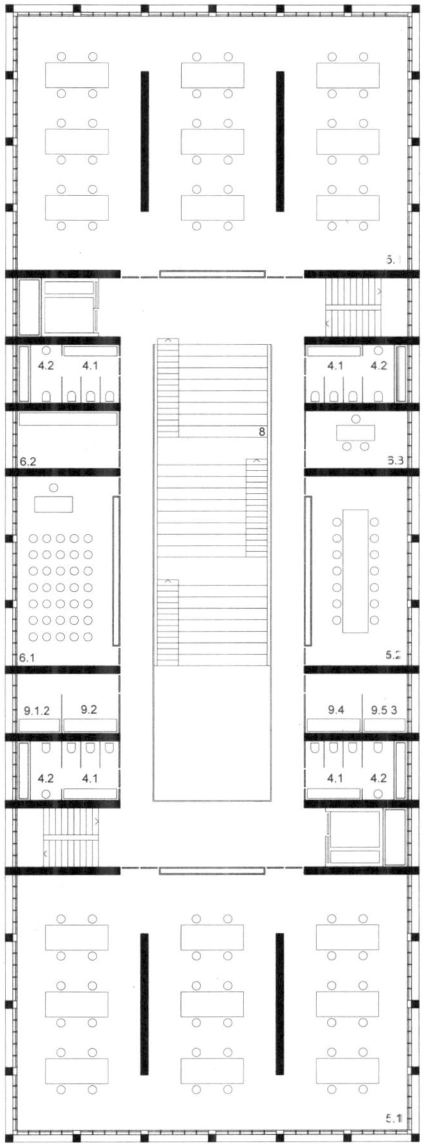

Fig 06. Planta tercera
Third level floorplan

LEMA:

Naturgemalde

Langarita-Navarro Arquitectos

Fig 01. Imagen interior del aula magna
Interior image of the main auditorium

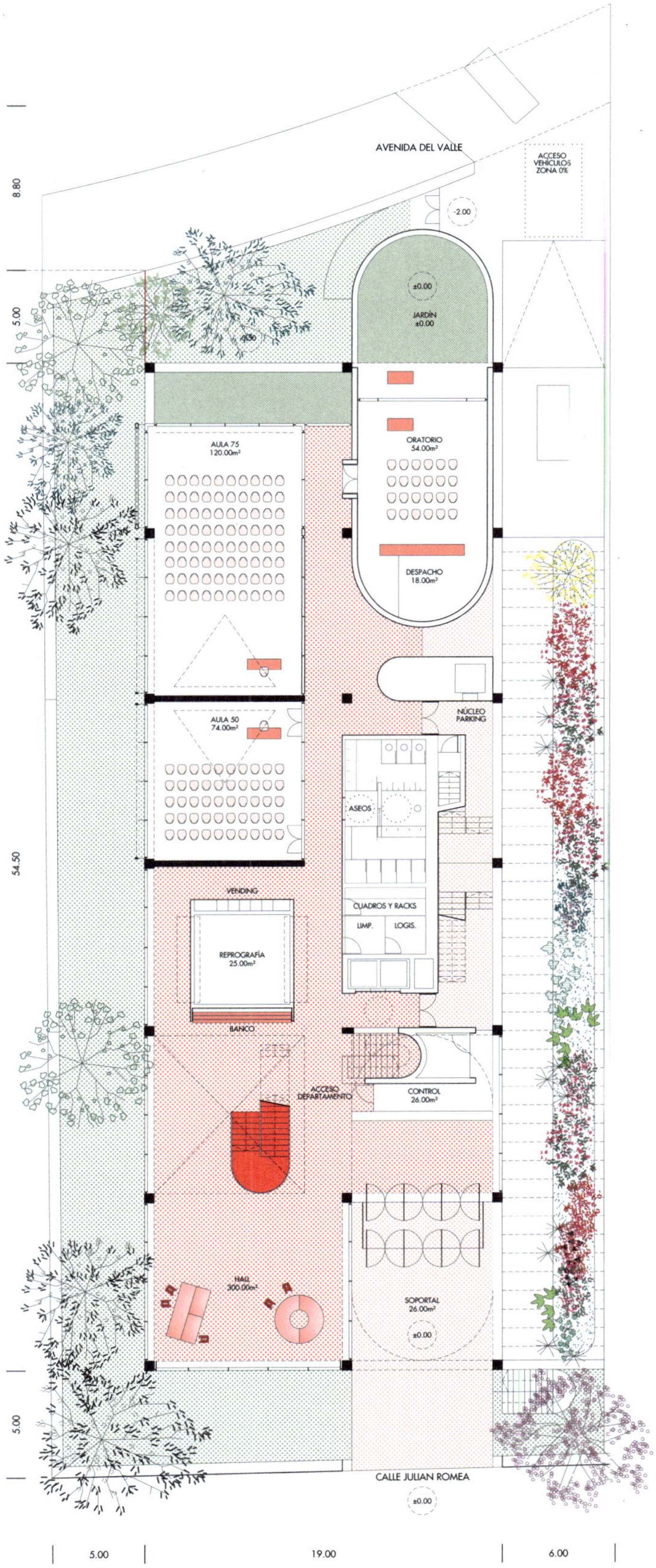

La Universidad es un espacio de formación y relación que tiene el objetivo de producir conocimiento en comunidad. En un aulario universitario se comparte este conocimiento y, además, se establecen las bases para la construcción de una red de relaciones sobre la que se apoyará el desarrollo profesional de cada uno.

Lo que ocurre cuando estudiantes y profesores entran en el aula es responsabilidad del grupo; lo pueda llegar a ocurrir al salir del aula, es responsabilidad de la arquitectura.

El proyecto asume pues el desafío de constituirse como un facilitador de relaciones, invitando a la comunidad a verse y encontrarse para trabajar, debatir, compartir y observar juntos.
(De la memoria del concurso)

Fig 02. Planta baja de la propuesta
Proposal's ground floor plan

Fig 03. Sección general de la propuesta
General section of the proposal

Universities are a space for education and connection, with the ultimate goal of generating knowledge as a community. Lecture halls are where this knowledge is shared and the foundations are laid for the construction of a relationship network which will support each student's professional development. What happens when students and professors enter the lecture hall is the responsibility of the group; what can happen once they leave the lecture hall is the responsibility of the architect. As such, an inherent part of the project is to create a building that facilitates relationships, inviting the community to see one another and meet to work, debate, share and observe together.
(From the competition report)

Fig 04. Secuencia de plantas de la propuesta
Sequence of floor plans of the proposal

Edificio Docente en el Campus de Montepríncipe de la Universidad CEU San Pablo en Alcorcón, 2022

Educational Building at the Montepríncipe Campus of CEU San Pablo University in Alcorcón, 2022

Sun clock
DL+A Arquitectos Asociados

Anillo de acontecimientos
Langarita-Navarro Arquitectos

Encuentros
Sancho-Madridejos Architecture Office

Primer Premio / First Prize: *Entre Encinas*
Picado de Blas Arquitectos

Segundo Premio / Second Prize: *Dehesa*
Francisco Mangado Arquitectos

Raíces y alas
Sol 89 Arquitectos

LEMA:

Entre Encinas

Picado de Blas Arquitectos

Fig 01. Axonometría general de la propuesta
General axonometry of the proposal

Fig 02. Fotografía de maqueta
Photograph of the physical model

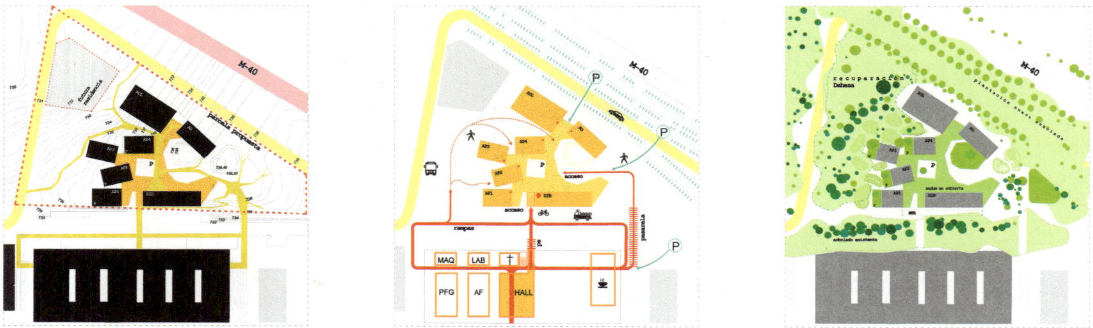

Fig 03. Diagramas de implantación y relación
Diagrams of implantation and relationships

Its purpose is to incorporate the natural landscape surrounding "dehesa" into the daily life of the CEU Campus. Visual communication among users in the current university center proves to be as important as the digital one. Through a concave agora in the entrance, various elements are arranged to bring the connection of the hall, adapting to the circumstances of the territory. It is a horizontal bright and ample space without a clear form, where overlapping activities of interaction emerge.

This context establishes a strategy of dividing specific uses. Rational prismatic elements package the program and steer clear of the trees, to achieve the optimal orientation. The complex is easily understood from the access, it's surrounded by the large canopy that acts as a threshold to the agora. The facade of the elements incorporate solar control and sustainability criteria in terms of energy and economy.

Social, recreational and exhibition spaces intertwine and appear at different scales both within the elements and in the third space of the main hall.
(Translation by the authors from the competition report)

Fig 04. Planta general de la propuesta
General floorplan of the proposal

Se propone incorporar en la vida diaria del Campus del CEU el paisaje natural de la dehesa que le rodea. La comunicación visual de los usuarios en los actuales centros universitarios revela ser tan importantes como la digital.A través de un ágora cóncava en el acceso, se disponen diversas piezas que darán vida al vestíbulo de conexión que se acopla a las circunstancias del territorio. Ese espacio es un lugar horizontal, sin forma clara, luminoso y amplio, en el que surgen actividades superpuestas de interacción.

Ese contexto construye una estrategia de fraccionamiento en usos específicos. Las piezas prismáticas racionales empaquetan el programa y sortean el arbolado buscando su mejor orientación. El complejo se entiende con facilidad desde el acceso, envuelto por la gran marquesina que hace de umbral en la entrada del ágora. Las fachadas de las piezas incorporan el control solar y criterios de sostenibilidad energética y económica.

Los ámbitos de intercambio social, estancial, lúdico y expositivo se entrecruzan y aparecen a diferentes escalas tanto en las piezas como en el tercer espacio del vestíbulo.
(De la memoria del concurso)

LEMA:

Dehesa

Francisco Mangado

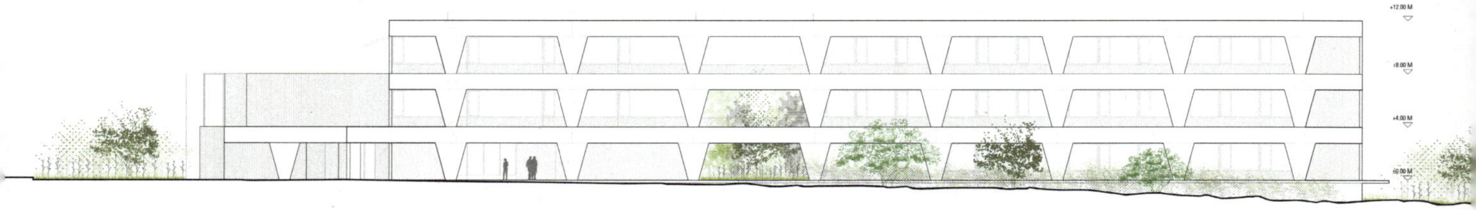

Fig 01. Alzado este
East elevation

Fig 02. Vsita interior del lobby
Interior view of the lobby

Fig 03. Vista exterior de la propuesta
Exterior view of the proposal

El edificio que alberga una escuela de arquitectura, quizás más que ningún otro de naturaleza docente, debe expresar los valores de claridad y eficacia. En nuestra formación la "coeducación", aprender de nuestros compañeros, es tan importante como la enseñanza directa profesor-alumno. Aprendemos con el intercambio. Por eso nos referimos al espacio donde trabajamos en los proyectos como "talleres". Lugares donde trabajamos juntos. Así, estos espacios docentes, junto a laboratorios y aulas, han de disponerse de una manera racional, en continuidad visual y espacial, de manera que sean integrables y adaptables para usos no siempre reglados. Lugares que puedan adaptarse fácilmente a los requerimientos funcionales variables en el tiempo.
(De a memoria del concurso)

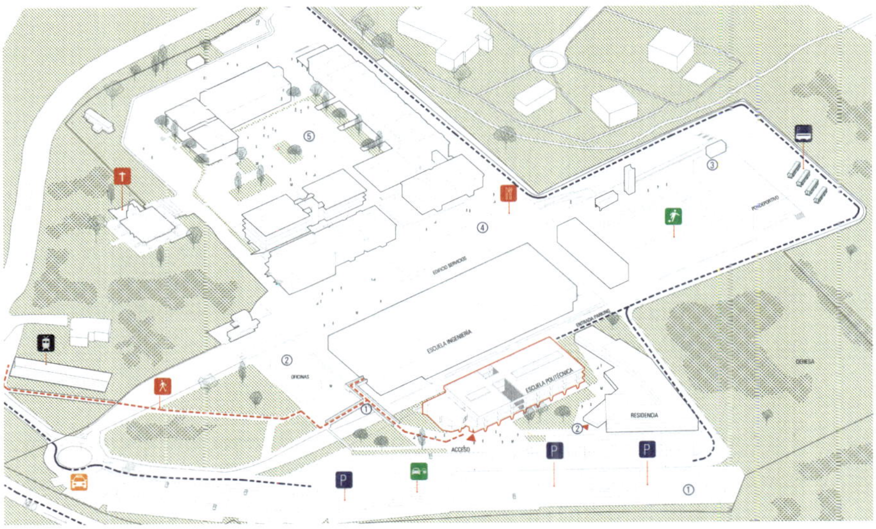

Fig 04. Axonometría general
General Axonometry

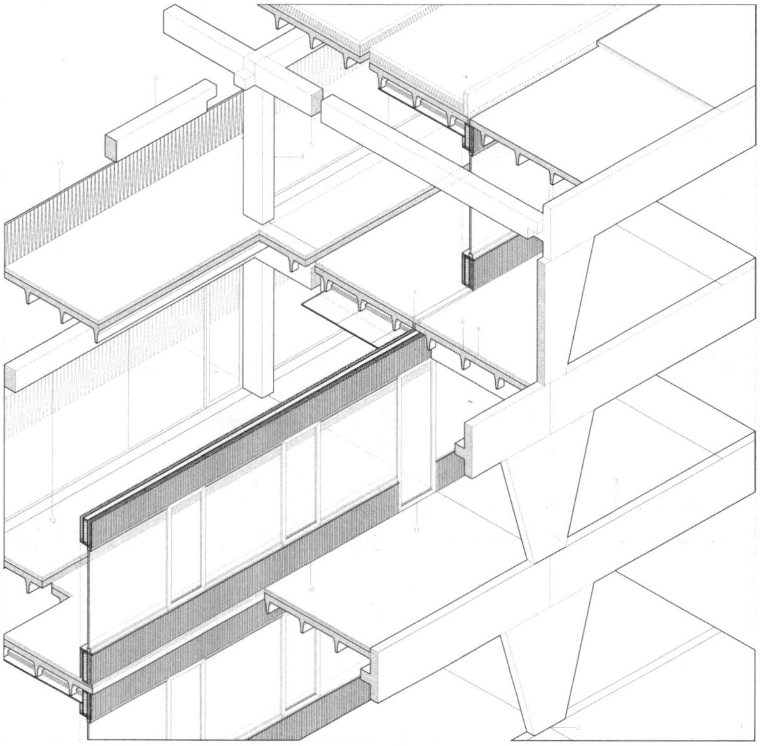

Fig 05. Axonometría constructiva
Constructive axonometry

The building that houses a school of architecture, perhaps more than other of an educational nature, must express the values of clarity and effectiveness. In our education, "co-learning", collaborative learning from our fellow students, is as important as direct teacher-student learning. We learn from the exchange. This is why we refer to the space where we work on projects as "workshops". Places where we work together. As such, these learning spaces, together with laboratories and lecture theatres and classrooms, should laid out in a rational manner, with visual and spatial continuity that make them integrable and adaptable to uses that are not always regulated. Places that can easily be adapted to functional requirements that may vary over time.
(From the competition report)

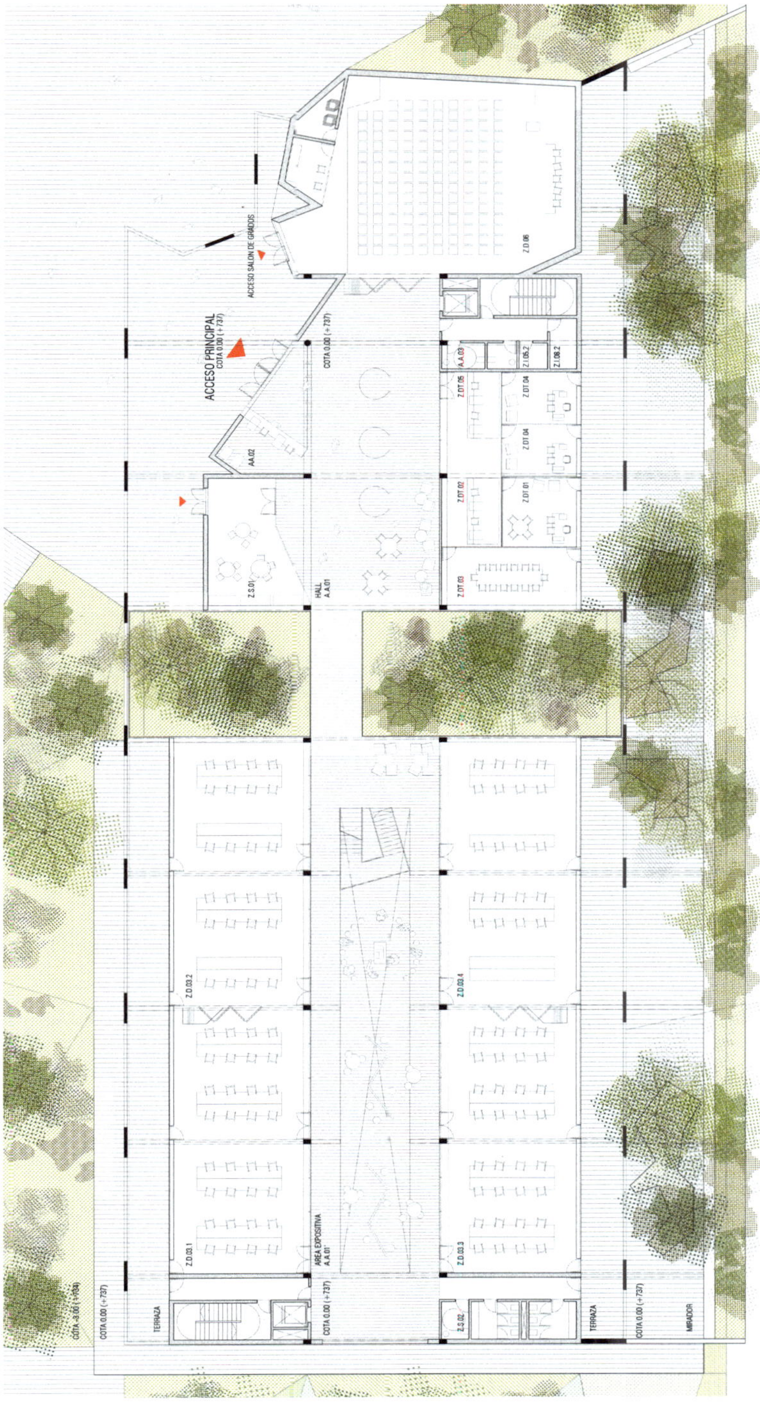

Fig 06. Planta baja
Ground floor plan

Bio

Fotógrafos invitados

Imagen Subliminal
(Miguel de Guzmán + Rocío Romero)

► Portfolio de fotografías de la Estación de Chamartín, el Hospital Universitario de La Paz, la parcela en Calle Padre Damián 52 y Plaza de España en páginas 17 a 24, 76 y 81 a 88 por Imagen Subliminal (Miguel de Guzmán + Rocío Romero).

Portfolio of photographs of Chamartín Station, La Paz University Hospital, the plot at 52 Padre Damián Street, and Plaza de España on pages 17 to 24, 76, and 81 to 88 by Imagen Subliminal (Miguel de Guzmán + Rocío Romero).

Miguel de Guzmán es arquitecto y fotógrafo especializado en Arquitectura. Realiza reportajes por encargo de los principales estudios de Arquitectura españoles e internacionales. Desde 2008 **Imagen Subliminal** es la plataforma a través de la que profesionalmente difunde su trabajo como fotógrafo y realizador de videos de arquitectura. Su obra fotográfica es publicada en libros, revistas y diarios de ámbito nacional (entre otros, *Arquitectura Viva, El Croquis, A+T, Arquitectura COAM, Pasajes,* Diarios *El Pais, ABC, El Mundo*...) e internacional (entre otros, *Domus Italia, A+U Japón, Bauwelt Alemania, C3 Corea, Geo, a+ Holanda* ...). Ha sido profesor en el departamento de ideación gráfica del C.E.U. de Arquitectura, Departamento de Fotografía del I.E.D. Istituto Europeo di Design en Madrid, Colegio Oficial de Arquitectos de Madrid, Kent State University Florence, Architectural Association Summer School London.

Miguel de Guzmán is an architect and a photographer specialized in Architecture. He carries out commissioned reports for leading Spanish and international architecture studios. Since 2008, **Imagen Subliminal** has been the platform through which he professionally disseminates his work as a photographer and architecture video maker. His photographic work is published in books, magazines, and national newspapers (including *Arquitectura Viva, El Croquis, A+T, Arquitectura COAM, Pasajes,* newspapers *El Pais, ABC, El Mundo*...) and international publications (such as *Domus Italia, A+U Japan, Bauwelt Germany, C3 Korea, Geo, a+ Netherlands*...). He has served as a professor in the graphic ideation department at C.E.U. School of Architecture, the Photography Department of I.E.D. Istituto Europeo di Design in Madrid, Colegio Oficial de Arquitectos de Madrid, Kent State University Florence, and the Architectural Association Summer School in London.

Rocío Romero es arquitecta y fotógrafa especializada en fotografía de arquitectura. En el año 2013 completa sus estudios de Imagen y Comunicación Audiovisual y pasa a formar parte de **Imagen Subliminal**. Algunos de sus trabajos han sido expuestos en festivales de cine de Arquitectura como el Festival Internacional de Cine FICARQ, el Festival Internacional de Cine de Ponferrada o Architecture & Design Film Festival de Los Ángeles. Ha colaborado en algunos concursos como Europan Europe, la Bienal Internacional de Arquitectura de Venecia obteniendo un premio del Pabellón Español en la Bienal de Venecia 2016: Unfinished o la Trienal de Arquitectura de Oslo 2016 con menciones honorables. En 2015 fue tutora de uno de los workshops organizados por la Architectural Association AA Summer School.

Rocío Romero is an architect and a photographer specialized in architectural photography. In 2013, she completed her studies in Image and Audiovisual Communication and joined **Imagen Subliminal**. Some of her works have been showcased at Architecture Film Festivals such as the International Architecture Film Festival (FICARQ), the International Film Festival of Ponferrada, and the Architecture & Design Film Festival in Los Angeles. She has collaborated in competitions like Europan Europe, the International Architecture Biennale of Venice, where she received an award for the Spanish Pavilion in the 2016 Venice Biennale: Unfinished, and the Oslo Architecture Triennial 2016 with honorable mentions. In 2015, she was a tutor for one of the workshops organized by the Architectural Association AA Summer School.

Créditos

→ **62 viviendas con protección pública en arrendamiento en Iberia LAE-Nuestra Señora de Loreto. Convocado por la Empresa Municipal de la Vivienda y Suelo de Madrid, S.A.** / 62 publicly protected rental housing units in Iberia LAE-Nuestra Señora de Loreto. Open call by the Municipal Housing and Land Company of Madrid.

Localización / Location
Madrid, España
Cliente / Client
EMVS Ayuantamiento de Madrid
Estado / Status
2º premio de concurso, anteproyecto.
Fechas de proyecto / Design years
Septiembre 2022 (convocatoria), diciembre 2022 (fallo).
Arquitectos / Architects
Begoña de Abajo, Diego García-Setién, Almudena Ribot (CoLaboratorio, ETSAM-UPM)
Equipo / Design Team
Magdalena Confalonieri, Justo Diaz Diego
Presupuesto / Budget
6.900.000€
Superficie construida / Building area
8.946 m²

→ **31 viviendas con protección pública en arrendamiento en el ensanche de Carabanchel. Convocado por la Empresa Municipal de la Vivienda y Suelo de Madrid, S.A.** / 31 publicly protected rental housing units in the Carabanchel expansion area. Open call by the Municipal Housing and Land Company of Madrid.

Localización / Location
Madrid, España
Cliente / Client
EMVS Ayuntamiento de Madrid
Estado / Status
1er premio de concurso, en desarrollo de proyecto básico.
Fechas de proyecto / Design years
Septiembre 2022 (convocatoria), diciembre 2022 (fallo).
Arquitectos / Architects
Juan Mateos Corona
Colaboradores / Collaborators
ETESA ingeniería de estructuras, S.L. (Ingenieros de estructuras/estructural engineers). eadAT ingenieros SLP (Ingeniera industrial-instalaciones/Mechanical engineer). Anna Generó (Directora técnica BIM/BIM manager).
Presupuesto / Budget
3.344.176,23€
Superficie construida / Building area
4.084 m²

→ **Paso sobre las vías del tren, reurbanización de su ámbito inmediato y reordenación del entorno de la estación de Fuenlabrada Central. Convocado por la Junta de Gobierno Local del Ayuntamiento de Fuenlabrada.** / Pedestrian overpass above the train tracks, reurbanization of its immediate area, and reorganization of the surroundings of Fuenlabrada Central Station. Open call by the Local Government Board of the City Council of Fuenlabrada.

Localización / Location
Estación de Fuenlabrada Central, Fuenlabrada (Madrid), España.
Cliente / Client
Ayuntamiento de Fuenlabrada y ADIF
Estado / Status
Concurso. Tercer Premio.
Fechas de proyecto / Design years
Noviembre 2022 (convocatoria), febrero 2023 (fallo).
Arquitectos / Architects
Pedro Pitarch
Equipo / Design Team
Pedro Pitarch, Jaime Menéndez
Imágenes / Images
Rafael Zarza - RZ Graphics
Presupuesto / Budget
6.695.535 €
Superficie construida / Building area
61.000 m²

→ **Nuevo edificio para la escuela de Arquitectura (ETSAE) de Cartagena. Convocado por el Rectorado de la Universidad Politécnica de Cartagena.** / New Building for the School of Architecture (ETSAE) in Cartagena. Open call by the Rectorate of the Polytechnic University of Cartagena.

Localización / Location
Campus Alfonso XIII Universidad Politécnica de Cartagena
Cliente / Client
Universidad Politécnica de Cartagena
Estado / Status
1er premio, proyecto en desarrollo.
Fechas de proyecto / Designyears
2018 (convocatoria), 2019 (fallo).
Arquitectos / Architects
Emilio Tuñón y Carlos Martínez de Albornoz
Equipo / Design Team: Andrés Regueiro, Albert Palazón, Julia Díaz, Javier Chávez
Colaboradores / Collaborators
Gogaite Ingenieros, Úrculo Ingenieros, Sancho Páramo Cerqueira
Imágenes / Images
Tuñón y Albornoz Arquitectos
Presupuesto / Budget
6.000.000€
Superficie construida / Building area
12.000 m²

→ **Nueva sede de EMUASA, Aguas de Murcia Convocado por la Gerencia de la Empresa Municipal de Aguas y Saneamiento de Murcia S.A.** / New headquarters of EMUASA, Aguas de Murcia. Open call by the Management of the Municipal Water and Sanitation Company of Murcia.

Localización / Location
Murcia (Región de Murcia), España
Cliente / Client
Empresa Municipal de Aguas de Murcia
Estado / Status
1er premio, proyecto en desarrollo.
Fechas de proyecto / Designyears
2022 (concurso), 2023 (fallo).
Arquitectos / Architects
María Herranz, Manuel Leira, Nieves Mestre y Eduardo Roig
Colaboradores / Collaborators
Jorge Nieto y Andrea Peralta
Consultores / Consultants
BAC Engineering Consultancy Group
Presupuesto / Budget
5.699.720,83 €
Superficie construida / Building area
4.000 m²

→ **Edificio de 67 viviendas de protección pública para alquiler asequible en Gandía. Convocado por la Vicepresidencia de la Entidad Valenciana de Vivienda y Suelo el 17 de noviembre de 2021.** / Building with 67 public housing units for affordable rent in Gandia. Open call by the Vice Presidency of the Valencian Housing and Land Entity on November 17th, 2021.

Localización / Location
Gandía, Valencia, España
Cliente / Client
Entidad valenciana de vivienda y suelo
Estado / Status
1er premio, proyecto en desarrollo.
Fechas de proyecto / Design years
2022 (concurso), 2023 (proyecto).
Arquitectos / Architects
Ignacio Senra Fernández-Miranda e Ignacio Murad Sangiorgi
Equipo / Design Team
Elisa Sequeros Monzón, Jorge Gabaldón Guzmán y Javier Álvarez Luque
Colaboradores / Collaborators
Ignacio Buzzanca Casasús, Bernabeu Ingenieros, Geasyt Internacional
Imágenes / Images
Elena Beltrán Villar
Presupuesto / Budget
7.360.623 €
Superficie construida / Building area
8.610,90 m²

Burr es un estudio de arquitectura experimental liderado por Elena Fuertes, Ramón Martínez, Álvaro Molins y Jorge Sobejano. Amanda Bouzada y Jesús Meseguer completan el equipo. Burr era Taller de Casquería. *Guggenheim Helsinki Competition Data* es un ensayo audiovisual sobre el impacto del concurso de arquitectura para el nuevo Museo Guggenheim de Helsinki. Es un proyecto de Taller de Casquería (E. Fuertes, R. Martínez, A. Molins, J. Sobejano, I. de Antonio, L. Pérez) desarrollado en 2015. Fue expuesto en Kunsthalle Helsinki como parte de la exposición "Guggenheim Helsinki Now".

Burr is an experimental architecture practice led by Elena Fuertes, Ramón Martínez, Álvaro Molins and Jorge Sobejano. Amanda Bouzada and Jesús Meseguer complete the team. Burr was Taller de Casquería. *Guggenheim Helsinki Competition Data* is an audiovisual essay about the impact of the architectural competition for the new Guggenheim Museum in Helsinki. It is a project by Taller de Casquería (E. Fuertes, R. Martínez, A. Molins, J. Sobejano, I. de Antonio, L. Pérez) developed in 2015.It was exhibited at Kunsthalle Helsinki as part of the "Guggenheim Helsinki Now" exhibition.

Eduardo Prieto es arquitecto y licenciado en filosofía (DEA en Estética y Teoría de la Artes). Profesor titular de Historia de la Arquitectura y el Urbanismo en la Escuela Técnica Superior de Arquitectura de la Universidad Politécnica de Madrid (UPM). Ha sido *Visiting Scholar* en la Graduate School of Design de la Universidad de Harvard (2015). Es autor, entre otros, de *Historia Medioambiental de la Arquitectura* (Cátedra, 2019, 2022). Su último libro, titulado *Los laberintos del aire. Vientos, miasmas y arquitectura en el Renacimiento*, ha sido publicado por Ediciones Asimétricas (2023).

Eduardo Prieto is an architect who pursued studies in Philosophy (Aesthetics and Art Theory). Full Professor of Architectural History at the ETSAM (Escuela Técnica Superior de Arquitectura, Universidad Politécnica de Madrid). He has been a visiting scholar at the Graduate School of Design, Harvard University (2015). Prieto's books include *Historia Medioambiental de la Arquitectura* (Cátedra, 2019, 2022). His last book, entitled *Los laberintos del aire. Vientos, miasmas y arquitectura en el Renacimiento*, has been published by Ediciones Asimétricas (2023).

Ignacio Alvarez Monteserín es arquitecto por la ETSAM en 2008. Durante la carrera realiza prácticas en varios estudios de arquitectura y en 2005 funda con algunos compañeros el colectivo Leon 11, donde realizan multitud de concursos de arquitectura, propios y en colaboración con otros arquitectos. Ignacio se especializa en el desarrollo de imágenes 3D, y termina haciendo de ello su profesión. Desde 2008 ha fundado tres estudios de visualización arquitectónica con distintos socios, y es en 2019 cuando crea la marca **Show me the project**, dirigiendo un pequeño equipo de grandes profesionales.

Ignacio Alvarez Monteserín is an architect who graduated from ETSAM in 2008. Throughout his academic years, he completed internships at various architectural firms and co-founded the collective Leon 11 in 2005 with fellow students. Within this joint, they participated in numerous architecture competitions, independently and in collaboration with other architects. Ignacio specialized in 3D visualization, eventually turning it into his profession. Since 2008, he founded three architectural visualization studios with different partners. In 2019, he established the brand **Show me the Project**, where he leads a small team of talented professionals.

Iñaki Ábalos es arquitecto, catedrático de Proyectos Arquitectónicos en la Escuela Técnica Superior de Arquitectura de la Universidad Politécnica de Madrid (UPM) y fundador de la oficina Ábalos+Sentkiewicz AS+ desde 2006 y de Ábalos&Herreros entre 1984 y 2006. Ha sido director del Departamento de Arquitectura de la Graduate School of Design de la Universidad de Harvard (2013-2016), además de profesor en las universidades de Columbia, Architectural Association, Princeton o Cornell, entre otras. Su último libro, titulado *Absolute Beginners*, ha sido publicado por Park Books (2022).

Iñaki Ábalos is an architect and Chaired Professor of Architectural Design at the ETSAM (Escuela Técnica Superior de Arquitectura, Universidad Politécnica de Madrid). Founder and Principal of Ábalos+Sentkiewicz AS+ since 2006 and of Ábalos&Herreros (from 1984 to 2006). From 2013 to 2016, Ábalos served as Chair of the Department of Architecture at the Graduate School of Design, Harvard University. He has also taught, amongst others, at Columbia University, Architectural Association, Princeton or Cornell. His last book, entitled *Absolute Beginners*, has been published by Park Books (2022).

Santiago Gómez y Enrique Villamuelas produjeron conjuntamente el proyecto *Deep Learning from Helsinki* como parte de su Trabajo Fin de Máster del programa de Máster en Arquitectura de la Universidad de Alicante, obteniendo una calificación de sobresaliente por la calidad de la propuesta y la profundidad de la reflexión que ofrecieron.

Santiago Gómez and Enrique Villamuelas jointly produced the project *Deep Learning from Helsinki* as part of their Master's Thesis in the Master's program in Architecture at the University of Alicante. They received an outstanding grade due to the quality of their proposal and the depth of reflection they presented.

→ Concorso internazionale di progettazione Magnifica Fabbrica. Convocado por Teatro olla Scala y Comune di Milano.
International design competition Magnifica Fabbrica. Open call by Teatro alla Scala and Comune di Milano.

Localización / Location
Milán, Italia

Cliente / Client
Comune di Milano e Teatro alla Scala

Estado / Status
1er premio, proyecto en desarrollo.

Fechas de proyecto / Design years
Octubre 2021 (convocatoria), mayo 2022 (fallo), inicio de obras primera fase: otoño 2023

Arquitectos / Architects
FRPO + WALK + SD Partners
Equipo / Design Team
Pablo Oriol, Fernando Rodríguez / FRPO Rodriguez y Oriol Arquitectos SLP

Juan Tur Mc Glone / Walk Architecture & Landscape

Massimo Giuliani, Alessandro Viganò, Beatrice Meroni / SD Partners

Colaboradores / Collaborators
Adrián Sánchez Castellano, María Díaz Martín, Carlos Crespo Díaz-Meco, Pablo González-Besada Allue / FRPO Rodriguez y Oriol Arquitectos SLP

Carlos Javier Villar Villalobos, Madhura Hardas, Adriano Barrero Chirino / Walk Architecture & Landscape

Ing. Enrico Moncada, Arch. Carmen Iannone, Arch. Irene Degli Occhi / SD Partners

Consultores / Consultants
Studio Gibelli, Ing. Luca Stefanutti, Agroservice, TRM, Mecanismo Ingenieria.
Imágenes / Images
Supernova Visual

Presupuesto / Budget:
9.000.000€

Superficie construida / Building area:
Project – 168.310 m²
Building - 66.450 m² / Park – 97.800 m²

→ Nuevo edificio de uso administrativo sito en la calle Padre Damián 52 de Madrid. Convocado por la Junta de Contratación de los Servicios Centrales en el Ministerio de Hacienda y Función Pública. / New administrative building located at 52 Padre Damián Street in Madrid. Open call by the Board of Procurement of Central Services in the Ministry of Finance and Public Function.

Lema / Name: PD52
Localización / Location
Calle Padre Damián 52, Madrid (Madrid), España
Cliente / Client
Ministerio de Hacienda y Función Pública, Dirección General del Patrimonio del Estado, Subdirección General de Coordinación de Edificaciones Administrativas
Estado / Status: 1er premio, proyecto en desarrollo.
Fechas de proyecto / Design years: 2021 (concurso), 2022 (proyecto)
Arquitectos / Architects
Cruz y Ortiz Arquitectos (Antonio Cruz, Antonio Ortiz) + Ulargui Arquitectos (Jesús Ulargui)
Equipo / Design Team
Javier Monge, Carlos Rubio, Liang Liang Chen, Ana Sabugo
Colaboradores / Collaborators
Rafael Romero (Arquitectura Técnica) Enrique Cabrera (Ingenieros de estructuras/estructural engineers) Tomás Ruiz de Terry (Ingeniera industrial-instalaciones/Mechanical engineer).
Imágenes / Images: Show me the project
Presupuesto / Budget: 67.639.590,48 €
Superficie construida / Building area: 30.630 m² (edificabilidad) + 39.000 m² (bajo rasante)

Lema / Name: Paisajes Capturados
Localización / Location
Calle Padre Damián 52, Madrid (Madrid), España
Cliente / Client
Ministerio de Hacienda y Función Pública, Dirección General del Patrimonio del Estado, Subdirección General de Coordinación de Edificaciones Administrativas
Estado / Status: 2º premio.
Fechas de proyecto / Design years:
2021 (concurso).
Arquitectos / Architects
aybar.mateos.arquitectos (Camila Aybar y Juan José Mateos) + enero arquitectura (Francisco Ortega)
Equipo / Design Team
Emilia Navarrete, Marta Escuderos, Maxence Grémont, Cristian Ortega y Veronica Mende
Colaboradores / Collaborators
Estructura: Calter y Juan Carlos Arroyo
Instalaciones: Everproject
Imágenes / Images
aybar.mateos.arquitectos
Presupuesto / Budget
67.6M€
Superficie construida / Building area: 55.000m² [30.000m²(sobre rasante)+ 25.000m²(bajo rasante)]

→ Concurso de Ideas de Anteproyecto para Edificio Docente en el Campus de Moncloa de la Universidad CEU San Pablo en Madrid. Convocado por la Fundación Universitaria San Pablo CEU. / Competition for the Preliminary Project of an Educational Building at the Moncloa Campus of CEU San Pablo University in Madrid. Call by invitation by San Pablo CEU University Foundation.

Lema / Name: Gradas Puertas Pasillos
Localización / Location
Campus Universitario CEU Moncloa, Madrid, España
Cliente / Client
Fundación Universitaria San Pablo CEU
Estado / Status
1er Premio.
Fechas de proyecto / Design years
Septiembre 2021 (concurso/competition), 2022-2023 (proyecto)
Arquitectos / Architects
José María Sánchez
Equipo / Design Team
Marta Cabezón, Sandra Palau, Mariló Sánchez, Cristina Lorenzo, Rubén Gutiérrez, Carlos Iraburu
Colaboradores / Collaborators
Sancho Páramo. Arquitecto técnico.
Úrculo Ingenieros Consultores S.A : Carlos Úrculo Cámara. Ingeniero de Minas / Sergio Rodríguez Sanz.
Mecanismo Ingeniería de Estructuras: Juan Rey Rey. Ingeniero de Caminos, Puertos y Canales.
Imágenes / Images: Playtime
Presupuesto / Budget : 6.500.000€
Superficie construida / Building area:
5.000 m²

Lema / Name: Naturgemalde
Localización / Location
Campus Universitario CEU Moncloa, Madrid, España
Cliente / Client
Fundación Universitaria San Pablo CEU
Estado / Status
Propuesta de concurso.
Fechas de proyecto / Design years
Septiembre 2021 (concurso).
Arquitectos / Architects
Langarita Navarro. María Langarita y Víctor Navarro.
Equipo / Design Team
Antonio Antequera, Javier Estebala, Francesco Gugliotta.
Colaboradores / Collaborators
JG Ingenieros, S.A.
Bernabéu Ingenieros
ARqui-T Gestión de Proyectos
Presupuesto / Budget
6.483.179€
Superficie construida / Building area
5.033,00 m²

→ Concurso de Ideas de Anteproyecto para Edificio Docente en el Campus de Montepríncipe de la Universidad CEU San Pablo en Alcorcón. Convocado por la Fundación Universitaria San Pablo CEU. / Competition of Preliminary Ideas for a Teaching Building at the Montepríncipe Campus of CEU San Pablo University in Alcorcón. Call by invitation by San Pablo CEU University Foundation.

Lema / Name
Entre Encinas
Localización / Location
Campus Universitario CEU Montepríncipe, Alcorcón (Madrid), España
Cliente / Client
Fundación Universitaria San Pablo CEU
Estado / Status
Primer premio, en desarrollo.
Fechas de proyecto / Design years
2022 (concurso), 2023 (proyecto).
Arquitectos / Architects
Rubén Picado & María José de Blas
Equipo / Design Team
Juan Carrascosa, Marco Morales, Candela Picado, Rafa Calero
Colaboradores / Collaborators
Iago González (ingeniería de estructuras/ structural engineer)
Enrique Sánchez-Molina (ingeniería instalaciones)
Fotografías / Photographs
Alberto Amores
Superficie construida / Building area
5.709 m²

Lema / Name
Dehesa
Localización / Location
Campus Universitario CEU Montepríncipe, Alcorcón (Madrid), España
Cliente / Client
Fundación Universitaria San Pablo CEU
Estado / Status
Segundo premio.
Fechas de proyecto / Design years
2022 (concurso).
Arquitectos / Architects
Francisco Mangado Beloqui
Equipo / Design Team
Francisco Mangado Beloqui, arquitecto - Jefe del Equipo
Marc Ribert, Fernando Iraburu, Idoia Alonso Barberena, arquitectos-architects
Colaboradores / Collaborators
Gloria Gómez Muñoz, arquitecto
Alfonso Saenz García, aparejador
Saitec, Ingenieros de estructuras, industriales y de instalaciones
Superficie construida / Building area
5.700 m²

"There was a period when architecture had ideals. I became an architect when I saw in Russia in 1967 a series of architecture illustrations that actually expressed an idea, and it was extremely satisfying. It seduced me to a point that I thought that I want to do it too. I think that today we still have the habit of idealization, and it may be painful for you and me, but idealization is not wrong per se; I would even say it's a key element of what architecture needs to do. Today, ***architectural competitions are a form of torture.*** *No other profession would be willing to be humiliated to this extent ... where somebody can tell you, 'I really respect you, I think you're an exceptional human being, so can you collaborate or participate with 19 other architects that are similarly amazing?'— in a project where you only have a 5% chance to get the building."*

Rem Koolhaas en
Merin, G. (2017, 30 de mayo). *Rem Koolhaas on Competition "Torture," Urban Erasure, and Europe's Ills.* Metropolis.

https://metropolismag.com/viewpoints/rem-koolhaas-competition-torture-advocating-erausre-europe-ills/
[Consultado el 31 de agosto de 2023]

Si no estás con ASEMAS
es tu momento
Tu futuro protegido,
tu confianza asegurada
Centrados en ti
Defensa jurídica para todos los asuntos profesionales GRATIS
Pólizas a medida
Ayuda en la recuperación de honorarios
Cobertura para tus herederos en caso de fallecimiento
Cobertura Agente Rehabilitador, Project Manager, BIM
Más de 95.000 expedientes de reclamación atendidos con eficacia y 60% absoluciones L.O.E
Obtén nuestro servicio de
asistencia tecnológica GRATIS al informarte
ASEMAS, garantía acreditada de EXPERIENCIA, PERMANENCIA Y SOLVENCIA
900103 665

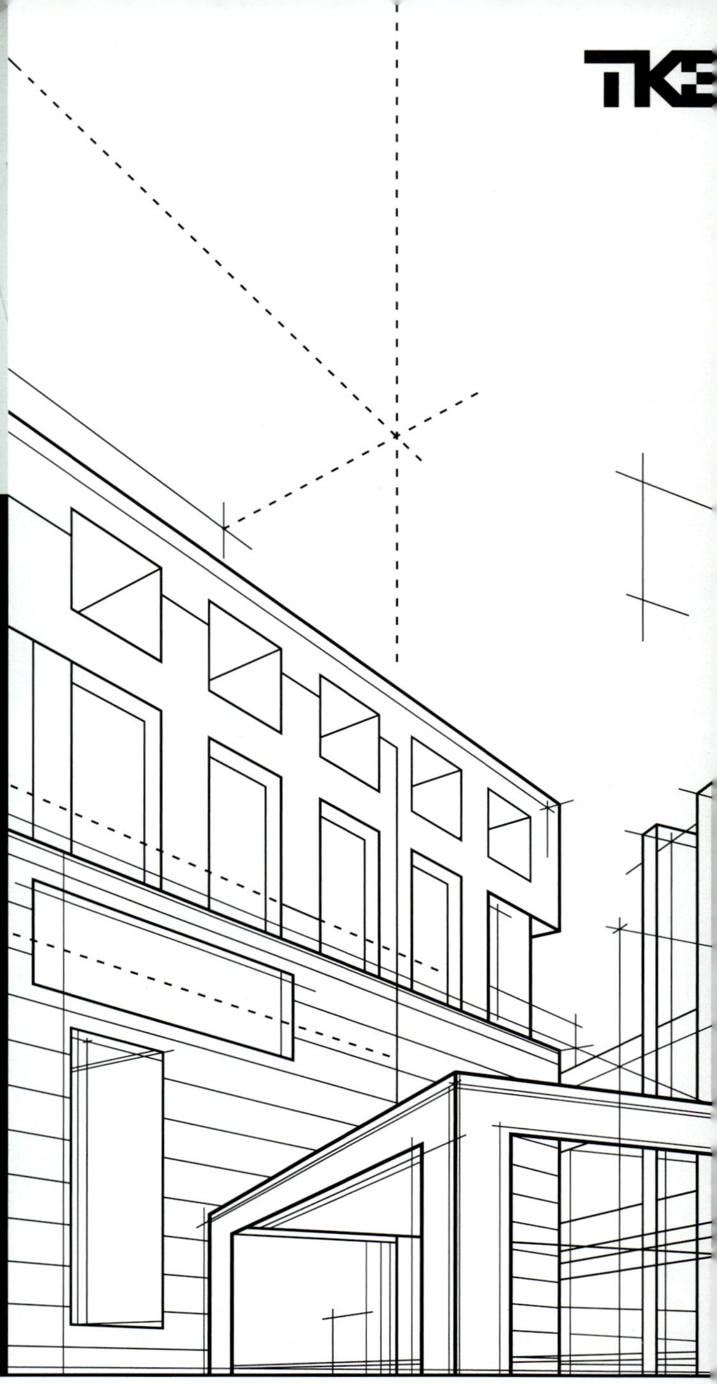

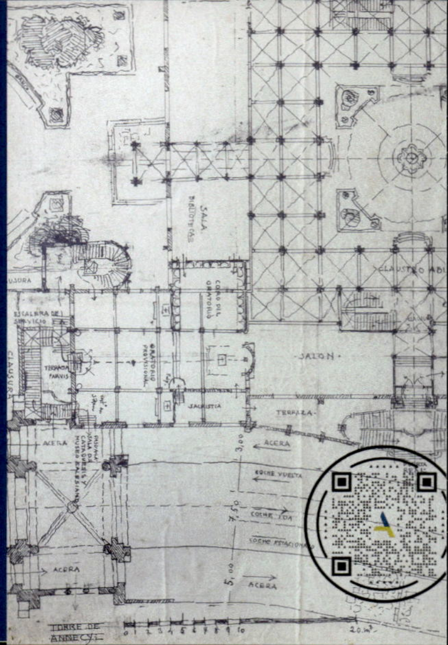